天下文化

BELIEVE IN READING

The Longevity Economy

Unlocking the World's Fastest-Growing, Most Misunderstood Market

銀光經濟

55個案例，開拓銀髮產業新藍海

MIT 年齡實驗室創辦人
約瑟夫・F・柯佛林
Joseph F. Coughlin

許恬寧 譯

BCB 648

本書獻給

Emily、Mary、Catherine

推薦序

無齡生活的銀光經濟

陳亮恭

「銀光經濟」來了！無論你是否聽過、同意這個名詞，「銀光經濟」的時代真實到來了。

戰後嬰兒潮世代是人類歷史上最富有的一代，也是教育程度最好、社會影響力最大的世代。台灣的出生率與人口增加率在二次世界大戰後僅緩步增加，直到一九五〇年因為韓戰，美國第七艦隊巡航台灣海峽，隔年（一九五一年）出生率明顯上升，所以台灣的戰後嬰兒潮現象約比美國晚五年，而二〇一八年時，這些戰後新生兒已六十七歲，所以，美國的戰後嬰兒潮現象在台灣已經開始。

二〇一六年時，台北榮總與聯合報共同舉辦的論壇中提出「銀光經濟」的名稱，當時的想法是給予「Silver Economy」較好的詮釋，天下文化所出版的這本《Longevity Economy》

以「銀光經濟」稱呼之，是再好不過的說法，也為「銀光經濟」做了更完整的論述。

本書列舉的數十項研究案例十分契合我對國內企業界的建議。由於人口結構改變以及戰後嬰兒潮世代現象，全世界的消費行為已然改變，消費力已移往這個世代，但由於企業內部的研發設計和行銷人員多屬年輕世代，所以行銷手法上未能充分發揮功效，往往未能體察年齡增長的生理與心理變化，主打高齡者的保健食品標示文字卻小到年長者看不見，年輕世代對於年長者多以「老病殘」的樣貌描述，所開發的商品多只能賣給自己的長輩。我們身處「銀光經濟」的時代，卻不懂得由此創造更活躍的經濟活動。

「銀光經濟」與社會整體發展高度相關。台灣實質稅收偏低，而政府與人民卻都期望擁有北歐國家的社會福利，這樣的差距在經濟不景氣的時代無法用稅收補齊，為了因應民眾需求，政府只好從有限的總預算中不斷調整，這些福利措施的給予在有限預算下並不如北歐到位，卻又實質排擠其他預算項目，挖東牆補西牆的做法，總有捉襟見肘的一天。

「銀光經濟」對我而言有三重意義，一方面能創造社會永續發展的動能，台灣的未來必須靠經濟動力來驅動，而非將服務公共化；二方面，「銀光經濟」可以促進世代和諧，年輕世代必須花更多時間去理解長輩才能做到生意，因而更能與長輩溝通；第三，「銀光經濟」能促進實質的財富轉移，讓世代間的財富透過兩廂情願的經濟活動轉移，而非訴諸政治力，避免造成剝奪感。

「銀光經濟」時代中，生活的先驅消費者是女性，她們比同齡男性更積極追求生活中的各種幸福；「銀光經濟」時代中，「養老院」、「養生村」都是負面意涵的名詞，取而代之的是適合他們生活屬性的深度旅遊與生活體驗，對健康與活躍生活的要求高於長壽本身，然而生理退化雖然延後但依舊困擾，商品設計與行銷須不著痕跡的因應生理退化。

「銀光經濟」的發展是超高齡社會必要的一環，除了提升內在經濟消費之外，政府更可以自然省去很多高齡友善社會的計畫，因為，人們將會自然走向跨世代融合的無齡社會。

（本文作者為台北榮民總醫院高齡醫學中心主任、陽明大學教授）

推薦詞

銀光藍海

別蓮蒂

我們都有童年、都年輕過，所以較容易掌握兒童、年輕人的需求。可是，我們還沒老，就難以體會老人家的生理限制，也很難想像老人家真正的渴望。一旦拋開「老」的傳統窠臼就會發現，這一大群年長者代表充滿商機的新銀光藍海，值得好好了解，提供符合他們需求的產品。

本書從修改社會大眾和企業對「老」的刻板印象破題，並提出各種解決方案，協助研發設計人員了解老化狀態，並加上真正貼近銀髮族所需的實例，最後再三提醒讀者感受長輩的生理和心理需求，強調真正的卓越設計可以讓各種消費者都驚豔。論述精闢，非常值得一讀。

（本文作者為政治大學企管系教授暨信義書院執行長）

推薦詞

銀光經濟大未來，銀齡設計扮領航

林奇宏

人類正迎向史上最長壽的階段。過去，國家配置大多數資源在失能長照政策上，社會常為高齡族群貼上「老弱病殘窮」的標籤，媒體也常用「危機」與「問題」傳達出巨大的憂心，而我卻非常積極正向看待人口趨勢。轉變，代表新的機會；如同《銀光經濟》一書告訴讀者：在高齡社會能夠洞燭機先的企業，就有機會在銀光經濟的發展中看見商機。回歸使用者需求，更是開創銀光經濟的關鍵。

新北市政府著手推動「高年級設計師」專案，並打造全台第一個跨世代共創的銀光未來館設計基地，希望讓高齡者能夠投身設計，並與企業共同研發屬於他們世代的產品，同時為退休後的人生找到新價值。青銀共創與跨代合作，才能讓年輕人也在銀光經濟中找到未來的機會。世代共榮，是高齡社會最美的風景。

（本文作者為新北市政府衛生局局長）

推薦詞

追求幸福的銀光

徐業良

我在老人福祉科技（gerontechnology）領域工作了近二十年，擔任《Gerontechnology》國際期刊主編，兩年多前還開了新創公司，不免暗自以為相當了解這個領域和產業。然而閱讀《銀光經濟》的過程中，除了「我也這樣想」的沾沾自喜之外，更多的卻是「啊」、「真的」、「的確如此」，滿是啟發後的欣喜！

面對高齡社會的機會和挑戰，老人福祉科技產品及服務的研究者、開發者、產業界，乃至於所有我們嬰兒潮世代思考即將來臨的銀光歲月時，都應該深入閱讀這本好書。

（本文作者為元智大學老人福祉科技研究中心主任）

推薦詞

全民創意，幸福高齡

馮燕

過去我擔任行政院社福政務委員時，發現長照服務只是高齡人口中僅約十六・五％的需求，因而力推「二〇一五高齡社會白皮書」，把政策重心由傳統的老人福利、長期照顧，往前推展到活力老化、銀髮產業、社會企業，其中多有借鏡於 MIT AgeLab 的生活實驗室（Living Lab）。因此，看到創辦人柯佛林撰寫的《銀光經濟》，感到敬佩又驚豔：他慷慨分享二十年研究成果，而且寫得如此有親和力。

作者提到，熟齡女性在銀光經濟扮演主要消費決策者，完全符合我自己的觀察和生活經驗。書中論述眾多成功或失敗的例子，讓我這個社福工作者大感振奮：這本書打破老年迷思，促使不分年齡、不同領域的靈活心智，一起發揮創意、追求幸福高齡社會！

（本文作者為台灣大學社工系教授）

目次

本書合作者

在研究發表的世界，有一件事幾乎不是祕密：第一作者後面列出的名字，才是真正勞苦功高之人。本書也不例外。坦白講，要不是有路克・尤金多（Luke Yoquinto）的協助，本書不可能寫成。他是我的合作者、朋友、科普作家，本書幾乎沒有任何一句話未受惠於他的研究與報導、他的說故事技巧，以及銳利的編輯之眼。他採訪了本書的數場訪談，還耗費多月協助我將紛亂的思緒，整理成勉強可以見人。

本書部分章節，源自我和尤金多最初刊登於《華盛頓郵報》（*Washington Post*）與《石板》（*Slate*）雜誌的想法。他不辭辛勞，才華洋溢，還負責盯我交稿，我要致上最深的謝意。

前言

長壽矛盾

我們每一個人要是幸運的話，有一天都會變老，國家也是一樣。如同風調雨順帶來大豐收，要是國運昌隆，就會擁有大批老年人口。今日全球多數國家即將迎接人類史上最大的長壽收割潮：也就是二十世紀下半葉的富裕生活、良好教育、科技突破所帶來的果實。

相關影響鋪天蓋地而來，銀髮人口將帶來史上最深遠的改變，全球每一個高收入國家首當其衝，就連多數中低收入國家也同樣受到影響。氣候變遷、全球地緣政治、科技進展等其他重大改變，或許同一時間也在朝著我們而來，然而那些改變的實際情形究竟會如何，一切還很難說。我們僅能猜測倫敦將如何處理海平面上升的問題，或是東京將如何迎接自駕車，然而全球人口老化情形會如何開展，是再確定不過的事。我們知道老化即將發生的時間、地點、程度，也曉得哪些子族群大概會比平均數據長壽或短命，以及他們替未來做了多少準備。

由於人口老化現象將以排山倒海但可預測的方式出現，企業替未來做長期規劃時，第一要務是準備好迎接那個高齡化世界。替未知事物做沙盤推演有其好處，但首先應該替一定會出現的事未雨綢繆。

然而實際上，除了少數幾家公司，企業大都尚未做好準備，就連非營利組織與政府也一樣，令人大惑不解。我身為麻省理工學院（MIT）「年齡實驗室」（AgeLab）創辦人，研究「老化」與「企業」的交會點，我背負的任務就是要解開這個謎。

我在這裡開心的宣布，這個謎題有解，答案簡單到幾乎令人不可置信：**老年其實是一種人為建構出來的東西**。

這句話的意思，自然不是我認為關節炎是患者的無病呻吟，人類可以萬歲萬歲萬萬歲。然而，不論我們是在談人生的階段、「年長」人口、甚至是各位對自己的認知，「老」所代表的意義，在學術上被稱為「社會建構的產物」，或是如果不用那麼高深的詞彙來講，也可稱為「集體錯覺」，沒人意識到那是虛構的故事。我們對於老年的概念，的確有一小部分源自生物不可避免的生老病死，然而絕大多數其實是在過去一百五十年間，我們為了短期的人為目的所提出的講法，造成我們今日困在嚴重偏離現實的老年觀之中，危機四伏。過時的觀念限制了我們老了以後能做些什麼，而這是一個很大的問題，畢竟未來的老化世界面貌，自然取決於生活在其中的老年人做些什麼。此外，中高齡消費者這個原本就勢力龐大的族群，人數持續增加，手中掌握的財富也多，需求與日俱增，但錯誤的老年觀導致企業無法滿足他們真正的需求。

全球高齡化

這個世界正在因為三大原因而高齡化，其中最明顯的原因是人們活得愈來愈久。美國的情形和多數高收入國家差不多，一九〇〇年誕生的嬰兒中，絕大多數活不過五十歲生日；但到了二〇一五年，美國的預期壽命已達七十九歲，[1]西歐與東亞等地增加的壽命更長。主要經濟體中，日本領先全球，預期壽命達八十四歲，西班牙、瑞士、義大利、新加坡亦相去不遠，緊跟在後的是其他多數西歐與南歐國家，世界其他各地如南韓、智利、澳洲、紐西蘭、加拿大、以色列亦不遜色。[2]

如果我是在講台上告訴研究所學生這項資訊，講到這裡，教室後頭已經有聰明的傢伙打斷我：「那兒童死亡率呢？」沒錯，一九〇〇年之後預期壽命攀高的最大原因，在於今日能活過兒童期的人數遠多過一百年前，撐過出生至五歲間威脅著兒童的疾病挑戰。不過，如果認為預期壽命增長全是因為兒童死亡率下降，那就錯得離譜了。首先，二十歲世代、三十歲世代、四十歲世代、五十歲世代過世的人也減少，例如一九〇〇年的三十歲美國男性將在一年內去世的可能性，是今日三十歲男性的六倍；三十歲女性在一年內死亡的可能性則是今日的十二．五倍。[3]由於公共衛生措施、自來水、沒發生世界大戰（上帝保佑）、現代醫學、抗生素、更安全的工作環境，以及更安全的分娩過程等種種原因，今日能活過六十五歲的人遠遠超出史上紀錄。

由於今日活過六十五歲的人，將會活得更久，長壽趨勢因而永不止息。一九〇〇年時，美國六十五歲女性預計可活到七十八歲；男性則為七十六歲。[4]今日的數字則分別增長到八十五．五歲與八十二．九歲。[5]也就是說，過去一世紀的科學進展與經濟成長，多給了六十五歲人士七年壽命，而且七年還只是美國的情形。如果是日本的話，六十五歲女性平均可活到八十九歲。沒錯，今天的日本女性活到九十多歲是司空見慣之事，西班牙、法國、義大利、韓國的女性也緊跟在後。[6]

然而，長壽只是全球正在老化的原因之一，更重要的因素其實是全球生育率在二十世紀下半葉陡降（尤其是低收入國家）。新千禧年過後，此一趨勢更加顯著。二〇一五年時，全球除了非洲，每一區的生育率皆接近或低於「人口替代率」，多數高收入國家大約每位女性生下二．一個孩子（每位女性要生超過兩個孩子，人口才能保持穩定，因為不是每一個孩子都能活到自己的生育年齡）。[7]

生育率的硬幣有兩面。人頭的那一面是高收入國家生育率大幅下降。日本在這方面再度名列前茅：由於日本的移民政策一共就兩個字（「不行！」*），再加上生育率極低，二〇一五年時平均每位女性只生一．四六個孩子，[8]人口減少的速度快過東歐以外所有的國家。東歐除了是低生育率地區，也因為人民移居國外使得人口大幅減少。[9]除了日本以外，德國、義大利、新加坡、南韓等許多國家的生育率和日本差不多，甚至更低，多數的南歐與西歐國家數十年來的生育率，皆低於替代率。[10]然而，這些國家因為移民湧入，人口縮水

---

*譯注：相較於美加等較為開放移民的國家，外國人不易在日本取得國民身分。

的情況多少獲得平衡。儘管如此，預計到了二〇五〇年，德國與義大利的人口將為負成長。美國也一樣，生育率僅一．九，[11]要不是因為有移民，加上第一代移民通常相對而言生得多而形成雙重保障，[12]人口也將縮水（事實上，移民政策未來若未出現長期變化，美國預計人口將緩慢但穩定成長至二〇五〇年，這種情況相當獨特。預計接下來至二〇五〇年，世界的人口成長大都來自於由印度與奈及利亞領軍的少數幾個國家，美國是其中唯一的高收入國家）。[13]

生育率硬幣的另一面是低收入國家的出生率，雖然依舊高過人口替代率，但已自高點跌落。以印度為例，一九六〇年的印度女性平均生五．九個孩子，二〇一四年大幅下降至二．四個孩子。巴西、智利、南非、泰國、印尼、土耳其、墨西哥、菲律賓等地的情形也差不多，結果便是原本就多的老年人口持續攀升。聯合國資料顯示，全球三分之二老年人口定居於開發中國家，全球目前最大量的老年人口成長也是來自此區。[14]

最後，全球老化的第三個原因是嬰兒潮世代。許多參與二戰的國家在戰後歷經生育率激增，雖然各國情形略有不同（例如：日本的嬰兒潮主要僅限於一九四〇年代下半葉；德國則晚了十年左右才出現嬰兒潮，接著則出現嬰兒荒〔baby bust〕），當時出生的嬰兒今日已當上祖父母，甚至是曾祖父母。

由於壽命增長與嬰兒潮的緣故，我們今日活在放眼望去都是老人的世界，二〇一五年時，全世界六．一七億人口為六十五歲以上人士，大約是美國人口的兩倍，可以排上全球第三大國。二〇三〇年時將增長至十億，並於二十一世紀上半葉持續成長，預估二〇五〇年將達十六億人。在此期間，低生育率也會起作用：全球的年輕人口將持平，工作年齡人口僅微幅成長，也因此二〇五〇年時，全球六十五歲以上人口將翻倍，自今日的八．五％成長至十六．七％，[15]幾乎和美國佛羅里達州二〇一五年的年齡分布情形差不多*。

此外，看一看今日這個佛羅里達式的世界，就會發現許多高收入國家其實已將佛羅里達這個陽光之州遠遠拋到後頭。日本再次領先全球，四分之一的日本人口年齡達六十五歲以上，德國、希臘、義大利、葡萄牙、瑞典及其他歐洲國家也已經跨過二十％的門檻。美國目前的十五％是被移民和相對高的出生率壓低，[16]但二〇三〇年也將加入這個「二十％俱樂部」[17]：歡迎來到「美利堅陽光合眾國」。原本就已是二十％俱樂部成員的國家則將跨越二十五％的門檻，日本更是將出現領先各國的驚人數字——全國三分之一人口都在六十五

＊譯注：佛羅里達陽光燦爛、氣候宜人，有「退休之州」之稱。

歲以上，[18]是全球前所未見。

全球其他國家正在跟隨日本腳步前進，除非發生極端事件，否則這股趨勢大概不會反轉。一國的出生率下降後，通常便回不去了。除非發生天災人禍，預期壽命延長後也不太會反轉。嬰兒潮世代正在大量退休，嬰兒潮世代的子女也將開始成為「美國退休協會」（AARP）的一員。簡而言之，一個國家頭髮開始白了之後，將無限期變白。

前述種種現象給企業界的第一個啟示，在於新興老年人口不僅能用「龐大」來形容，並且是排山倒海而來，如同海面上正在騰升的一塊新大陸，上頭住著整整超過十億名消費者，懇求新產品要能滿足他們的需求。事實上，以上的形容雖然奇特，但依舊尚未充分說出全球老化的重大影響。社會不只在變老，還將以不同方式運轉，而且不只是少數幾個經常提到的議題將發生變化。老年照護責任、健康照護支出、退休金負債自然會上升，但其他各式變化也將隨之而來，包括新型態勞動市場、智慧型住宅科技等表面上與老年無關的

＊後文將不斷出現「產品」（product）一詞，本書採取最寬廣的定義：除了企業製造的商品外，也包含服務，以及商品與服務的結合等等。接下來所討論的設計與行銷經驗，可以應用在實體商品、金融商品、線上服務、非營利與志工服務，範圍無遠弗屆，有時甚至還包括政府的「產品」，也就是政策。

產品＊需求增加；以及影響家庭組成與家庭儀式的新力量等等。未來將出現新的政治議題與紛爭，甚至是陪審團人員年齡偏高，以不同觀點詮釋法律。

最重要的是，一旦中高齡者的支出（以及花在中高齡者身上的錢）飆高，消費者需求將改變。日本目前是最接近未來世界人口分布的高收入國家，可以視為世界未來走向的指標。以日本最盛行的娛樂卡拉ＯＫ來講，日本最大的卡拉ＯＫ連鎖店Shidax公司（Shidax Corporation），今日將許多唱歌包廂改裝成白天可以上課的教室，主要對象是五十至七十歲的女性學員，可以選擇舞蹈、語言、傳統插花等五十多種課程。[19]此外，日本最大眼鏡連鎖店巴黎三城（Paris Miki），老花眼鏡銷量早在二〇〇七年就超過其他各種類型的眼鏡。[20]或許最明顯的例子是二〇一一年時，日本最大衛生用品製造商嬌聯（Unicharm）的成人尿布銷量超過嬰兒尿布，[21]美國也將在二〇二六年發生同樣的事。[22]

雖然日本的消費者經濟已經從根本上出現變化，但該國的老化尚未達到高峰。全球各國同樣也才剛開始步入老化，但老年人口族群已經成為主要支出者。高收入世界的中高齡者平均每年支出三萬九千美元，三十至四十四歲族群則被學貸與金融海嘯後遺症榨乾，僅支出兩萬九千五百美元。[23]美國的老年人口數為所有富裕國家中最高，二〇一五年五十歲以上人士的支出為五．六兆美元，五十歲以下為四．九兆美元。五十歲以上人士的支出加上了下游效應後，所占價值近八兆美元的經濟活動，[24]幾乎是該年國內生產毛額（ＧＤＰ）的一半，數字大到令人難以想像。這樣說吧，那是一個國家最重要的單一消費者族群在施展驚人的力量。然而，雖然相關數字高過全球多數國家的ＧＤＰ（美國、中國、歐盟除外），但那個數字尚不足以解釋未來浪潮的重要性。事實上，對知道如何提供價值給老化世界的企業來講，八兆美元只不過是可以攻獲的整體戰利品的保守預估數字，甚至是最低數字。

首先，如同日本已經出現的情形，曾經一度被視為牢不可破的民眾消費模式，因老化而出現轉變。即使全球老年人口的粗估經濟活動在接下來三十五年間，都在不太可能的情況下持平，金錢支出方式的變化，依舊會替考慮跳上銀光經濟列車的企業帶來機會，且嚴重威脅目前的主流企業。

然而，銀光經濟支出不會永遠呈平坦的水平線。光是主要國家老年人口的成長率，就能保證全球未來支出將大幅超過目前水準。歐睿市場研究公司（Euromonitor）預估到了二〇二〇年，全球高齡人口（六十歲以上人士）支出將達十五兆美元，[25]而二〇二〇年離全球老化高峰還早得很。波士頓顧問公司（Boston Consulting Group, BCG）預測到了二〇三〇年時，二〇〇八年以來的消費者支出成長中，五十五歲以上人口支出成長占比，美國為五十%、日本六十七%、德國八十六%，[26]可以說全球最先進的經濟體很快就會繞著「阿公阿媽」的需求、欲望與一時的心血來潮打轉。

推論目前的支出模式在未來將如何轉變，在某種程度上有其價值，然而這類推論無法判定年長人士想要或需要的話，理論上可以支出多少錢，而真正的商機就在這。光是美國一地，五十歲以上的消費者掌控著八十三%的家戶財富。二〇〇七至二〇六一年間，這群人將留下令人咋舌的五十三兆美元財富給繼承人（部分會流向遺產稅、慈善機構、財產過戶成本），[27]整體而言將是史上最龐大的財富轉移——前提是他們沒先自己花掉，而這是不太保險的假設。研究人員已經發現，相較於先前所有的世代，美國嬰兒潮世代不認為留遺產很重要，[28]而且很多時候他們別無選擇：許多人的儲蓄不夠長壽的自己花。然而值得注意的是，即使多數年長者不願意留遺產，依舊會有大量遺產可以傳承至下一代手中。企業要是能推出人們想掏錢的產品，銀光經濟的未來支出很容易高過預期數字。

消費者與企業之間的鴻溝

銀光經濟最令人訝異的地方，在於應該沒什麼好訝異的才對。只要常常在看《經濟學人》（*The Economist*）、《商業週刊》（*Businessweek*）、《華爾街日報》（*Wall Street*

Journal），三不五時就會瞄到相關統計數字與預測。我讀過這類文章，也寫過這類文章，別人也引用我的文章，時間前前後後將近二十五年。二〇一七年時，第一批嬰兒潮世代大量進入退休年齡，而企業早在數十年前就被提醒過這件事，然而「經濟學人智庫」（Economist Intelligence Unit）發現，僅三十一％的企業將全球老化納入行銷與銷售計畫；波士頓顧問公司則指出，不到十五％的企業有任何與銀髮族相關的商業策略。[29]「四十九歲」依舊是許多行銷人員實際上不會去跨越的界限，[30]不到十％的行銷預算特別瞄準五十歲以上人士。就連一直到了晚近的二〇一五年左右，儘管廣告中出現的跨世代演員略有增加，[31]廣告商瞄準千禧世代＊的廣告支出，依舊比其他所有年齡族群相加還多了五倍。[32]

企業如此不把銀髮族放心上，也難怪銀髮族感到自己與消費者導向的企業之間關係疏離。尼爾森（Nielsen）的六十國三萬人民意調查結果顯示，超過一半的銀髮族表示「沒看過反映出年長消費者需求的廣告」。[33]即使是罕見的出現老年人的廣告（主要來自藥廠與退休產業），銀髮族觀眾一致認為那些廣告上的老年人不討喜，過度呈現刻板印象。[34]二

＊譯注：大約出生於一九八〇至二〇〇〇年間的人口，相當於台灣常說的「七、八年級」。

〇一四年的一份四百位七十歲以上人士調查報告顯示，不到二十%的受訪者喜歡那些看似瞄準他們的廣告，不到一半認為廣告中的老年人被當成「值得尊敬的人」。[35]

企業未能照顧到銀髮族的地方不只是廣告而已，例如二分之一的尼爾森國際調查受訪者表示，很難找到不必費力閱讀的產品標示，四十三%的受訪者找不到輕鬆就能打開的包裝設計，[36]而這兩件事都會將消費者推給競爭對手。此類統計數據還找得到，難以量化的則是究竟還有多少中高齡者因為產品是針對年輕使用者所設計，默默承受著不便。第四章將介紹我的年齡實驗室團隊發明的「老化模擬裝」（age-simulating suit），那套服裝可以協助年輕設計者對老化的身體產生同理心。此類同理心很重要的地方，在於中高齡消費者並不會直接說出自己的困擾，許多時候他們還以為那樣的不便是正常的，直到碰上更好用的產品或環境。不過，許多產品不只是在生理方面未能充分考量到年長消費者的需求，甚至還打擊他們的渴望與自我形象。然而，企業所犯下最嚴重的錯誤，後果更是難以估算，那就是缺乏創新。有多少可望改善生活的產品尚未問世，原因出在企業不認為值得替中高齡消費者花心力創新，或是企業依據刻板印象試圖滿足中高齡消費者需求，沒先評估那些需求究竟符合多少事實？

大多數企業完全沒替老化世界做準備，不過依舊有幾家公司令人眼睛為之一亮，而且那些公司不一定來自我們會想到的產業。藥廠與金融服務公司自然動作比別人快，率先研究人口老化將如何影響自家利潤，不過，有一些乍看之下與年齡不太相關的公司，也正在採取行動，例如本書第六章將提到，BMW、奧迪（Audi）、福斯（Volkswagen）等車廠，正在實驗「外骨骼機械技術」*，好留住旗下技術純熟但進入熟齡的工廠員工。哈雷摩托車（Harley-Davidson）的消費者平均年齡近五十歲，[37]公司正加倍努力執行策略，方便體型較小（女性）與年長的騎士騎乘，包括降低座椅高度（讓關節僵硬的人容易跨上車），以及更好操作的手把。哈雷在二〇〇八年推出旗下第一台「三輪機車」（trike），相當受到喜愛在路上馳騁的年長騎士歡迎。[38]

不過，此類例子屬於特例。整體而言，尚未準備好迎接老化世界的企業，似乎滿足於現況，或是寧願無視於整體趨勢。大量的報導與書籍都探討了老化問題，近日甚至可說是自成一種財經報導文類，然而標準做法是採取恐嚇口吻，暗示弄不清狀況的企業該醒醒了，成人保健食品亞培安素（Ensure）才是大勢所趨，應該把目前花在千禧世代的心力，改成討

*譯注：exoskeleton，有如電影《鋼鐵人》中的穿戴式機械，可以提供動力，輔助人體做動作。

好年長消費者。

似乎沒人願意承認，企業之所以採取目前的做法，背後有其原因。這樣想吧：如果企業確實明白，拒絕給予銀髮族應得的關注，將不符合自身最佳利益、且會帶來全面危機，卻依然故我，唯一可能的解釋是企業界人人都是徹頭徹尾的笨蛋，或是鐵了心歧視中高齡人士，或是同時又愚昧又歧視老年人。

我不認為可以用「所有人都很笨」來解釋目前正在發生的事。企業界未能替自身最佳利益採取行動的現象，背後其實有更深層的原因。

問題的源頭

想像你人坐在飯店大廳，一名西裝筆挺的生意人往大門走來，推了一下門，門卻文風不動。他使勁推，咬牙切齒的推，直到終於發現那道門得用拉的，用推的沒用。他尷尬的拉開門，走進飯店。你坐在大廳內目睹了這一切，如果你跟我一樣，大概也會在心裡偷笑，然後低頭繼續看報紙。然而不知怎麼搞的，又有一個穿著時髦套裝的企業人士走向同一扇門，同樣也死命推門，直到弄清楚門究竟得怎麼開。這時你心裡可能會想，嗯，看來做生意的人腦袋都不是很好。

現在再想像一下，你在那個飯店大廳裡整整坐了一星期，天天目睹不管是誰想開那扇門，都會不斷的死命往前推。發生第N次後，你會開始想，應該不是大家都很笨——那道門一定藏著什麼玄機！

天啊，高齡社會一定藏著什麼玄機。我在年齡實驗室看著五花八門的企業不停奮力掙扎，用推的、用拉的，想盡辦法要抓住銀髮族這群大權在握的消費者。然而不論眾家企業怎麼試，中高齡人士似乎就是和他們想的不一樣，而且摸不清狀況的都還是些聰明的公司。其他企業更離譜，甚至連那裡有一道門都沒發現，一頭撞上去，搞得鼻青眼腫。

所有企業都沒想到，他們會這麼辛苦不是自己的錯，真正的問題出在人們心中抱持的老年觀念。我們的看法是社會建構出來的，是一種歷史的偶然，而且問題重重——需要拉開的門，卻在上頭貼著「推」的標示。

在那種誤導人的定義下，「老」是壞事。但若帶著不偏不倚的心態解讀事實，就會發現別有洞天：有老年人口是國家的幸事。當社會能讓民眾活得健康、遠離危險、接受教育、掌控自己的生育權，自然會出現老年人口。然而，絕大多數的看法卻認為，高齡與人口老化是一場逐漸到來的危機。不曉得有多少次，我看到老化的團體（例如：老化的國家、老化的勞動力、老化的全世界）被稱為「定時炸彈」。我還記得二〇〇四年時，在機場書店偶然看到的某期《國際經濟》（*The International Economy*）雜誌，封面故事的標題是〈老化：下一顆滴答作響的定時炸彈〉（Aging: The Next Ticking Time Bomb），[39]搭配的插圖是一個穿著浴袍的人彎腰駝背拄著助行器，手上掛著血袋點滴。那個「人」的頭是一顆地球，那顆行星像是長著皺紋，表面皺巴巴的，陸地與海洋都是紋路，頂端自然還加上一根點燃的引信。我看到那張「老人炸彈」圖片後，自己的頭差點爆炸。如果那種景象的確就是人們心中的老年族群，被視為「年紀大」的人，怎麼可能找到好工作？怎麼可能募得到創業資金？各行各業又怎麼可能認真看待中高齡者的需求？

稍微搜尋一下這種恐懼老化的報章雜誌，立刻就會發現增長的老年人口，被視為摧毀地球的小行星或核子戰爭，是人類最大威脅。你還會立刻得知，美國的社會安全福利金（Social Security，或是美國以外類似的退休金制度）將支撐不住，社會負擔不起醫療照護，今日的孩童活到中年之前，身上背負的稅金將變成二至三倍，嬰兒潮世代老了之後將得靠貓食填飽肚子，因為他們並未存夠退休金。事實上，各位要是認為前文提到的數字很驚人，那麼和災難預言者隨口就能拋出的數據比起來，完全是小巫見大巫。舉例來說，有人說美國政府照顧老人的「帳單」，今後連本帶利將超過兩百兆美元。[40]民眾一般只會記住那樣的天文數字，不會記得其他經濟學家解釋，那種估算並未考量到未來的經濟成長，而且推估無限期的債務並無意義。[41]人們聽見這類嚇人訊息後，開始認定沒有人為努力的餘地，例如在美國與日本，那些常在媒體上發言的知識份子紛紛表示，如果老人能「快點死一死」（日本財務大臣麻生太郎用語），我們面臨的許多問題就能獲得解決。言下之意是老年生活的價值，並未高到值得花錢讓老人「苟延殘喘」。

即使多數人不會講得那麼白，但以負面觀點看待老人這個群體，的確是相當常見的想法。此外，雖然人們在中年過後，心理幸福感其實會隨著年齡逐年上升，[42]我們卻仍以負面觀點看待老年。對老人暗藏偏見是不分年齡族群的常態現象，[43]那種偏見深藏心中，我們甚至可能沒意識到自己也帶有那樣的歧視。不過，受試者很難騙過「隱性偏見」測試＊；就連我本人也測出，相較於老人臉孔，我對年輕臉龐有著中等的隱性偏好，而我原本希望自己多年前早已擺脫這樣的偏見。

＊各位如果好奇，有一個簡單辦法可以測試自己是否帶有隱形偏見：只要造訪這個由多間大學研究人員共同主持的「內隱研究計畫」網站（https://goo.gl/d6K3oo），就能測試自己心中是否抱持各式偏見。只需十分鐘就能找出答案。各位絕對會訝異自己的測驗結果。

各位如果和多數人一樣，那麼你想到「老人」時，腦中會浮現非常明確的印象。雖然各國略有差別，不過我們一般把這個族群想成同質性強的單一人口，要靠別人奉養，不事生產。我們覺得老人應該獨居，安安靜靜待在與世隔絕的退休社區、養護中心、安養院，其他人都去上班後，才出來買東西吃飯。我們認為老人天生扮演的角色，就是食物、服務、點子的消費者，從來不是生產者。更重要的問題是我們假設老人喜歡那樣，因為這個社會告訴我們，「退休」是一生長期辛苦工作後的獎勵。儘管實際的個人經驗通常不是如此，我們卻認為不用工作、生活和其他年齡族群隔絕，將是美夢成真。在這種一概而論的印象下，銀髮族被看成貧苦無依的一群人，體弱多病，無法養活自己，又生性貪婪，因為他們在外頭享受人生時特別引人注目，而大眾的印象又是老人靠花別人的錢逍遙自在。

種種想像加在一起後，令人感到銀髮族是純粹的消費者，也因此他們想要的一定是休閒與吃喝玩樂的產品，醫療輔助用品則是生活必需品。這兩大類的欲望與需求搞定後，企業、非營利組織，甚至是政策制定者，就不需要傷腦筋思考該如何替老年人口盡一份心力。需要別人照顧的貪婪「歐巴桑、歐吉桑」形象太生動了，幾乎沒人去細想那當中究竟有幾分事實。

此外，老實講，那種觀點的某些層面的確源於事實。人老了之後，確實容易生病，獨立性也降低，許多老人最終需要有人照顧。事實上，多數人終其一生並未出現癡呆問題，與失智無關的認知功能下降被過分誇大，但失智症的確幾乎都發生在老年。還有死亡也一樣：一九〇〇年時，多數美國人活不過五十歲，死亡是如影隨形的威脅。今日八十一%的美國死亡事件則發生在六十五歲之後，[44]我們戰勝了這個隨時可能取人性命的世界，然而在這個過程當中，老年令人感到「不吉利」，因為今日的我們預期自己直到老年才會死亡。

此外，老年通常是我們一生之中，唯一把「多了一歲」看成壽命「減少一歲」的時期。想到老年，就想到失去。然而，「老人」十分豐富多元，幾乎不可能一、兩句話說清楚。光是幾歲以上算老人，就有各種分類方式，可能橫跨我們五十年以上的人生。每個人生理健康程度不同，認知能力不同，手中握有的財富不同，再加上性格各異，抱持各種意識形態，跨越藍色地球上的每一個種族、國籍、信仰、性別、性認同。年紀大了之後，的確許多事會變得困難，生理狀況最終會限制我們能達成的事，然而每個人老去的方式都不一樣。我們全都在獨特的時間點進入老化過程，接著各自以不同的速度，走過各式各樣的生理經驗。所謂的只要過了五十歲、六十五歲或任何單一歲數後，就是開始老了、就會處於一模一樣的單一情境，根本是說不通的邏輯；所謂的晚年就是要怎樣過才正常，根本沒這回事。

如果說我們對於老年的傳統看法，並未牢牢奠基於生物學、經濟學、社會學的事實，那麼一定含有虛構成分。我們以有限的方式想像老年，進而認定老年該怎麼過才叫正常。本書把那樣的傳統思維稱之為「老化的論述」，如同一個被代代相傳的故事。

我們人類之所以說故事，是因為故事隱含寓意。我們說故事是因為故事會觸發某種情感，讓我們明白長壽這份禮物是怎麼一回事。宇宙把那份禮物交到我們手上時，沒附贈說明書。幾個世代以前，特別是在十九世紀末到二十世紀初，人們手上多出寶貴的壽命禮物，但不曉得該如何運用才好。我們靠故事弄懂該如何過長壽生活，而不巧我們說出的故事，讓所有人把那份新禮物當成包袱。

隨著平均壽命不斷延長，把「活得久」當成一種累贅的心態，帶來各式深遠的影響。從政策一直到老年人如何看待自己，都受那樣的框架所限。企業以產品回應（或無視於）老年的方式也連帶受波及，給銀髮族的創新產品遲遲無法問世，因為老年人口的「解決方案」，幾乎總是侷限於休閒產品（給貪婪老人）與身體需求（給需要照顧的老人），沒人去管今日的老人渴望或希望成為什麼樣的人。企業平日替每一個年齡族群定義新渴望，然而碰到老年人口則乾脆缺席。

從失敗的新產品、錯過的機會、未能打中目標族群的產品等角度來看，我們的老年論述已經使企業遭逢難以估計的損失。雪上加霜的是，產品與行銷又會強化社會規範，故事遂成為自我應驗的預言。有的產品只把銀髮族當成貪得無厭、需要照顧的頭疼問題，並沒視為一個有著各式目的與動機的龐大多元群體。那樣的產品天天提醒著我們，上了年紀的意思，就是永遠只想著得到，從不付出；老人永遠是問題，而不是答案。更大的問題是，不合格的產品限制了人們能靠自己做的事。我們上了年紀後，由於缺乏輔助工具，無法在職場上保持競爭力、無法對文化做出貢獻、無法維持人脈、無法在真的不行了的那一天來臨之前，都盡量保持獨立。那樣的產品要不是尚未存在，就是把對象設定為年輕族群。就算真的是幫中高齡者量身打造的產品，那類產品的外形設計與行銷方式，也令許多老年人羞於使用，或是不覺得適合自己。

不過，那種無法觸動年長消費者的產品正在消失。新的老年世界日益浮現，目前的老年論述很快就會退流行，現在是最好的時機。要是過時的主流論述繼續存在，即將大量出現的老年人口，意味著世界末日預言者的悲觀假設即將成真。老化故事預言，高齡將拖垮整個社會。

然而，世界末日不會降臨，因為我們正在進入的高齡世界，帶有消滅那種論述的種子。各位可能已經聽說過相關改變的推動者——他們已經掌管這個世界三十年左右，那群人稱為「嬰兒潮世代」。

父母警告過我們要小心的那種人

該替「人口定時炸彈」的威力負起大部分責任的嬰兒潮世代，有機會反轉自己先前造成的影響，恰巧趕在全球永久變老之前，大幅改善老年生活。嬰兒潮世代一輩子就像雕刻家的鑿子，要求周遭世界滿足他們的各式需求；他們想要什麼，各國的面貌就變成那樣。由於嬰兒潮的緣故，全球能源使用量變六倍，肥料消耗變二十倍，用水量變三倍，大型水庫興建速度成長六倍。[45] 一九七五年以來，全球總柏油路里程數成長至三倍以上。[46] 自一九五〇年代以來，光在美國一地，嬰兒潮孩童促使被稱為「最偉大的世代」（Greatest generation）的父母，買下郊區獨棟房子。美國郊區首度如雨後春筍般出現，就像野草從人行道裂縫鑽出來，沿著州際公路旁的狹長地帶成形。購物中心在這樣的郊區誕生，接著很快就數量大增。這些嬰兒潮世代長大後，在一九六〇年代晚期與七〇年代買下第一棟房子，進而克服不景氣，帶動公寓與華廈的興建。購物中心愈開愈大。一九九〇年代，隨著嬰兒潮世代開始換大房子，全美各地紛紛大興土木。沃爾瑪（Walmart）等大賣場蔚為風潮，龐大的新型多功能休旅車與運動休旅車車隊，載著嬰兒潮世代與他們的子女四處購物。不論各位對於這種生活模式抱持什麼觀感，有一件事毋庸置疑：凡是嬰兒潮世代想要的東西，他們都能弄到手，就算不符合先前世代的道德原則也一樣。如同嬰兒潮世代的「酒保長歌手」吉米・巴菲特（Jimmy Buffet，我最喜歡的醉仙詩人）所言：我們正是父母警告要小心的那種人。

然而，嬰兒潮世代如今面對著尚未準備好迎合他們一切所需的未來。今日的產品設計依據的是現行的老年說法。那是一個同質性很強的單一故事，十分不同於形形色色的銀髮族實際上過的生活，也因此目前的年長人士與替他們生產產品的企業之間，並未水乳交融。藥廠與金融服務以外的產業，不怎麼關注這個族群。銀髮族被不貼心或付之闕如的老人產品侮辱，有時默默承受，有時大聲抗議，但很少能改變任何事。

如今，輪到嬰兒潮世代成為年長世代。從前的企業與產品向來只要技術允許，就會努力滿足嬰兒潮世代所有的一時興起。當嬰兒潮世代發現老年生活不符自己所需，我不認為他們會默不作聲。他們八成會起身反抗，要求產品必須符合他們的欲望與需求，懲罰不照做的企業。後文將詳細探討此類產品必須配合嬰兒潮世代老化的身體，考量他們在數十年歲月建立的心智模式，此外還必須運用最新技術，提供輕而易舉就能上手的產品，但又不能令人感到是簡化版本。最重要的是，嬰兒潮世代就和他們在人生其他階段一樣，將要求產品必須讓老年的他們感到振奮與開心。不論是單調乏味的米色和灰色系商品，或是強調「這是為你好」的服務，簡單來講都是行不通的策略。

簡而言之，嬰兒潮世代將成為銀光經濟的裁判，無情的將企業分成「能解決真實需求的公司」，以及「對老年抱持過時錯誤觀念的公司」，最後帶來深遠的影響：私部門反映出社會抱持的老年看法，製造迷思，並加以常態化；但嬰兒潮世代將帶來新興版本的老年生活，不依循過時的老年想像，努力開創出人們真正想過的生活。更好的老年人生故事有時慢慢來，有時又以驚人速度取代目前的老年論述。

寫下新論述首章的機會直接落在企業身上。這是企業有史以來面對的最大機會，也是最大責任。本書的主要目的是協助企業理解這個「美麗老世界」，進而在那個世界興旺蓬勃，乘著嬰兒潮世代對於美好晚年的渴望起飛，並在其他企業同樣急起直追時，不會被拋棄在「創造性破壞」的廢墟之中。

本書的第一部分將描述我們是如何得出目前的老年論述，以及未來將由誰帶領我們走出這種論述。第一章將探討傳統老年論述如何限制著設計師、工程師、發明家的想像，導致史上最慘烈的產品滑鐵盧。第二章談促成改變的推手：那群推手將在未來使「消費者」與「生產者」之間的界限變得模糊，找出能滿足明日銀髮族真實需求的產品。大體而言，這些創新者將是熟齡女性。我們將在第三章休息一下，來一趟不太能放鬆心情的佛羅里達之旅。全球最大型與世隔絕的退休社區「村莊」（The Villages）正是位於佛羅里達，那裡是主流老年論述最強大的堡壘。接下來，我們也將走訪另一個同樣由銀髮族主持但十分不同的社區，比較一下兩個村落，探討企業向前走的時候，必須將老年願景的哪些面向謹記於心？此外，該章也將提出令世代之間無法和平共存的社會議題。

本書的第二部分，將探討如何將我們在第一部分學到的心得轉化為成功的產品。第四章教大家避開設計陷阱，探討哪些設計與行銷包裝方式，無法引動銀髮族去使用產品。該章將介紹「卓越設計」的概念——不只是適合所有類型的使用者，而且即使不是生活必需品，仍然讓消費者趨之若鶩。第五章將探討如何服務老年健康照護需求，但不把相關解決方法視為老年最終目標，而是達成年長者的渴望與目標的助力，正好一路接到第六章要深入探討的主題。最後，第七章則討論人生在世所留下的遺澤——那是所有個人與嬰兒潮世代面對人終有一死時所關心的主題。

歷史將如何記載嬰兒潮世代，目前還很難講。例如，他們會被視為讓環保運動興起的世代，也或者是破壞環境的元兇？他們是結束冷戰的世代，也或者他們扼殺了人們對機構制度的信任？

答案大概是「以上皆是」。此外，我相信嬰兒潮世代將留給世人另一項遺澤：他們可以憑藉自己的聰明才智與經濟需求，以跨經濟光譜、跨國家的方式，甚至是替遙遠未來的所有中高齡者，開創無限可能性。

目前的老年世界呈現極度不平等狀態。即使多數國家都因為出生率低而快速老化，但前文提及大幅增加的壽命，主要受益者是富裕社會，而且通常是那些社會中的高教育程度和高收入人口。美國高收入族群整體而言壽命較長，[47]非裔美國人與美國原住民儘管近日壽命亦有增加，幅度卻不如白人、拉丁裔與亞裔。在此同時，白人女性二〇一四年的預期壽命甚至下降，[48]帶來罕見又令人困惑的人口現象。此外，二〇一四至二〇一五年間，美國整體人口也出現相同的壽命反轉現象，白人男性、白人女性、非裔美國人男性的中年死亡率上升。此一平均壽命下降現象（僅美國出現此一現象，而且只是十年上升趨勢中一個反常的小點），背後顯現令人不安的貧富不均：持續增加的壽命，大都落到高教育程度的富裕人士身上；教育程度低的貧窮族群則占了壽命下降人口大宗。[49]「健康預期壽命」指標也出現類似現象：富裕而教育程度高的人士不但活得久，晚年健康情形也較佳。[50]

近年來造成美國死亡率攀升的原因，大部分至少都能做到某種程度的預防，包括心臟病、中風、第二型糖尿病、自殺、藥物與酒精中毒等等，但我們實際上卻未能挽救人命（尤其是低收入、低教育程度人口），這點同時令人感到心驚與不解。整體而言，我們正在開創的未來，長壽禮物被直接交到全球富人手中，較不幸的人則生病早死，甚至是英年早逝。

雖然歷史上的富人向來比較容易長壽，今日部分低收入人口的壽命，竟為了不明原因不增反減，令人感到無比挫敗。

有許多方法可以扭轉這種情況，且非做不可，其中最重要的是改變基本的「老年法則」。企業如果能替老年打造出全新願景，而不是把老年視為「悲慘版中年」，除了將擁有一部印鈔機，還能協助年長者以及其照護者，帶來生氣蓬勃的高齡化社會，創造出重視年長者貢獻的文化環境，讓需要就業的中高齡人士更容易找到工作。此外，企業還將打造出更理想的科技產品，且在最終商品化之後，能夠改善各個收入階層的生活。最重要的是，年輕人與中年人更有理由期待未來歲月，好好保重自己——思考一下自我傷害健康的行為對公衛造成的嚴重打擊，就知道這件事有多麼重要。

一切從今天開始。企業如果要找到願景，投資欣欣向榮的銀髮市場，第一步是認真看待年長消費者，仔細聆聽他們的需求，替他們打造更理想的工具，協助他們與周遭世界互動。首先，由具有遠見的領導者率先替老年的可能性提出全新論述。

簡而言之，一切從此時此刻開始。

第 1 部

第一章 迷思

老實講，我個人並不是一開始就大聲疾呼要打破社會上的老年論述。我主持的年齡實驗室最初的成立宗旨很簡單：解決美國很缺的一件事。

時間回到一九九五年，當時我是私部門的運輸研究學者，受美國交通部與白宮之邀，替美國即將快速老化的人口，擬定移動需求政策計畫。情況從一開始就有如核爆的蕈狀雲，看起來大事不妙。數字算一算，答案相當明顯：美國尚未替正在開始變老的嬰兒潮世代做好準備。即將如潮水湧入的老化嬰兒潮世代，一旦選擇減少開車次數或喪失開車能力後，美國城鎮的「輔助客運系統」*將完全不足以負荷。原本就缺乏此類服務的鄉村與郊區，情況更是雪上加霜。

尤其令我感到氣餒的是，其實我們早就知道這波洪水即將到來，老化的嬰兒潮大概是上個世紀最容易預測的重大歷史事件。二戰結束後，美國人開始增產報國，好像多年沒見過異性一樣。好吧，戰爭期間的確差不多是如此。從那時起，人口學家就一直在提醒，美國製造出來的過量人口終將一起變老。如今那一天已經來臨，但令人頭疼的是，我們顯然根本沒做什麼準備。

然而，除了運輸系統完全不足之外，另一個議題也令我苦惱：就算民眾很幸運，搭得到市政府提供的輔助客運系統，也只會得到我私底下稱為「帶人去看病」的服務。那種運輸系統會載你去雜貨店和診所，但要是想見見朋友、吃個冰淇淋，就得祈禱它們會讓你上車。輔助客運不提供那種載客服務（即使是在今日，這種「兜風享樂」的出門，依舊不同於「優先必要」的出門，一定得提前很早預約，彷彿不應該發生）。那令我感到困擾，因為我本人很愛吃冰淇淋。美國獨立宣言說，生命、自由和追求幸福理應是不可剝奪的人權，然而

＊譯注：paratransit system，又譯「副大眾運輸系統」，北美地區用於輔助鐵路與公車系統、方便失能人士來往各地的交通服務。

社會對老人服務的目標卻僅是最基本的維生而已，自由與幸福不是優先要務。

不過，我替白宮撰寫報告時，只能專注於他們交代給我的議題：提供給年長者的機動車輛座位數不足。我當時提出的解決方案是替地面運輸設計某種有如航空交通管制的方案，方便年長者叫到離自己最近的巡迴計程車、客車、巴士（唯一的問題是相關技術要十年後才問世）。我的方案或許能解決座位不足的問題，然而我依舊不曉得如何能讓不開車的年長人士，有辦法和朋友一起出門逛街吃冰淇淋。如果生活中無法偶爾享受一點樂趣，即使我們比先前的世代長壽，大概也不會覺得人生更美滿。

我的研究刊出後，電話響了，是尤西．薛飛（Yossi Sheffi）教授找我。薛飛教授先前是軍機駕駛，後來擔任MIT運輸物流中心主任。他說，想找人管理交通部贊助的研究部門「新英格蘭大學交通中心」，順便再教幾堂交通運輸課，問我有沒有興趣。雖然薪水會銳減，我依舊毫不猶豫立刻答應（好吧，猶豫了一下下）。儘管我們面臨人口危機，我倒不覺得完全沒救，還是可以想想辦法，而MIT正好能扮演關鍵角色。

想想看，雷達、安全剃刀、電子郵件、網際網路檔案館、電子試算表、GPS、濃縮湯、電晶體收音機、全球資訊網等種種發明，這些全都部分或全部可以歸功給MIT，甚至連特藝彩色（Technicolor）公司名字中的「Tech」，也是來自MIT中的「T」*。我們可以在ＭＩＴ重新打造老年。我們握有技術，有能力讓老年變得更美好，透過理想產品協助年長人士增加做事的效率，更好、更俐落、更快。

我最後決定離開私部門的主要原因是，ＭＩＴ今日就提供明日的科技。我心想，如果想在八十五歲時吃得到冰淇淋，只能靠科技了。我們可以擴大研發規模，解決眼前的資源不足問題。我因為抱持著那樣的目標，加入ＭＩＴ兩年後成立了「ＭＩＴ年齡實驗室」。

我仍然記得自己頓悟的那一刻：光是以相同的模式找出更多解決方案還不夠。當時是二〇〇四年，產業正在開始替高齡族群生產更多科技產品，年齡實驗室也推出了幾項產品。我和羅德島設計學院的建築師與設計師朋友古伊．卓提（Gui Trotti）與米奇．艾克曼（Mickey Ackerman）一起研發裝置，提出點子，例如有提醒功能的筆，解決健忘問題。我們設計出時髦的隨身吃藥追蹤器，甚至一度準備打造有如菲比小精靈（Furby）或電子雞的虛擬寵物，外形看起來有點像《星際爭霸戰》（*Star Trek*）中毛茸茸的毛球族，只不過我們設計的寵物有一面是小型灰階螢幕。我們把這個發明命名為「吃藥寵物」（PillPets），最大的創意是「吃

＊譯注：特藝彩色是早期開創好萊塢彩色電影的先驅，公司創辦人為ＭＩＴ畢業生，也因此在公司名稱中加進此一淵源。

藥寵物」一組有兩隻，一隻給祖父母，另一隻交給孫子。每一次祖母吃藥了，也得順便以虛擬方式「餵食」自己手邊的「吃藥寵物」；如果祖母沒吃藥，她自己和孫子的寵物都會憂傷、生病、最終死亡。背後的設計邏輯是把「情感」與「按時服藥」綁在一起。然而今日回頭看，我懷疑我們當初到底在想什麼。雖然那種設計某種程度上說得通，但不可否認的是也太多此一舉！更重要的是，我當時沒發現，那個設計概念其實和現行的老年論述有關：把老人家視為「問題」。唯有把年長者當成一種壞掉需要修理的東西，而不是把他們當成一般人，才會覺得把家人這樣人生中重要的事物僅僅拿來餵藥，是一種合理的設計。

直到我參加了在義大利沃爾泰拉（Volterra）舉辦的一場研討會，才開始轉變觀點。當時比薩的聖安娜高等技術研究大學（Scuola Superiore Sant'Anna）邀請我去演講，讓我有絕佳機會造訪全歐洲最美的城市，於是我帶著全家大小一同前往。

我演講那天，朋友古賽佩・安奈狄（Giuseppe Anerdi）開著綠色愛快羅密歐到飯店接我們。我們太晚出發，幸好古賽佩不但以前是法拉利設計師，開起車來也像在賽車，然而首先我們得上上下下爬坡，翻越比薩如波浪起伏的丘陵，接著又得穿梭沃爾泰拉市內的狹窄街道。那座美麗古城是全球雪花石膏工藝品的歷史重鎮，數個世紀以來逐漸形成的大街小巷縱橫交錯。我們呼嘯而過窄到不可思議的街角，扎扎實實來了一場米高・肯恩（Michael

Caine）的電影《大淘金》（*The Italian Job*）中的飛車追逐。我家坐在後座的老大臉色發青，接著吐到昏天暗地。

我們只靠兩個輪胎，再度穿越小巷，衝上斜坡，在空中來了一場三百六十度大旋轉（感覺上是那樣），最後抵達演講地點。那是一座中世紀教堂，像大洞穴一樣充滿回聲，在那個讓人渾身黏答答的夏日，十分悶熱又不通風。我衝上前，希望自己不會因為暈車而支撐不住。當我站在講台上（實際上是個講道壇），像靈魂出竅一樣望著古色古香的美麗教堂建築，只記得汗水不停從臉上滴落電腦鍵盤。

在那個當下，沒人能怪我認為身體的舒適遠比美學設計重要。我想提議：麻煩在每一座大教堂加裝空調！拉直沃爾泰拉的街道！鵝卵石要鋪上柏油！

然而，也就是在沃爾泰拉，在我上台演講的大教堂，我領悟到不該採取那種方法。若是真把沃爾泰拉改造成精心規劃的方格棋盤式道路，沃爾泰拉就不再是沃爾泰拉，空調的風道工程也會毀了教堂建築的挑高美感。不惜一切追求舒適便利，有時代價太大。然而不幸的是，沃爾泰拉研討會上的工程師設計銀髮歲月的科技應用方式時，正是採取那樣的做法。

那次的研討會主軸是「居家機器人」。理論上，從人身安全等最基本的需求，一直到社交活動、心理健康、生產力等高階欲望，居家機器人有望改善家庭生活中的所有面向。

居家機器人是當時的高科技「智慧型住宅」（smart homes，例如MIT的「未來之家」〔House of the Future〕計畫）原型，[1]致力於輔助全家大小的居家生活，例如讓民眾能在家中各角落觀賞媒體與自行錄製影片、學習語言、準備餐點，以及移動牆壁，好讓小空間發揮大功效。時至今日，雖然企業正在如火如荼各自生產智慧型住宅設備，我們依舊才剛開始了解這類透過網路連結各式功能的房屋將如何整合各種元素，相關科技又將如何影響日常生活。如同我家穿梭於沃爾泰拉大街小巷的那趟旅程，智慧型住宅的研發過程有如雲霄飛車一般，經歷無數顛簸的歷程。

不過，二〇〇四年時的智慧型住宅對年長者而言，沒什麼好興奮的。幾乎沃爾泰拉會議上的每一個人，都不把智慧型住宅當成住戶可以自行運用的工具，而比較像是維生系統。智慧型住宅將處處裝設服藥提醒器、遠距健康照護裝置、中風復健輔具、智慧型體重計、樓梯升降機。從某種層面上來看，的確是很好沒錯。科技產品的設計太常無視於失能民眾的需求，智慧型住宅是一個盡全力替他們尋求解決方案的子領域，但同時也令人不安，因為這顯示「老年」在優秀年輕工程師與設計師心中，完全與「健康不佳」及「大腦出狀況」畫上等號。如同我在高齡運輸領域的經驗，銀髮科技提供銀髮族許多立意良好、顧及基本身體需求的設計，然而如果有人想吃冰淇淋呢？想都別想。研討會上討論的那種解決方案只求讓人們保住性命，卻犧牲掉讓生活值得活的體驗。

我要再次強調，科技及其他產業的確需要更加用心思考失能使用者的產品研發與行銷，接下來的章節也會繼續探討這點。然而，今日銀髮科技的問題不在於把「失能」納入考量，而在於把「解決失能」當成預設目標——而不是讓使用者就算失能也能出門從事活動。關鍵的差異就在這。

首先，這樣的預設心態限制住我們能藉由科技和創意協助年長者做哪些事。在沃爾泰拉研討會上，完全沒人提到一個「F」開頭的英文字：「樂趣」（Fun）。同樣令人關切的是，另一個「F」開頭的字也沒人提。多數年輕族群心中關於老年的不成熟設想，並未納入人性中的性欲——至少在他們自己也走到那個歲數之前，不會去想到。也因此每當年輕工程師首度自豪的公開設計作品，例如放在床墊下，可以將夜間的心跳、呼吸、移動數據傳送給醫生的感測器時，[2]台下許多熟齡聽眾心裡想的，卻是床上擺那種裝置對自己的性生活來講，將有多麼不便。

此外，我還想到，那美學呢？在沃爾泰拉那樣的美麗城市，在美輪美奐的教堂裡，與會人士的展示品尤其令人感到格格不入——全是些沉悶的灰色或米白色、有著圓角、超大按鈕、誇張大螢幕、射出成型的塑膠製品。整體設計活像是電視影集《黃金女郎》*重播時那些巨大的萬用遙控器廣告。我們四周是美到令人屏息、一路向上延伸至天國的大理石柱；然而在大理石柱之間，台上介紹的那些裝置，卻在使用者耳邊日日低語：你老了，沒用了，什麼事都做不來。

見微可以知著，義大利那場研討會說出與會人士心中設想的老年。義大利在當時與現在，同樣是全球僅次於日本的平均年齡最高的主要經濟體。[3] 此外，義大利和日本同樣是重視家族的國家，多代同堂的習慣延續至今，成為一種重要資產，除了具有文化價值，還可以幫忙照顧老人，但也因此衍生出一個問題：我在義大利見到的許多年輕銀髮科技設計師與工程師，他們似乎不是在替未來老年的自己設想解決方案，而是今日的爸媽與祖父母，也就是他們通常同住或週末會相處的人。這樣的設計方式導致孫子對老年的看法反映在科技產品上：重點擺在孱弱的身體，以及假設老人只想從事娛樂活動，不想從事專業或義工活動，而且不再追求戀愛或性愛。雪上加霜的是，替今日年長者做的設計，等於是在提出昨日的解決方案。銀髮科技產業的重大挑戰是替未來老年使用者做設計；而未來的年長者

＊譯注：*Golden Girls*，一九八五年開播的美國喜劇影集，劇情為四名熟齡女性同住所發生的各種趣事。

對於老年的看法，可能非常不同於今日的普遍看法。

時至今日，我當年在義大利沃爾泰拉觀察到的老年偏見，和我在整個銀髮科技領域所見到的是一樣的。只要簡單做一下相關領域的《老人福祉科技》（*Gerontechnology*）期刊的文本分析，就能明白我在說什麼。我利用電腦程式計算《老人福祉科技》自二〇〇一年創刊至二〇一五年年底每篇文章標題出現的字詞，排除定冠詞「the」等常用詞，以及「survey」（調查）、「ask」（詢問）等方法詞（process word），接著依據心理學家亞伯拉罕・馬斯洛（Abraham Maslow）的「需求層次」，整理出一百個最常使用的字詞。

馬斯洛的層次理論，很適合用來按照優先順序排列人類的各種需求。該理論通常被形容成一個金字塔，最底層的基本需求包括食物、住所、醫療。依據馬斯洛的理論，一個人滿足了那些需求後，才會往上移到第二個層次，開始考量安全層面。愛與歸屬感等社交主題屬於第三個層次，對自我與他人的尊重在第四層；最高的第五層則與自我實現有關：套用馬斯洛的話來講，自我實現就是「成為你所能成為的一切」。[4]

《老人福祉科技》收錄的論文標題常與底層需求相關，一百個最常見的字詞中，十五個與食物、住家、醫療健康相關（「失智」（dementia）出現一百零七次）。再上一階的需求「安全」僅出現七個常見詞。與第三層社交生活或愛相關的字詞出現四個，第四層的自尊或志向只出現一個（那個字是「活躍」〔active〕*，其實也能歸類成基本層次的需求）。最常見的字詞中，沒有任何一個與自我實現有關**。

簡單來講，銀髮科技領域將主力用在關注健康與安全等基本層面，沒去管高階的需求，例如渴望人與人之間的連結、個人或專業領域的抱負、思索人生意義，以及……是的，樂趣。當我們一股腦希望靠科技解決問題，卻沒先退一步問：「問題究竟是什麼？」就可能發生這種只關注單一面向的情形。人們想當然耳的以為自己知道年長者需要什麼：自十九、二十世紀之交，在老年人口被定義為「麻煩」後，企業發想產品時，思考角度老是從「解決麻煩」出發，這種心態同時影響了高科技與低科技產品的研發。年齡實驗室寄給ＭＩＴ史隆管理學院（Sloan School of Management）問卷，要商學院學生發想給銀髮族的產品。雖然出現幾個有趣的答案，例如自駕車和「協助彌補電腦科技鴻溝的產品」，多數答案仍落入健康與安全等老生常談的類別。典型的答案包括「枴杖」、「失智症治療」、「可以打電話外送枴杖／輪椅的ＡＰＰ」、「多功能枴杖」、「成人紙尿布」。

* 譯注：同時有精力旺盛、做事積極、時常參加活動等意思。
** 各位如果跟著計算的話，剩下的七十三個字詞無法依據馬斯洛的層次理論做任何歸類。

如果你只把老年人當成有待處理的問題，自然會出現這類型的回答。想像一下，如果我交給商學院學生一塊白板，請他們替另一個年齡族群發想產品，例如青少年，結果他們只想得出青春痘軟膏，還有耍帥時不小心受傷需要的枴杖，那樣的想像力可真是貧乏！然而，我們思考銀髮族的欲望與需求時，眼界就是如此狹隘。

把老年人當成「問題」的心態，甚至影響了探討人口老化的學者。相關著作的標題有如世界末日，如同雨後春筍般冒出來。第一本探討這個主題的現代書籍是肯．戴可沃（Ken Dychtwald）於一九九〇年出版的《老人潮》（*Age Wave*），後續又出現《灰色黎明》（*Grey Dawn*）、《年齡地震》（*Agequake*）、《地震轉移》（*Seismic Shifts*）、《世代風暴》（*The Coming Generational Storm*）。在同一時間，新聞媒體更是四處可見洪水意象，例如我聽過「老年海嘯」、「銀髮海嘯」、「白髮海嘯」、「高齡海嘯」與「人口海嘯」。

我不怪任何人用隱喻來解釋抽象現象，但目前的趨勢令我感到不安：這些用來解釋人口變遷的意象，往往是巨大無情、帶來災難的大自然力量。最關鍵的是，氣象或地震永遠都是突然間發生。報章媒體選用那樣的隱喻情有可原：把緩慢出現的人口變化，呈現為社會只要有心其實可以做出反應的緊急事件。背後的邏輯是，既然我們有辦法放下手邊一切，專心對抗潰堤的河水，為什麼不這樣處理人口危機？也難怪討論相關主題的書籍，大都提出特定的政策解決方案，例如《世代風暴》極力主張撙節措施，其他書籍則提議小規模的立法步驟（戴可沃夫婦〔Ken and Maddy Dychtwald〕提供私部門深入見解的開山之作是可喜的例外）。整體而言，此類著作提供的建議通常是由上而下、適合洪水或暴風雪的逐步問題解決策略，然而人口變遷不是市長換人當就能解決的問題，甚至連換總統都不行。

事實上，真正的問題就出在我們把「老年人」當成「問題」的反射動作。這個世界危機四伏，人類隨時可能喪命。我們比祖先多享有數十年壽命，象徵著人類靠頭腦戰勝了殘酷無情的大自然。然而，自從長壽被當成負擔而不是禮物後，產品、研究、政策等各方面與老年有關的創新，主要動機變成想要減輕重擔，而不是妥善利用這個時間長、充滿可能性的人生階段。坦白講，抱持這種看法的派別歷久不衰的理由很好理解，因為另一派（注重高階欲望，例如重視樂趣勝過醫療等生理需求）似乎過於膚淺，甚至很危險（如果連命都沒了，冰淇淋當然也不用吃了）。事實上，忽視高階欲望反而對老年生活有害，除了讓人對於活很久興趣缺缺，甚至會減損健康與安全創新產品的效用。

各位只要想想一個瞄準馬斯洛金字塔底部需求的典型科技，就知道我在說什麼：助聽器。是真的，助聽器僅二十%的時候有效，但不是因為功能不夠完善。助聽器是先進科技產品，而且技術日益成熟，然而全美國需要使用助聽器的民眾中，僅二十%的人取得助聽器。[5]這個數字低到不可思議，而且已經算進有助聽器但不戴的人士（大約占助聽器擁有者的五%至二十四%）。[6]人們有各種遲遲不取得助聽器的理由（就連的確有在使用的民眾，平均都拖了十年才戴上），不過主要原因是，他們就是不想戴*。事實上，人們不想戴，結果就跟助聽器故障無法發揮作用是一樣的，彷彿八十%的助聽器戴上去之後，耳朵會冒出黑煙。助聽器的功能不僅僅是增強進入耳道的訊號，真正的目的是協助聽力受損人士過理想的生活——如果聽力受損人士判定戴助聽器（或是被別人看到戴助聽器）會妨礙那個目標，也難怪他們選擇乾脆不戴：此時，塑造某種自身形象的高階欲望，勝過增強聽力的基本生理需求。

好了，再比較一下助聽器和眼鏡。兩者有許多共通點：助聽器可以讓模糊的聲音變清楚，眼鏡可以讓模糊的畫面變清楚。還有……是的，雖然年輕人戴眼鏡比戴助聽器多，隨著年齡增長，兩樣都需要配戴的人數愈來愈多。然而，眼鏡不同於助聽器。眼鏡一石二鳥，既可解決生理問題，也可以是人人想要的時髦配件。此一差別與行銷、設計、品牌，以及

---

*另一個重要原因是費用。然而即使是英國，由國民保健署支付助聽器費用，採用率也僅比美國高十四%。[7]

相關技術的整體印象高度相關。你看過有人戴 Ralph Lauren 或 Prada 品牌的助聽器嗎？假設從明天起，所有的眼鏡都跟許多助聽器一樣，變成醜死人的肉色塑膠製品，我會立刻搶著囤積隱形眼鏡！

此外，我對正在成長的「聽戴式裝置」很感興趣——那種耳朵專用的穿戴式科技模糊了助聽器、耳罩、藍牙耳機之間的界限。自二〇一四年起，斯達克聽力技術公司（Starkey Hearing Technologies）推出的「斯達克光環」（Starkey Halo）助聽器，讓使用者直接將音樂與電話音頻傳輸至助聽器，不需要額外的耳塞式耳機。讓此一功能成真的低功耗藍牙連結編解碼器技術，如今也出現在蘋果（Apple）的無線耳機「AirPods」。[8] 以生產高階耳機出名的多普勒實驗室（Doppler Labs）所研發的「Here One 聽力系統」（Here One Listening System），外形是時髦的黑色電子耳機，既可降低音量，又不會影響音質，還能透過智慧型手機的 APP，調高整體音量或微調環境音的頻率。要是不分男女老幼，各年齡層都開始使用此類聽力輔助裝置，就像在用藍牙耳機一樣，與 Siri、Cortana 等個人數位助理互動，過濾掉擁擠酒吧的背景音，或是在共享辦公室與咖啡廳隔絕同事的聲音，那麼擁有類似功能的助聽器就能迅速擺脫汙名，甚至完全納入多功能聽戴式裝置旗下。

助聽器儘管有種種新進展，目前依舊是不易推動的產品，但已算是「比上不足，比下有餘」。相較於過去數十年來曾被提出、甚至進入生產階段的各式銀光產品，助聽器已經算是優等生。

失敗的「老人產品」

銀髮族對於消費者型企業的第一個抱怨，就是企業不想把中高齡族群當自己的顧客。企業通常把年輕人當成預設使用者，或是只針對年輕人行銷產品。最糟糕的問題是，企業似乎就是不懂銀髮族很重要。在老年產品的設計研發學校，此類企業不是逃學就是輟學。然而，即使是有來上課的企業，成績依舊會死當。企業明白銀髮市場力量龐大，也積極開發這個商機無限的領域，然而產品設計背後的依據，卻是主流的老年論述：老人是一群吃喝拉撒睡都需要幫忙的可憐蟲，光是解決那些基本需求就夠了，不必去管他們有什麼高階欲望。

企業未能理解銀髮族的經典失敗例子發生在一九五五年。當時有人觀察到，戴假牙的人會購買嘉寶（Gerber）的嬰兒食品，因為嬰兒食品便宜又方便食用，於是，番茄醬與罐裝食品大廠亨氏企業（H.T. Heinz Co.）決定生產高齡族群似乎需要的東西：不必咀嚼的食物。《時代》（*Time*）雜誌該年的報導提到：

銀髮族和嬰兒得到的待遇迥然不同;去年嬰兒食品銷售高達兩億美元,銀髮族卻沒有特別為他們設計的食物(雖然市場上的確有少數幾項專門產品)。總部位於匹茲堡的亨氏企業(口號是「五十七種變化」)上週宣布推出全新罐裝食品系列,瞄準六十歲以上人士,下個月將在全美老年人口密度最高的城市辛辛那提開始試賣。亨氏的「長者食品」(Senior Foods)將以八.五盎司的一人份罐頭包裝推出,零售價預計落在二十五至三十美分,率先推出的口味包括牛肉、羊肉與雞肉幾種燉菜。[9]

亨氏自一九四〇年代晚期就開始研發「老人食品」,而且不是市場上唯一做過類似嘗試的企業。二戰後,乳製品大廠博登(Borden)推出「格力拉」(Gerilac),[10]那是一種以噴霧乾燥法製成的老人牛奶營養補充品。[11]亨氏在一九五五年進軍市場時,格力拉已經失敗。或許問題出在格力拉的廣告強調「清淡不油膩的美味」,[12]這個優點不太能打動潛在顧客;也或者問題出在廣告暗示年長顧客窮到買不起真正的食物(其中一則廣告問:「錢包扁該怎麼辦?」接著告誡觀眾:「別忘了,格力拉可以省錢,因為不需要另外加牛奶」)。[13]

然而,到了一九五五年時,業界已經發現新興的老年人口是金礦,亨氏以為自己有辦法打進這個市場。《時代》雜誌報導:「到了一九六〇年,美國六十歲以上人口將達兩千三百萬人。嬰兒只吃嬰兒食品兩年左右，老人至少會吃老人食品十五年以上。」

然而，儘管所有的人口資料都顯示老年市場錢途無量，亨氏卻碰上大慘敗。亨氏的科學家耗費近十年心力研發「長者食品」，[14]同時也在全美各地展開大規模行銷，但商店貨架上一罐罐的「長者食品」乏人問津。沒人想碰的原因可能是面子問題。理論上，所有購買嘉寶嬰兒食品的老人都可能是幫孫子買，但如果是「長者食品」，究竟是誰在吃就很清楚了。拿著「長者食品」到年輕店員那結帳，等於是一種公開的羞辱。罐頭燉菜似乎說著：這就是我，又老又窮，牙齒已咬不動東西了。

同樣重要的問題是，那些燉菜似乎不太美味。亨氏熱心建議改善罐頭食物外觀的方法，宣稱只要擺上檸檬片，就能「添加餐點風味」。如果是更有雄心壯志的大廚，還可以弄出廣告宣稱的「紙風車燉菜」（Pinwheel Stew）漂亮擺盤，[15]在罐頭粥放上「排成紙風車造型的新鮮或焗烤番茄片」。然而一切徒勞無功，亨氏很快就收掉「長者食品」生產線。

嘉寶的罐裝嬰兒食品是亨氏「長者食品」的靈感來源，亨氏的遭遇並未嚇退嘉寶。嘉寶在一九七四年試圖打進成人市場，推出「嘉寶獨享餐」（Gerber Singles），很聰明的沒把消費者叫做「長者」或「銀髮族」，廣告文宣宣稱此一新產品是針對大學生及單身成人而設計，但下場一樣悲慘，日後經常被當成品牌陰溝裡翻船的經典例子。[16]

相關例子（尤其是亨氏）經常被拿來說明，如果想吸引年長消費者，行銷產品時最好別提及年齡，甚至最好明確指出那是年輕人在用的東西。抱怨廣告很少出現老人的人士有可能感到不舒服，但坦白講，這個理論通常合乎事實。一九五〇與六〇年代時有一條原則，據說那條原則至少出自兩名美國車廠高層：「年輕人的車有辦法賣給老年人，但老年人的車沒辦法賣給年輕人。」不只是年輕人拒買老年車款，就連年輕人的父親或祖父都不肯買。此一行銷理論指出，「老」有太多深層負面意涵，產品要是明確表示自己瞄準年長族群，通常會造成反效果，使目標顧客感到受辱或因而劃清界限。

不過，觀感不佳只是相關產品失敗的原因之一。更大的問題在於，要是為了解決年長者的基本生理需求，犧牲掉其他所有考量，絕對會帶來糟糕的產品。

剛才提到的兩名汽車業高層的「老人車」說法，據說來源之一是小林恩．譚森（Lynn Townsend Jr.）。譚森親身領教過這個道理。在他接掌克萊斯勒（Chrysler）之前的歲月，克萊斯勒基本上是一間打造與行銷「老人車」的公司，銷售委靡不振，一九五八年的德索托車款（DeSoto）電視廣告，請來六十八歲喜劇演員格魯喬．馬克思（Groucho Marx）擔任主角，並未主打車子的優異性能，而是強調有多好開。馬克思向觀眾保證：「您不必拉長脖子想看清楚交通號誌。」動力方向盤「會自動搞定一切」，具備史上「最簡單、最可靠」

的排檔控制，引擎「更輕、更安靜、更不耗油」。[17]

然而，克萊斯勒致力於製造更安靜、更好開、更省錢的車款時，競爭者則忙著超越加速與操控等方面的汽車性能極限，當時的《紐約時報》報導克萊斯勒「車輛品質與利潤下滑」，由喬治・羅姆尼（George Romney）帶領的美國汽車公司（American Motors）一時間似乎要超越克萊斯勒，成為全美第三大汽車製造商。[18]

譚森在一九六一年接掌克萊斯勒，改弦易轍，從強調「好開」，改成注重性能。譚森在福特（Ford）挖角來的新任設計長協助下，一九六三年的車款成為由他主導的第一個產品線。相較於先前的車款，新車款品質提升，具備更可靠、更實用的設計（譚森的著名策略是拿掉克萊斯勒的尾鰭造型設計。在一九五〇年代尾聲，那個設計已經變得愈來愈卡通化）。[19]此外，克萊斯勒的工程師為了在「迪通拿500」（Daytona 500）跑車賽事中奪冠，重新引進活塞有半球蓋（hemispherical head）、簡稱「Hemi」的強大引擎，營造出高性能口碑，克萊斯勒後來許多新車款都採取此一設計，逐漸在民眾眼中煥然一新。過去大家印象中的克萊斯勒體積大、速度慢、容易開，洛可可風格的外形對性能來講毫無加分作用，但這下子克萊斯勒搖身一變，成為時髦拉風的現代汽車。克萊斯勒不再販售「老人車」後，銷售在一九六〇年代初期起飛，[20]一九六五年的美國市占率較一九六一年飆漲四〇%，福特同一時期的市占率則微幅下滑，通用汽車（General Motors）則僅上升九%。[21]克萊斯勒能夠翻身還有其他原因，例如譚森改變克萊斯勒與經銷商之間的關係。此外，在一九六〇年代初期，美國汽車業整體而言欣欣向榮。但不管怎麼說，最重要的是譚森推出的新車款，一台接著一台飛也似的駛離經銷商的停車場，克萊斯勒當時的淨收益自一千一百萬美元上升至二‧三三億。[22]

亨氏也發生過類似的事，只不過「長者食品」並未起死回生。問題不只出在行銷部門把「長者食品」當成食物版的「老人車」，雪上加霜的是，亨氏和一九五〇年代晚期的克萊斯勒一樣，委靡不振，把提供稀稀爛爛的食物當成比什麼都重要（亨氏建議的「紙風車燉菜」食譜沒幫上太大的忙）。因為亨氏完全只從刻板印象來看待銀髮族碰上的問題，像是牙齒不好、收入有限等等，忽略了人們購買食物的主要動機：美味。

「長者食品」除了是導致亨氏縮回番茄醬老本行的失敗產品，在短暫的上市期間還加深了社會文化對於老年的負面觀感。就算絕大多數消費者看到商店貨架上的「長者食品」後決定不買，那些瓶瓶罐罐仍傳遞著一種世界觀：身為「長者」的意思是你咬不動食物，也不在乎口味。

如果只有亨氏一間公司以這樣的方式呈現年長者的形象，傷害尚且有限，然而到了一九五〇至六〇年代時，產業界已經內化主流的年齡論述，把中高齡族群當成同質性高的一群人：無助、貪婪、不事生產。產業試圖依據這套「事實」販售產品時，加深了整體文化中的普遍看法：如果連亨氏這種知名品牌都這樣想像老年人，可見抱持這種角度來看待老年人相當正常。

加深負面老年形象的行銷例子中，影響力最大的，或許是一個已經播放二十多年的系列電視廣告。大多數美國民眾都聽過一句廣告台詞：「我跌倒了起不來！」（I've fallen and I can't get up!）我個人非常不喜歡生命線公司（LifeCall，後來更名為「急救警報」〔Life Alert〕）這一系列廣告，不過它們推銷的產品的確有其用途——這是掛在脖子上的電子裝置，萬一發生緊急狀況，按下去就會有人來救援。此類被稱為「個人緊急救援系統」（personal emergency response system, PERS）的裝置十分可靠，一九七四年引進美國時算不上什麼新點子，但碰上和助聽器一樣的問題：沒人想戴。

一九九二年時，美國六十五歲以上人口中，僅略多於一%的人申請了個人緊急救援服務。二〇〇四年時，數字上升至……二%多一點。就算只計算六十五歲以上的失能獨居人士，個人緊急救援系統的市場滲透率依舊只有十七%——和助聽器差不多。依據同一時期的數據來看，就連熱愛個人科技的日本，六十五歲以上人士也僅一%使用此類科技產品。[23]

民眾不愛用的原因之一可能出在費用，但錢只是其中一小部分問題。英國的國民保健署替消費者負擔個人緊急救援系統的費用，是全球採用率最高的國家，但依舊只有十六%。

如果說問題不出在錢，原因可能是年長消費者不只想**活著**，還想要有**生活**。如果你脖子上掛著一塊沉重的牌子，告訴大家你隨時可能一命嗚呼，可以想見你很難與人社交，享受樂趣，和朋友一起做點什麼。

廠商要如何說服年長消費者為了他們自己好，最好使用個人緊急救援系統？他們一下子就想到——或許有點太不假思索了——那就偽裝一下好了。好幾間近年成立的公司想辦法把緊急救援功能放進首飾裡頭，例如項鍊和手鐲。各家廠商一股腦這麼做的理由聽起來言之成理——既然使用者感到尷尬，不想被人看到自己戴著像是醫療用品的白色裝置，很簡單，就把它藏在比較討喜的東西裡。然而，這種做法忽略了一個更大的重點：如果你是獨立自主的銀髮族，外人是否知道某件珠寶可以叫救護車不重要，重點是你自己心知肚明。

二〇〇九年，美國智庫皮尤研究中心（Pew Research Center）調查顯示，七十五歲以上人士中，僅三十五%覺得自己「老」。[24]民眾不覺得自己老之所以是個問題，在於所有人都知道，個人緊急救援吊飾是年長者在用的。如果一個產品是給「老人」的，那麼使用者不論實際上幾歲，要是自認不老的話，就不會購買那項產品。孩子有可能不顧爸媽反對買給他們，但強摘的果子不甜，使用者大概不會每天認真戴上，因而效果不彰。二〇一〇年德國研究發現，近四分之一個人緊急救援系統用戶從未佩戴，僅十四%全天二十四小時佩戴。最令人頭疼的是，摔倒在地超過五分鐘的用戶中，八十三%未能利用裝置呼叫協助。[25]

基於以上數據，雖然正在出現的大量老年人口理論上對個人緊急救援系統有利，我並不特別看好此類產品的未來，偽裝版和未偽裝版都一樣。最致命的是，除了種種人們不愛用的原因，急救警報系統做得到的事，今日的手機也幾乎全都辦得到。當然，碰上健康緊急狀況時，相較於口袋裡的手機，只需要按一個鍵的頸部吊飾的確比較容易使用，但前提是你真的會戴，並且願意操作。我會說手機是更好的呼救科技產品，理由很簡單：人們離不開手機，真的會隨身攜帶手機，而且真的會去使用手機。手機代表著個人緊急救援系統缺乏的一切；後者象徵著身體衰退到無法自理生活，手機則等同指尖下的健康社交網絡。二〇一四年時，七十七%的六十五歲以上美國民眾人手一機。[26]

不過，就連手機本身的設計，也可能落入過時的老年思維，例如德國小廠菲太基（Fitage）推出的「凱薩琳大帝機」（Katharina das Große phone）就是著名的失敗例子。這款與凱薩琳大帝同名的手機於二〇〇七年推出，體積就和自己的名字一樣「大」——德國雜誌《焦點》（*Focus*）稱之為「龐然大物」（手機上的橡膠按鈕也很大。科技開發者替中高齡族群設計的第一代「創新」，似乎總是長那個樣子），[27]整台機子看起來比較像一九九〇年代的無線電話，而不是手機。凱薩琳大帝機雖然單純用來打電話很簡單，人們卻不想帶著它，也不想被人看到自己拿著那種東西。亞馬遜（Amazon）上的一篇購買心得說出大眾的心聲。一名女性替罹患黃斑部病變的七十七歲母親買了凱薩琳大帝機：「這支手機怎麼樣都用不壞，按鈕很容易操作，上頭的字很容易讀，什麼都好。」然而，「凱薩琳機非常笨重，放不進皮包，也塞不進外套口袋。我母親非常抗拒這支手機，因為那顯然是給『失能人士』用的，結果那支手機從來沒帶出門過。」

菲太基公司在二〇一〇年歇業。[28]在此同時，凱薩琳機在美國卻有了親戚，GreatCall公司推出的吉魯巴機＊表現得比較好，然而適合年長者的手機市場，如今出現了看來將一統江山的新競爭者：智慧型手機。

為什麼說智慧型手機是適合銀髮族的產品？首先，別相信銀髮族有科技恐懼症的說法。那種說法以前是真的，但背後原因主要是「生不逢時」，而不是老年人天生就害怕科技。

＊譯注：Jitterbug，該系列手機強調螢幕大、按鍵大，並有按下即可呼救的按鈕。

第一代個人電腦出現在職場時，嬰兒潮世代被迫學習使用，許多比他們大十歲或二十歲的前輩則因為退休錯過了，一輩子沒用過個人電腦。也因此美國「最偉大的世代」*與「沉默世代」**被貼上「科技恐懼症」的標籤。背後很大的原因，是他們不巧在電腦甫於職場上普及之前或之中的期間，就已經退休。然而，如今正在大步邁向老年的嬰兒潮大軍，他們在職場生涯的大多數時間都使用過電腦，用起智慧型手機與平板電腦得心應手。嬰兒潮世代與科技之間的關係，完全不同於先前其他更早變老的世代。明白這個新事實的廠商將大發利市；還在把銀髮族當成無可救藥的科技小白的企業，則將踢到大鐵板。

二〇〇〇年時，僅十四%的美國銀髮族使用網路，[29]那個數字後來一路攀升為四倍，目前還在持續增加。[30]二〇一六年時，五十歲至六十四歲的美國民眾五十八%擁有智慧型手機，六十五歲以上者三十%有智慧型手機，[31]和五年前相比是兩倍以上。[32]除了智慧型手機，二〇一六年的數據顯示，持有平板電腦者，五十歲至六十四歲為三十七%，六十五歲以上為三十二%；持有遊戲機者，各為三十%與八%；持有桌上型電腦或筆記型電腦者，分別

---

*譯注：指嬰兒潮世代的父母。
**譯注：silent generation，約生於一九二〇年代中期至四〇年代中期的世代。

為七十％與五十五％。中高齡族群似乎比其他世代還更享受自己的網路裝置：擁有智慧型手機的銀髮族中，八十二％說自己的手機「帶來解放」，而二十歲上下者則僅六十四％這樣認為。[33]原因很簡單：當你能與人群接觸的機會——例如開車到市區，或是上學上班——開始因為上了年紀而愈來愈少，使你能夠與他人聯絡的科技產品便愈來愈重要。

明日最成功的銀髮產品將具備高科技功能，且瞄準那些把科技視為生活重要環節的消費者。簡易版手機的需求的確還會存在一陣子，今日某些廠商甚至生產聽起來有些矛盾的「簡易智慧型手機」，但很快的，等熟齡族群都擅長使用科技，此類裝置的市場將侷限於因身體所致無法操作一般智慧型手機的人，例如認知或觸覺功能障礙者。在不久後的將來，音控介面的技術成熟後，許多有手抖等問題的人士，多半會選擇靠自己的聲音操控功能完整的智慧型手機，不會選擇難以與世界連結的簡易手機。也就是說，不同於簡易型產品的廣告台詞：「為活躍年長者帶來獨立生活」，「老人機」的主要使用者將是認知功能障礙人士。那依舊是十分重要的市場，但失智症普遍發生的程度其實與大眾認知相反。全球五十九％的人誤以為阿茲海默症（最常見的失智症類型）是上了年紀很常見的事，[34]但其實沒得的人遠比得的人多；即使是八十五歲以上者，仍有三分之二並未罹患失智症。[35]銀髮族如果碰上感覺像是設計給罹患輕微失智症者使用的產品，多數人會離得遠遠的。

然而，智慧型手機一統天下之前，廠商將繼續行銷「長輩機」，手法就和亨氏行銷「長者食品」一樣：那些功能不足的產品如同公開宣稱使用者已經失能。簡化版手機最令我反感的地方是，這類裝置刪減了連結人和人的技術，最糟糕的版本是「三鍵手機」：一鍵撥打家中電話、一鍵叫救護車、一鍵通到接線生，除此之外沒有其他功能。那種手機或許是典型深受老年論述影響的科技產品。手機原本是讓我們隨時都能和彼此說話的科技，今日卻封鎖使用者，把年長者和其他每一個人隔離開來，只能接觸少數幾個充當生命線的人。諷刺的是，由於現在你有可以確保安全的新手機，子女反倒不常打電話確認你是否安好，你也不再需要搬進可以多和朋友相處的社區。再次套用馬斯洛的需求層次理論，這種科技極度有效的照顧到基本需求，卻犧牲掉其他一切。

接下來數十年，科技或許將是美好生活最重要的推手。時代在進步，認為可以把年長者拋下科技列車的看法，後果極度令人關切，可以當成笑話來看。或許很久很久以前，「給祖母用的三鍵手機」在某些情況下有道理，但那個時代早已過去。科技設計者現在有責任想出老少咸宜、功能完整的產品。接下來幾章將解釋，替銀髮族設計產品時，的確仍有需要克服的重大挑戰，頭一個要注意的就是必須便於使用，尤其還得考量到年長者在使用新科技產品時，將運用自己數十年累積的心智模式。然而，為了便於操作而犧牲功能，不再是可取的設計方式。從科技設計的觀點來看，從今日起一定得讓所有世代都能享有完整版的技術。

墨守成規的政策與產業

科技產業是否準備好替消費者的一生設計產品，根本不用問，答案是還沒。科技產業甚至稱不上準備好要考慮銀髮族的需求。

主流老年論述造成的最大困境是由於退休制度的緣故，年長者無法擔任經濟生產角色，也就是說不僅無法賺錢，也無法設計產品：不論是家庭用品、金融產品、飛機座椅，任何想得到的東西，他們都沒得參與。許多瞄準熟齡族群的產品之所以未能考量到老年生活細節，主要原因在於設計和生產掌控在年輕一輩手中。

有一個產業尤其是貨真價實的由年輕人當家。不巧的是，那個產業正好也天天決定著明日生活的面貌：消費者科技產業。

科技業遠比整體勞動力年輕。勞動市場研究機構 PayScale 估算，二〇一四至二〇一五年間，十八家全球頂尖科技公司工作者的年齡中位數，僅三家為三十六歲以上；[36] 美國整體勞動力則為四十二．三歲。[37]更令人關切的是，那三家員工年齡（相對）較高的公司，全是老牌科技公司，包括惠普（HP）、甲骨文（Oracles）、IBM。年輕科技公司則擁有最年輕的員工，其中幾家影響二十一世紀改變世界的最重要創新。Google與亞馬遜員工的年齡中位數是三十歲，臉書是二十九歲。臉書創辦人馬克．祖克柏（Mark Zuckerberg）還曾在二〇〇七年講過引起爭議的名言：「年輕人就是比較聰明。」當時二十二歲的祖克柏好奇，「為什麼多數西洋棋大師不到三十歲？我不知道。年輕人的生活就是比較單純，我們可能沒車，也還沒成家。」

矽谷四處充滿年齡歧視氣氛，地方上的醫美產業因而欣欣向榮。《新共和》（*The New Republic*）二〇一四年四月的雜誌上，勞工記者兼資深編輯諾姆．舍伯（Noam Scheiber）提到，某位二十六歲的矽谷工作者跑到整形醫師那想植髮，醫生表示：「我告訴他，我不會給他動手術。他的頭髮生長模式甚至尚未定型。」[38]

矽谷的年齡歧視除了展現在聘雇上，還影響著哪間公司能拿到創投資金。著名創業加速器「Y Combinator」創辦人保羅．格雷厄姆（Paul Graham）在二〇一二年講過，「我會被任何長得像祖克柏的人唬到」。[39]二〇一〇年時，一百一十四家得到早期天使資金的公司中，有一半的創投基金跑到介於三十五歲至四十四歲的創辦人手中，三十五歲以下的創辦人拿到的錢是四十五歲以上者的兩倍。此外，如同舍伯的報導，四十五歲以上的創辦人占了一半的新創公司，這樣算起來，年紀較大的科技創辦人能爭取的資金，比年輕創業者少很多。[40]

以上情形不只出現在美國。在南韓等科技業欣欣向榮的國家，年齡歧視情形甚至更為嚴重。南韓雖然終於在二〇一〇年禁止職場上公開的年齡歧視，[41]但為了維持企業內部的階級，南韓的人力聘雇者依照慣例，依舊不願意協助中高齡求職者，顯然是積習難改。[42]

整體而言，科技產業不是特例，全球的經濟氛圍並未準備好提供熟齡族群需要的產品與服務，更別提那種熟齡族群還不知道自己會想要的劃時代創新。如果說產業在這方面沒做好，政府同樣難辭其咎。

產業若無力或不願投資公共利益，政府必須介入。雖然以下這個例子被提過無數次，但私部門組織的確不可能出資進行阿波羅登月任務，更別說是接手後勤事項。那是美國政府的工作。即使是今日提供太空之旅的私部門盈利公司，也是站在美國國家航太總署（NASA）及其他各國太空機構的肩上，才達到目前的高度。

或許更重要的是，整個社會不清楚要如何處理一道問題時，政府扮演關鍵角色，負責規範特定的解決辦法。例如一九二〇至五〇年代之間，美國政府必須在「火車運輸」或「汽車運輸」之間二擇一，政府做出選擇，於是今日多數人都開車上班。不幸的是，在高齡這一塊，政府與私部門還卡在鐵路時代（我們的老年論述始於十九世紀中葉，是貨真價實的鐵路年代），而政府一旦以某種方式做事，通常就會蕭規曹隨，沿襲舊制。

一九九五年時，我替白宮科技政策辦公室執行高齡運輸計畫，被委以重任，得讓五花八門的政府單位齊聚一堂討論此項議題。然而，當美國衛生暨公眾服務部與交通部的人員走進來時，兩方人馬各自占據長桌一方，有如戰爭一觸即發的和平會談。兩個單位從以前到現在都有很深的歧見。簡單來講，衛生暨公眾服務部致力於促進民眾健康，他們看待高齡運輸議題時，主要著眼於「客車能裝輪椅載病患去看醫生」。交通部則希望讓現有大眾運輸系統能塞進更多乘客就好。那場會議一敗塗地，雙方雞同鴨講，找不出可行方案。其中一名「行動」小組成員甚至當場睡死，還張大著嘴打呼。

總而言之，那是我生平見過最無聊的一場對峙，也是整個美國政府在面對高齡議題時因循苟且的縮影。整體而言，美國政府政策和目前的主流老年論述一樣，依舊把所有年長者都當成窮困的醫療病患。就連我安排的那場交通會議都得請醫生來主持才行。政府理所當然認為「老人＝病人」，而且長久以來一直如此。

美國自一九三五年通過「社會安全法」（Social Security Act）後，最重要的照顧年長者的立法行動，是國會在一九六五年簽署「聯邦醫療保險」（Medicare）法案，也就是給六十五歲以上人士的單一保險人制度*，此外還簽署了「美國老人法」（Older Americans Act）。「美國老人法」是某種五花八門的大雜燴，包含各種打擊貧窮與防止虐待的措施，此外還至少在紙上替年長者保障「從事有意義的活動」的權利。[43]同年，「美國老人法」的各項條文一共分配到七百五十萬美元預算，聯邦醫療保險則分到十億美元。[44]這種預算分配背後隱含的意思很清楚：政府從健康照護與濟貧的層面照顧年長者，其他所有的需求則是次要考量。

「聯邦醫療保險」與「社會安全法」的確是非常關鍵的立法成就，我無意在此貶低。兩者皆極度重要，我不想活在沒有它們的世界，也不想在沒有它們的世界進入老年。然而，雖然「沒有它們的世界」在很久以前就是不可能的假設，政治人物往往以為自己已經為高齡議題做得夠多（例如澳洲總理東尼·艾伯特〔Tony Abbott〕上任兩年期間，居然未能任命重要的高齡部部長）**。[45]

---

* 譯注：single-payer，保費與支出由政府統一控管的健康保險制度。
** 譯注：該總理上台後力求削減赤字，指出高齡相關業務由社會福利部門負責即可。

政府的年長者健康與濟貧計畫很重要，但也因此使得其他所有相關的老年政策相較之下顯得微不足道，加深了民眾心中老人就是「又病又窮」的印象。政策將政府對於現實的理解傳達給民眾，而許多人不可或缺的老年政策，或許是最強大的現實廣播器。很不幸，如同重要的老年學評論家卡羅爾・埃斯特斯（Caroll Estes）所言：儘管政府用心執行「專門的政策與方案」，卻因此「隔離與汙名化年長人士」。[46]

如果說，企業和政策制定者都陷在各自的自我增強思維模式中，怎麼樣才能跳脫？如何才能使老年歲月不但有可能享受自由、追求幸福，而且還是人人皆如此的常態？

前進的道路

年齡實驗室在二〇〇〇年代的尾聲，從製造健康照護器材大轉向。

重大轉變發生在二〇〇七年，當時實驗室裡有個法國碩班生塞德里克・哈欽斯（Cédric Hutchings）設計出一款條碼掃描器，上超市買菜的民眾把東西放進推車前，條碼掃描器可以先分析食材的營養價值。我大力支持這個點子，因為第二型糖尿病的罹病率正在攀高，成為全民健康的重大威脅。我們認為或許能協助民眾輕鬆採購低 G I 值的食物。

不僅是我和團隊認為這是個好點子，年齡實驗室的贊助者P&G公司（Procter & Gamble）也這麼認為，因此為了測試我們設計出的「智慧個人顧問」（Smart Personal Advisor，我們很快就暱稱為「聰明購物籃」〔SmartCart〕），我們飛到P&G位於俄亥俄州辛辛那提的總部，據說那裡有適合做測試的場地。我們把租來的車停在附近郊區一間用磚頭和鋁板搭建的不起眼倉庫。大廳裡一名孤零零的警衛，興趣缺缺的瞄了一眼我們的證件，指著兩個一模一樣入口中的一個。我推開門。

裡頭的空間大到超乎想像，眼前是一間閃閃發亮、應有盡有、空無一人的雜貨店。這裡是P&G的測試基地（我後來得知，另一道門通往類似的無人藥局）。

我們一開始做消費者試用，就知道顯然哪裡弄錯了。試用者一遍又一遍告訴我們（實在是太多遍了，令人深受打擊），聰明購物籃……其實不差，但為什麼聰明購物籃不提醒他們真正想知道的事：商品價格？

答案很簡單：我們犯了錯，掉進陷阱，只把銀髮族當病患，沒把他們當成消費者（雪上加霜的是，當時我們並不知道，智慧型手機問世後，聰明購物籃更是無用武之地）。今天哈欽斯更為著名的身分是消費者電子產品Withings公司的共同創辦人與執行長，負責設計市場上最創新與具備同理心的穿戴式量化生活（quantified-self）科技產品。年齡實驗室則改變方向，把製造裝置的任務留給像哈欽斯這樣的專業人士，改成研究今日與明日的銀髮族心中在想什麼，尤其是他們購買與使用新科技等產品時的心態。近十年後，我們從那次購物籃滑鐵盧中學到的事，就是除非真的是攸關生死、不用不行，否則產品要是僅把年長者當成有待解決的醫療問題，消費者大都不會接受。由於消費者不把自己看成醫療問題，反映出那種觀點的產品對他們來講，要不就覺得跟自己沒關係，最糟的結果是退避三舍。年長人士把自己當正常人看待，和馬斯洛的需求層次一樣，有著各式各樣的欲望與需求，然而目前金字塔上半部的需求被嚴重忽視。

各位如果依舊不相信產業（以及政府和非營利部門）應該試著滿足此類欲望，我能懂你們的邏輯。社會在照顧帶來財政負擔的人口時，必須撙節支出，「皆能有養」就已經很不容易，無力顧及其他「奢侈浪費」的東西。然而，似乎永遠沒人去談年長者的高階欲望，包括愛、性、自尊，以及個人與專業抱負，也因此我們帶給自己的晚年，是一個自由與追求幸福似乎永遠遙不可及的世界。

我們必須改變那樣的情形。在這裡告訴各位一件違反直覺的事：滿足高階欲望後，回過頭來也會讓基本需求變得好解決。我們要做的第一件事，就是去了解年長消費者真正想要的東西。

很不幸，企業並未擁有必要的相關知識，尤其是年輕的科技業。企業不懂什麼才能打動今天年長消費者的心，更別提面貌不明的未來年長消費者。許多組織向年齡實驗室討教，我們也盡全力協助，但即使是我，也不完全知道明日年長者會被什麼打動，因為多數年長者自己也不曉得。

不過，有人知道。有一群消費者置身老年生活最前線，深知人生下半場會出現的真實挑戰，也知道明日如何會更好。然而不可思議的是，有可能改變銀光商業面貌的關鍵產業職位，極少由這群人擔任。

以上講的這群人指的是中高齡女性。整體而言，女性消費者將透過自身的經驗、慧眼與經濟需求，定義高齡的未來。她們之中有一群具備真知灼見的傑出企業家（包括獨立經營者與大型企業中的創新者），有能力引導我們走向煥然一新的美好晚年生活。下一章將解釋她們是誰，她們的洞見來自何方，也會談為什麼未來將是由女性當家的美好銀髮世界。

第二章 熟齡女性掌握銀髮市場

星期三晚上七點，洛杉磯洛克威爾雞尾酒吧（Rockwell Table and Stage）裡，六十歲的凱西魂不守舍查看手機。她也說不清自己為何如此焦慮，畢竟她以前也和網友約過會。她精心打扮，等一下的表演也絕對精采可期。演過《侏羅紀公園》（*Jurassic Park*）和《變蠅人》（*The Fly*）等電影的大明星傑夫．高布倫（Jeff Goldblum）即將在八點登台演出，帶著自己的五人樂團演奏爵士鋼琴。

但話又說回來，凱西為了今晚可是卯足了勁；如果在這個特別的夜晚，在這間酒吧被放鴿子，可不是沮喪幾個晚上就能重新站起來。

凱西當初甚至沒想過要搬到加州。她和丈夫在紐澤西州養大女兒，但孩子決定念舊金山的大學，於是夫妻倆跟著女兒移居美西，在帕薩迪納（Pasadena）附近買下占地一百七十坪的房子，但不久後，先生結束兩人三十年的婚姻，凱西因此展開線上約會人生。

凱西表示：「我知道自己很難過，知道生活中少了點什麼。我以為是少了一段關係，自己需要一個男朋友或男人。」

凱西也知道，五十歲以上想找同齡伴侶的人，女性遠多過男性，便決定把線上約會當成房地產市場：「你會把你的房子刊登在好幾個地方，因此所有約會網站我都不放過。我加入 eHarmony，也加入 Match，能加的都加了。」凱西和網友碰面後，發現自己遇到的男性想要的約會結果，通常和她不一樣：「男人似乎一點也沒變，滿腦子就只想要上床。」凱西有幾個女性朋友能夠接受這樣的風流韻事，但那不是凱西想要的。她真正想念的是有人可以說說話，一起看電視或出遊。然而，找到人和她一起做這些事的唯一方法，似乎就是得上床。凱西說：「我其實對約會沒什麼興趣，但我好寂寞。」

大約在同一時間，凱西去了地方上一間夜店，一群才華洋溢的年輕男性在台上輪流表演，他們大都是同志，每晚登台唱歌。凱西被那個氣氛融洽的舞台迷住，那裡聚集著許多明日之星，她每星期去兩次以上。凱西不是唯一慧眼識英雄的人，那一年，夜店好幾位固定班底和選秀節目《美國偶像》（*American Idol*）第八季簽約參賽，亞當・藍伯特（Adam Lambert）還進入決賽，一路過關斬將，成為凱西和夜店朋友的熱門話題，凱西自告奮勇替冠軍賽辦觀影派對，雖然藍伯特最後沒拿下冠軍，他仍是那一季最熱門的人物。更重要的是，那場派對辦得相當成功，賓主盡歡，有幾位駐唱歌手開玩笑，說要搬去跟凱西一起住，沒想到凱西回答「那就搬吧」。過沒多久，凱西就成為女管家與過於大方的房東太太，有時一次就同時有六名年輕男性住在她家，連夜店的舞台監督都來了。

凱西說：「我們變成感情超好的大家庭，一起過節、慶生，什麼事都一起做。我有一台酒測儀，如果有人喝太多不該開車，我就會拿出來。被測的人會有點不高興，但除此之外，我們處得相當好。」

凱西後來搬到小房子，夜店也換到大場地，但凱西依舊和大家保持聯絡。凱西就是因為認識這群演藝圈的人，才會知道高布倫每週一次的鋼琴演奏場場精采。凱西說：「高布倫這個人太幽默搞笑，但一站上台就有王者之風。」凱西最近正在嘗試專門替五十歲以上人士設計的新約會網站「Stitch.net」。凱西想，不論自己在 Stitch 認識什麼樣的網友，高布倫的表演絕對會讓大家都很愉快。

凱西和網友約好後，朋友特別替她保留全場最好的桌子，就在舞台正前方。凱西真心感激這項特殊待遇，但有一個小小的壞處：萬一她被放鴿子（就她的網路約會經驗來講，這種事還滿常發生的），她會在朋友和大明星面前丟臉，那可不只是尷尬而已。

在那個星期三晚上，噩夢似乎要成真了。凱西提早抵達，確認一切按照計畫進行，但接著只見她一個人孤零零坐在桌旁，惶惶不安，想著到底是哪裡出錯。

最後，她約的人終於陸續抵達——七個人都來了，全是女性同胞。

女人說了算

先前的章節已經提到，設計給銀髮族的產品，通常反映出大眾認為「老了就該如何」的看法，然而那些看法既過時，又沒什麼道理。今日人生下半場的體驗正在改變，一批新熟齡族發現，上一個世紀對於年過五十或六十歲後該怎麼過的說法，不見得帶來令人滿意的銀髮生活，因此主動出擊，找出新的生活方式，走出不一樣的路——他們有時得靠走在時代尖端的新產品輔助，有時甚至尖端還不夠尖，便乾脆親自動手打造新東西。

這群拓荒精神十足的消費者具備幾項主要特質：擁有財富，而且對科技很有辦法。此外，由於成員主要是嬰兒潮世代，他們早已習慣動手打造身邊的經濟與實體世界。

這群人不是男性。相較於男性，女性對於「熟齡生活」的看法，往往遠離目前的論述，也因此傳統上瞄準銀髮族的產品，在女性消費者眼中尤其不合格。此外，對於提供相關產品的廠商來講，雪上加霜的是，女性掌握著高齡市場絕大多數的購買決定權。

全球各年齡層的女性影響著六十四％的消費者購買金額，而且很多時候，女性在特定項目有著超乎想像的影響力，[1]不只是家庭用品而已，就連車子、房子等高單價物品也一樣。光在美國一地，女性每年操控著五兆至十五兆美元流向何方。[2]

女性消費者在熟齡族群中的影響力更大。我們該問的或許不是熟齡女性做哪些購物決定，而是她們的丈夫還剩下哪些決定能做——甚至是男士們是否還活著。一個無法否認的事實是當你年紀愈大，身邊同齡人是男性的機率就愈小。美國六十五歲至六十九歲人口，男女比是九十六比一百；八十五歲以上人士則下降至六十比一百[3]（某些國家的性別比甚至更懸殊，例如由於酒精相關的死亡率，再加上其他種種原因，俄國六十四歲以上男女比為四十四比一百）。[4]

女性除了人數眾多，又通常掌控著家中開支，出於一個不公平的簡單事實，她們在銀髮消費者市場的影響力等比放大：老人家大都是女人在照顧。以各種形式得到照顧的年長者，大都得倚靠親友（這裡要講清楚，所謂的「照顧」，不只是這兩個字一般令人聯想到的事，例如協助如廁、穿衣、到藥房拿藥等等；另外還包括換燈泡、擔任去圖書館的司機、協助挑選新手機、幫忙填寫文書、更新電腦，甚至是純粹花時間陪伴）。[5]多數女性在年近五十歲時都會扛起某種形式的照顧工作。女性除了扛起美國六十六%的非正式照顧工作（由家人或非專業人士提供），花在照顧他人的時間，也比男性多五十%。[6]

在異性戀婚姻中，配偶彼此照顧時，通常是女性照顧男性。成年子女照顧父母時，往往是女兒照顧長輩。[7]成年女兒通常上有老，下有小，不僅要服侍年長的父母公婆，還得養大自己的孩子。

在老年這塊領域，許多美國趨勢在全球其他地方通常會放大，例如日本的非正式照顧工作幾乎完全由女性一肩扛下。高收入世界中，日本女性的勞動參與率最低；每年都有超過十萬名日本人辭職，回家照顧年邁父母，其中八十%是女性。[8]依據估算，在快速老化的西歐，女性提供三分之二的非正式照顧。[9]全球的照顧趨勢嚴重影響了女性的謀生能力，女性無力建立具有競爭力的事業，無法負擔自己的退休生活，接著又在不斷循環的相同迴圈之中，無力關注自己的健康。

照顧者通常扮演著一個不被提及的重要角色：他們是家中兩代、三代、甚至四代成員的「消費長」，再加上年長女性人數大幅多過男性，所有年齡的女性又通常掌控著消費者支出，我們可以知道，為什麼許多產品的出發點應該瞄準女性。

理論上，產品設計與行銷人員一旦聽見今日的產品所反映的銀髮生活面貌無法吸引熟齡女性時，應該嗅到了無限商機，然而不是每個人都這樣看事情。我自己有過親身經驗，很清楚要說服企業迎合女性消費者的需求有多困難。二〇一三年時，我在一大群北卡羅萊納州的醫生、健康保險業者、醫院管理人員面前演講，沒想到發生一件相當不尋常的事：聽眾想把我趕下台。

我演講經驗豐富，曉得哪些典型徵兆代表聽眾不同意我的說法。聽眾要是感到無聊，講者看到的額頭會多過下巴，因為他們全都低頭看自己的腳，更糟的是低頭看手機。然而，那場演講正好相反。放眼望去，聽眾頭抬得高高的，下巴突出，嗤之以鼻的打量著我。許多人雙手交叉在胸前，有的甚至身體往後仰，椅子只靠後面兩隻腳支撐。現場聽眾並未把我的話當成耳邊風，而是想要叫我閉嘴。

為什麼？原因是我在演講開頭，提到女性消費者十分重要，深深影響著在場從業人員關心的健康照護支出——就連理論上由男性擔任一家之主的家庭也一樣。我談到女性壽命較長，扛起的照護責任也多過男性，還提出家戶支出數據做為鐵證。我講了自以為動人的協助服藥的小故事，接著提到核心論點：家庭在做最重要的決定時，往往不是由男性主導。

聽眾當場暴動。坐在後方、當初套交情邀我去演講的會議主持人大喊：「我們的女人明事理，永遠不會在人前做那種事。」

我滿頭大汗，趕緊讓演講收尾。我瞄了一眼，發現一臉不悅瞪著我的聽眾，幾乎全都有一個共通點：他們都擁有Y染色體。

我面前有些女性聽眾也滿臉不悅，但也有些女性似乎在偷笑，給了我一絲希望。我勉強保住自尊，匆匆下台。

她們想要什麼？

我期待舊秩序被推翻，走向更理想的銀髮新論述，而通往這樣的未來最直接的道路，就是企業想辦法創新，服務年長消費者真正的欲望與需求，而不是製造出一堆讓熟齡人士已經厭惡一世紀以上的東西。

然而，發生美好未來的前提是企業改弦易轍，正眼看待自己的顧客；但年長消費者以熟齡女性為主力，而眾家企業主要由六十五歲以下男性主導，很難有那樣的眼界。影響我們共同未來最深的科技業，則是年輕男性的天下。

前一章已經提過，科技業員工除了年輕，且絕大多數是男性。Google的科技部門中，八十三%的員工是男性，[10]矽谷的頂尖企業也普遍如此。矽谷前十大企業中，七十%的工作者是男性，高階管理職更是八十三%由男性擔任（與此同時，加州的整體勞動力中，男性僅為五十五%）。[11]

更不利的現象是，由創投提供資金的科技公司中，僅三%由女性擔任執行長。[12]此外，女性僅占全矽谷十一%的高階主管職。[13]這種男女不均的情形，一次又一次帶來以男性為導向的科技產品。相關例子太多太多，就拿蘋果公司第一代的「蘋果健康」（Apple Health）來講，理論上那會是一個全方位的健康追蹤APP，蘋果的軟體工程資深副總裁克雷格・費德里吉（Craig Federighi）在二〇一四年的發表會上表示：這個APP「可以監測所有你最感興趣的指數」。一・〇版的「蘋果健康」天羅地網，無所不包，除了追蹤心率等常見的健康指數，就連很少人聽過的「鉻攝取」等項目，也都放進去了。然而，儘管「蘋果健康」記錄幾乎所有能測得的身體數字，產品設計師不曉得怎麼搞的，忘了放進一個人類已經追蹤千百年的身體週期：月經。[14]艾瑞兒・杜海默—羅斯（Arielle Duhaime-Ross）在科技部落格「The Verge」上寫道：「簡單的說，如果你是個會來月經的人，拿的又是iPhone，那你運氣可真差。」[15]蘋果在下一版的APP補上月經這個項目，但不幸的是，蘋果健康絕不是唯一反映出內建性別偏見的科技產品。科技作家與播客族羅絲・艾夫里斯（Rose Eveleth）指出：「手機對許多女性的手來講太大。此外，最新的人工心臟設計適合八十%的男性，但僅適合二十%的女性。下拉選單把『男性』（male）擺在『女性』（female）之前，而其他選項全部依照英文字母順序排列。」[16]

那可是蘋果！如果就連蘋果的人員都會因為性別的緣故，忘記把最明顯的健康數據納入追蹤軟體，大眾沒用放大鏡仔細檢視的小公司就更不用說了。然而，就算矽谷的年輕男性真的想出符合熟齡女性需求的產品，成功行銷的機率也非常低，原因再次與行銷公司的創意總監僅三%為女性有關。[17]我可沒少寫一個○，就是只有三%。

科技業先天有著年齡偏見，又有性別偏見，也難怪沒人去管熟齡女性消費者碰上的問題。幸好風氣正在轉變（對熟齡女性消費者有利，許多現存的公司則糟糕了）。借用紐奧良作曲大師約翰博士（Dr. John）的歌詞＊：就算一間公司不做，也有別間公司會這麼做。

凱西的故事道出許多事。她離婚後再度四處約會，但不是因為自己想約會，而是社會

＊譯注：〈Such a Night〉中有一句歌詞為：「If I don't do it, you know somebody else will.」（如果我不做，也有別人會做。）

期待她這麼做。傳統做法是，萬一你第一任婚姻失敗，那就再找第二段婚姻——許多嬰兒潮世代甚至結了三次婚。凱西嘗試的許多約會網站都是源自那樣的概念。

凱西說，約會網站與約會APP「最終目的全都是結婚或談戀愛」。她透過那些網站「遇到幾個不錯的人，分別約會了一段時間」，然而「那感覺像是你應該這麼做。如果你單身，就得約會，找男女朋友」。

凱西發現Stitch這個約會網站與眾不同，她可以在那裡尋求人際連結，但不一定是要傳統的一對一戀愛關係。凱西說她最初上Stitch時，「我填寫自我介紹，腦中依舊想著我要找個男朋友。」但凱西很快就發現，Stitch會員也可以組織團體活動，一次邀請多人參加。她立刻想到高布倫的每週秀：「他會讓大家玩機智問答或特別設計的遊戲。」於是寄出邀請。凱西解釋，有時完全沒人來，「你會像個傻子一樣」，但這次「高布倫的魅力」救了她。

那晚的表演非常成功，高布倫和凱西那一桌的每一位客人單獨合照，大家留到安可曲才走，一路待到近午夜。之後不久，Stitch邀請洛杉磯會員參加網站主辦的電影之夜，凱西想都沒想就貼出訊息，邀請感興趣的人在電影開演前一起吃晚餐。

出席那頓晚餐的人一見如故，這次再度只有女性現身，最後變成凱西身邊一群感情深厚的好友。凱西說：「我們有夠神經的。我們那一群差不多十個人，每個人早上傳簡訊道早安，睡覺前傳簡訊說晚安，好像十五歲一樣。」

凱西現在最重視的事，就是在 Stitch 找到的女性純友誼（好吧，可能僅次於剛出生的金孫，她滿口都是「我家的寶貝孫子」）。凱西說：「我立刻就發現，人生非有不可的東西，不是談戀愛——我需要的是人際關係。我在那一刻恍然大悟，不一定得找到一個男人，才能在生活中感到自己重要、被愛，或是有人關心著我。我需要的其實是人與人之間的連結。」

值得一提的是，Stitch 依舊是約會網站，只不過除了促成情侶外，也幫助人們找到友誼。對凱西來講，Stitch 提供了她心中真正嚮往的事，儘管那不是約會產業一般提供的東西。這樣的故事——提供熟齡女性消費者真正想要的東西，而不只是提供老掉牙的產品——是瞄準熟齡族群的每一間公司都該效法的目標。

許多產業依舊由男性當家作主，甚至完全是年輕男性的天下——雖然許多男人自認為知道女性真正想要的東西，但他們很少弄對，尤其更是不曉得熟齡女性要什麼，因為男性與女性看待晚年生活的方式有極大的差異。ＭＩＴ年齡實驗室特別關注這個層面。

年齡實驗室進行前導性研究，利用新型開放式調查，請二十五歲至六十歲人士說出自己預期與擔心六十五歲以後的生活會發生哪些事。受訪者從代表事件的大量圖片中挑選，例如釣魚、住院、在外享用晚餐、金錢問題等等，然後把照片放進一個「靶」。放進靶心的圖片代表他們最期待的事件，最外圈則是他們最擔心的事（稱為「恐懼之環」）。我們請受訪者一邊做出決定，一邊說明自己的選擇。

我們錄下的獨白中，男性與女性的回答很不一樣。男性的回應集中在晚年會發生的美好事物，但較少提及如何能享有它們。男性普遍提到與「結果」相關的詞彙，例如：「獨立」、「休閒」、「假期」、「足夠」，頻率遠超過與「方法」相關的詞彙，例如：「計畫」、「投資」、「貸款」、「債券」、「股票」、「年金」、「社會安全福利金」、「儲蓄」、「保險」、「財務」。女性則相反，她們關心安享晚年的方法。一言以蔽之，女性的思考似乎是：「我如何能達成自己的欲望與需求？」而不是：「我的獎賞是什麼？」

此外，男性的回答整體而言比女性正面。男性提到「開心」（happy）與「美好」（good）的次數是女性的兩倍，「好」（nice）與「享受」（enjoy）的次數是女性的三倍。女性提到「擔心」（worry）與「壓力」（stress）的次數則是男性的兩倍。

簡單來講，男性受訪者帶著樂天心態看待晚年，女性則睜開眼看待銀髮生活的挑戰。男性期待可以遊山玩水數十年，女性則替老年做計畫。[18]

女性比較清楚晚年的挑戰，這點或許解釋了為什麼她們帶頭年紀大了依舊在工作。自一九九〇年以來，這個現象便日益明顯。美國的中高齡勞動參與率（就業者或尋求工作機會者），最初自一八〇〇年代晚期開始下降，當時聯邦軍的退伍軍人決定倒下前不再工作。中高齡勞動參與率在一九八〇年代晚期至九〇年代早期觸底，約為十一%，[19]之後便不斷回升。今日六十五歲以上人士的勞動參與率為十八·六%，美國勞工統計局預計二〇二四年將上升至近二十二%。[20]在美國及其他許多國家，各年齡群組的男性工作者的確依舊多過女性工作者，然而在一九九〇至二〇一〇年間的美國人口普查，每一個中高齡年齡層的女性勞動參與率攀升速度都快過男性*。[21]

女性老了還在帶頭工作，有幾種可能的解釋。其中之一是女性較未內化社會稱之為「退休」的「教條」。

*此一趨勢與一個事實密不可分：一半的美國工作者儲蓄尚不足以在退休後維持和在職時一樣的生活水準。不過，經濟能力不足並非中高齡者繼續工作的唯一理由。許多嬰兒潮世代的確是因為負擔不起悠閒度過三十年，才會計劃晚點退休，或永不退休，但也有很多人單純是因為喜歡工作而打算不退休。

波士頓學院退休研究中心二〇一三年的研究顯示，多數人六十五歲以後繼續工作的主因是感到工作比退休好。教育程度愈高，愈容易有這樣的想法。大學畢業生六十五歲以後繼續工作的可能性，是無高中學歷者的兩倍。此外，具大學學歷者跨過六十五歲門檻的人數每年都在增加。研究人員寫道：「我們的結論是，中高齡人士的勞動參與率增加主要是良性發展，反映出高教育程度與健康狀況好的人希望繼續工作。」[22]即使是並未深受經濟不景氣影響的人，也希望工作久一點。許多中高齡工作者（尤其是坐辦公桌的工作）或許需要改變步調或變換一下同事，但體能上不需要休息。他們把「休閒」的重要性排在「有意義的工作」之後。

年齡實驗室科學家李彩舞（Chaiwoo Lee，音譯）執行大型研究，調查一萬名全美各地不同年齡群組與收入層級的人士，請受訪者以五個關鍵詞，形容自己在主要職涯結束後的生活。我們刻意不在問卷敘述中提到「退休」一詞，避免引發與數十年來的退休市場行銷相關的反應。然而，儘管我們小心選擇問卷用詞，男性受訪者最常提到的詞彙依舊是「退休」（retirement），再來是「放鬆」（relax）、「美好」（good）、「嗜好」（hobbies）、「旅遊」（travel）。男性每一次都給我們一模一樣的官方退休目標，就好像有人在他們的睡夢中播放「太陽城退休社區」（Sun City）廣告。

女性則完全不同，女性受訪者最常用的關鍵詞是「滿足」（fulfilled），再來是「祥和」（peace）、「寧靜」（calm）、「擅長」（accomplished）與「家庭」（family）。這樣的調查結果，再加上前文提到的研究，顯示女性在看待老年時，除了相對而言較為了解那數十年光陰將帶來的挑戰外，她們的志向也和男性不同。

女性受訪者對於老年的深刻理解，可能部分來自個人經驗。中高齡女性除了承擔比男性多太多的照護責任，而洗澡、如廁、穿衣等私密行為的照護也大都交給女性，[23]男性則較常自願更換父母家的燈泡與清理排水溝。女性由於負責清理父母的身體，因此知道老年的身體會發生什麼事，也曉得光是吃飯上廁所，就得耗費多少力氣。

看待老年時，男性的想像是美好正面、開開心心遊山玩水的退休生活，女性則看見比較殘酷的事實。這點是關鍵差異。消費者用錢包投票時，女性將帶頭駁斥目前的論述。相較於男性，各年齡群組的女性更知道自己希望解決晚年生活的哪些議題。她們頭一個知道目前的解決方案有哪些不足之處，或是試圖解決什麼錯誤的問題。女性知道哪些產品是真心想為老人解決問題，哪些則想解決掉老人這個問題。

此外，部分女性創業者將率先提出更新、更好的產品，狠狠擊敗目前的企業，例如Stitch約會網站的優勢就是，他們了解中老年人。

Stitch創辦人瑪西・羅果（Marcie Rogo）是罕見的大好人，天生對老年人懷有熱情。如同她自己所言，「待在退休社區，比待在幼兒園還如魚得水」。二〇〇七年自賓州大學畢業後，她到雪梨的澳洲管理研究所攻讀商學院碩士，最後決定進入服務年長者的領域，之後幾乎都住在加州與澳洲的退休社區，和居民聊天，找出他們開心或難過的原因，以及他們的人生還需要什麼，最後發現社交孤立是老年生活大敵。

羅果表示：「過去五年間，我設法改善五十歲以上人士的社交孤立問題，因為從那個年齡開始，社交孤立對健康有害。五、六十歲時，接觸人群其實是『預防勝於治療』。」然而年齡很大、身體虛弱的時候呢？社交孤立將「立即致命」。

羅果抱著「對抗孤立、延長壽命」的出發點，成立了私人社群網站「四海一家」（ConnectAround）公司，目標對象是活躍的退休社區居民。羅果當時的思維十分典型，或許有些太典型了。由於在現行論述中，「老」幾乎是「身體差」的同義詞，如果想替提供銀髮族樂趣尋找正當理由，最有效的辦法通常是指出那對健康好。羅果也正是以這樣的邏輯成功說服退休社區，於是「四海一家」公司開始成長，很快就被錦織公司（Tapestry）收購。錦織公司是服務年長人士的簡化版社群網路，在澳洲與加州取得有限的進展。

羅果賣掉公司後，繼續努力了解如何改善銀髮族的社交連結。她說：「一開始的想法是要讓他們彼此交朋友。」然而，羅果一直感受到她所接觸的銀髮族覺得自己被強迫。

羅果說，「二〇一四年，有一回我和安德魯（安德魯·道林〔Andrew Dowling〕，錦織公司創辦人，Stitch 日後的執行長）互看一眼，才恍然大悟。我們想盡辦法讓銀髮族和親友、鄰居來往，但他們想要不一樣的東西。他們想要辣一點、酷一點的東西。」

也就是說，少一點在地方老人中心的交誼活動，多一點高布倫的夜店表演。

某種形式的約會服務可以讓銀髮族的社交生活「性感」起來，不過有一個問題：這些人原本就有辦法自行上約會網站，卻不認同那一類交友方式。羅果和事業夥伴必須為這群人重新思考約會網站的基本概念。羅果說：「Stitch 基本上是為過了生育年齡的人士而打造。」

Stitch的時髦總部是一棟經過改造的工廠，位於舊金山波特雷羅山（Potrero Hill），面向一片住宅與辦公室，可以眺望突出於城市天際線的三腳三尖頭地標「蘇特洛訊號塔」（Sutro Tower）。羅果講話時，一片濃霧蓋住了蘇特洛的塔腳，天線從雲端冒出來，看起來像是一艘巨大潛艇上即將浮出水面的指揮塔。

羅果說，其他約會網站是給想結婚生子的人，像是eHarmony與Match.com，這類網站成功與否在於湊成幾對步入禮堂的佳偶。羅果表示：「Stitch甚至不提『結婚』這兩個字。」Stitch完全拋開「找到命中注定的那個人」。事實上，羅果聊過的五十歲以上單身女性（Stitch今日占多數的會員），多半不熱中於尋找一段互許終身的關係。她們持保留態度的主因是，想到以後可能變成別人的看護。

羅果解釋，當你這輩子最愛的人生病了，「你當然很願意照顧他們」。然而如果同樣的事發生，但對象是你才剛認識的人呢？羅果說：「很多女性說：『我不想當護士，也不想當提款機。』」黃昏之戀池塘裡的許多新魚兒，不久前才剛結束多年辛苦照顧親人的生活。「當你才剛照顧完一個人，不會想照顧認識沒幾天的人」。

即使是因為「銀髮離婚」（gray divorce，年長人士分手的時髦用語，近日頻率飆升）才進入約會池塘的女性，也有很多理由讓她們會三思才再度許諾終身。美國一九九〇至二〇一〇年間的整體離婚率大致持平，五十歲以上人士的離婚率卻變成兩倍。[24]異性伴侶中，通常是女性提出離婚。[25]我一再聽見離婚的熟齡女性提到：「我結婚是想找個終身伴侶，不是為了當煮飯婆。」許多夫妻雙雙退出職場後，整天相看兩厭，關係因而破裂。伴侶之間還是保留一點空間比較好。此外，社交生活也是壓力源。許多夫妻主要由女方負責建立與維持夫妻倆的社交網。在生活塞滿工作與孩子的數十年間，這樣的安排可能沒什麼問題，但許多女性到了六十多歲後，一方面和外頭的朋友圈來往交際，同時還得顧及家裡那個孤僻宅在家的退休老公。丈夫自己不願出門，硬拉著太太在家裡陪自己。

Stitch 也收已婚會員。羅果表示：「我們絕對歡迎，只要同意在你的網頁上注明『不尋求浪漫關係』。我們的已婚會員幾乎全都是家裡有個不肯離開沙發的老公。」丈夫不肯動，但那些女性「想要出遊，想要參加活動」。

我在維吉尼亞、紐約、內布拉斯加、肯塔基州進行過多場焦點團體訪談，詢問熟齡女性，她們認為自己未來會碰上的最大婚姻問題。我一再聽到「感到無聊」、「無趣」、「我對他沒感覺了」等答案。半個世紀以前，「沒激情了」這種理由，可能不會真的讓人跑去離婚，但情況正逐漸改變。首先，二婚的離婚可能性遠大過初婚；嬰兒潮世代是第一批大量在二十歲與三十歲時實驗離婚與再婚的世代，今日五十多歲與六十多歲的他們，許多處於離婚可能性比父母高的第二段婚姻。或許更重要的是，相較於父母與祖父母輩，今日五十多歲與六十多歲的夫妻，還有長遠的未來在等著他們——愈來愈充滿可能性的未來。銀髮族能做的事愈來愈多是很好的新現象，但副作用是今日要是跟錯誤的人綁在一起，機會成本也達到史上新高。許多人決定停損，重新開始。

羅果表示，對 Stitch 會員而言，不論他們的身分是寡婦、鰥夫、離婚人士或不曾結婚（美國不曾結婚的成人人數自一九七〇年便穩定成長），[26]「Stitch 的重點不是找到『一個人』，而是找到很多可以作伴的人。那群人之中，可能有一個會成為你的浪漫伴侶，但其他人可以一起吃晚飯、一起出遊、一起健行。」

Stitch 為了串起更多人，不需要和一般約會網站一樣填寫詳細的自我介紹，像是年齡、身高、體重、宗教、職業……有的網站甚至要你填致敏物。羅果說，光是找到活動、興趣、所在地都能彼此配合的人，就已經夠難了。此外，當會員只是想找個一起吃晚餐的約會對象，並不需要靈魂伴侶，或甚至只想單純交朋友，那些過濾條件並非必要。羅果表示，就連只想談戀愛的人，「當你的目標不再是有一天要生兒育女，事情就不一樣了，你們甚至可能分開住。」重點是讓會員更容易建立連結，而不是豎起障礙。

Stitch 的創立宗旨就是為了促進豐富的社交連結，包括純友誼。羅果指出，Stitch 希望會員在這個網站不僅能尋求浪漫伴侶，也能尋求純友誼。羅果解釋，Stitch 的五萬名會員中，女男比大約是七十比三十，「許多女性很實際，她們知道男性人數比較少」。

儘管如此，Stitch 不論是給外界的印象或是行銷方式，都是一個約會網站。Stitch 刻意採取這樣的策略，因為會員的關鍵需求是這個平台必須符合他們的自我形象：Stitch 會員和「四海一家」不一樣，不是需要協助預防社交孤立的「病患」；他們能幹、風趣、外向，擁有健康的社交、愛情與性欲本能。

凱西加入 Stitch 時，的確不曉得自己想要純友誼，還以為自己想談戀愛，後來才發現自己真正需要的東西：一群好友每天傳簡訊，還一起出去玩，像是夜店、拉斯維加斯或死亡谷（Death Valley）。

羅果說，Stitch 披著傳統的約會網站外衣，與老化無關、與生物需求（愛情）有關，這種營運模式「以前所未有的成功率達成任務。」類似的心得在本書重複出現，各位讀者應該感到很熟悉了。手機在無形之中融入使用者的生活，成為比呼救項鍊更出色的緊急呼救產品；Stitch 也是因為相同的道理，比先前的健康陪伴服務有效：比起「協助不健康的人活久一點」*，使用者更能接受「協助活躍人士享受樂趣」的宗旨。

羅果說：「整個銀光產業都一樣。」舉例來說，如果你提供銀髮族可以預防跌倒的裝置，

「他們會說：『滾開！』但如果你給他們的東西好玩有趣又新奇酷炫，只是剛剛好又能防止跌倒，接受度會高很多。」

任何人如果想賣東西給女性占多數的銀髮族，提供羅果所說的那種「好玩新奇酷炫」產品的挑戰，遠遠不只是技術問題。真正的侷限出在想像力：企業認定的消費者需求，是否符合消費者的真實體驗。羅果摸索多年，才終於找出顧客真正要的東西。對於由年輕男性當家的公司而言，挑戰更是嚴苛，就連鳳毛麟角的幾間貼心公司都一樣：即使企業似乎真的意識到年輕男性以外的人口的價值，也不一定就能找出真正的需求。

無所不在的粉紅色

第一章提到過去幾個主要由年輕人設計的失敗銀髮產品。由男性來替女性設計產品時，也發生過類似的事件。

＊羅果說自己曾經抓到公司的網頁設計師，在Stitch會員的大頭貼放上拄著枴杖的火柴人圖樣：「我大叫：『喂！絕不能放這個！』」羅果表示，也只有七、八年級的小夥子才以為銀髮族會喜歡看到這種老人形象。

過去不勝枚舉的失敗例子，以為只要把性別中立的產品稍微換個包裝，就會變成「女性產品」。各位可能聽過史上幾個最著名的慘敗：二〇〇九年，戴爾（Dell）在官網加上命名為「黛拉」（Della）的粉紅色頁面，販售粉紅色筆電。比克公司（Bic）被批得滿頭包的「給她的原子筆」（For Her）廣告，讓世界各地的女性納悶，自己是如何靠著「男人的筆」活了這麼久（亞馬遜會員寫下諷刺意味十足的心得：「過去四十年，一般原子筆重得使我無法投票」）。ePad Femme 是八吋大的「女性專用平板電腦」，內建食譜與多個瑜伽 APP，女性網站 Jazebel.com 的部落客評論：「下載 APP 的步驟以及各種操作與選擇實在太複雜，廠商預先裝好了，女士們的小腦袋瓜才不會不知所措。」[27]

史上特別瞄準女性的汽車或許更是令人尷尬。道奇汽車（Dodge）在一九五五至五六年間推出「La Femme」（意思是「妻子」）車款——車廂內部經過特別設計，配備包括口紅盒與手提包，兩者都附上粉紅色襯墊。此一車款（嚴格來講，其實是道奇「Custom Royal 系列」的特別版）兩年後便停產了。二〇一三年時，本田汽車（Honda）試著採取相同手法，推出本田「Fit She's」（適合她）車款。Fit She's 只在日本上市，除了車身是粉紅色的，內建的空調科技有護膚功效。此外，Fit She's 還特別設計抗紫外線玻璃窗，或是如同《環球郵報》（*The Globe and Mall*）所言：可以抵抗「讓你變老女人的陽光」。[28] Fit She's 的命運再次和 La Femme 一樣，只在市場上存活兩年。[29]

如果再深入一點探討歷史，就會發現數百年來號稱可以幫忙女性的產品，事實上是以男性的需求為主。

美國科技史學家露絲．史瓦滋．考恩（Ruth Schwartz Cowan）的精采著作《給母親的更多工作》（*More Work for Mother*）指出，理論上設計成要協助女性的產品，如何因為種種原因，最後反而加重她們的工作量。舉例來說，從前清理地毯是偶爾為之的打掃工作，甚至是一季才清理一次，而且需要全家一起合作。然而，真空吸塵器問世後，一個人就有辦法清地毯——突然間，那個人有義務提高清理頻率。考恩寫道：有了真空吸塵器後，「家中力氣最大的成員就少了把地毯拉出來的責任，年輕成員也少了拍打地毯的任務。」從那樣的新發展來看，「真空吸塵器問世後，清地毯是否變得更容易或更快，那就很難說了。對誰來講比較容易？對誰來講比較快？」[30]

真空吸塵器及其他類似產品（例如洗衣機）帶來的結果加在一起後，家庭省力裝置因而有效協助男性逃脫做家事的責任。以前家中男女都要一起做家事，或是可以花錢請人幫忙，也因此雖然民眾在二十世紀初期富裕起來，消費者產品紛紛問世，「家庭主婦並未因此得空。」考恩寫道，「她們的工作量反而增加，變得輕鬆的是家中的其他人。」[31]

考恩的書問到一個重點：如果新產品最後反而讓女性日子更辛苦，為什麼史上的女性似乎依舊願意購買或支持？從某種角度來看，女性的動機很明顯。考恩寫道：新型家事工具讓民眾得以輕易「達到最低的衛生標準，可以體面見人」，「也難怪這些女性……視現代工具……為一種解放的助力，而不是壓迫。」32

換句話說，在十九世紀中期至二十世紀中期，社會大力呼籲提升家庭的健康衛生水準，女性首當其衝扛起最主要的責任，而她們的犧牲可說是「得不償失」。今日也發生類似的事，有更多人更長壽了，新科技再次使生活品質有望提升——這次是提升老年的生活水準，而問題在於歷史是否會再度重演，女性是否會再度受制於男性依據自己的想像所設計的產品？畢竟高齡社會要能夠運轉，需要有人承擔照護工作，而女性原本就背負著絕大多數的照護重擔，這次或許又會順勢成為女性的責任。明日的產品與行銷是否會加深那樣的社會規範？例如在行銷廣告中把女性呈現為主要的照護者？或是用粉紅色來象徵「照護」？

或許事情真的會朝那個方向走，不過如果要說有反抗跡象，那就是女性拒絕使用把照護責任空降在她們身上的產品。對許多人來講，把女性和有可能需要終身照護的人士配對的約會網站，吸引力就是不如較為隨性、短期的人際連結網站。這個結論也適用於各產業。只對年輕男性產品設計師來說有道理的點子，或許依舊能在勢力強大的銀髮女性消費族群中成功——至少在沒有更好的選項時。然而，一旦出現理想的替代方案，消費者就會變心。

大公司理應擔心消費者可能投奔更好的產品。今日的企業在替熟齡消費者設計未來的產品時，所有跡象都顯示，它們依舊搶著製造和過去一樣的產品，或許添加了一些新技術，但基本上只不過是加強差不多的概念。從某個角度來講，企業這麼做是很自然的事。整體而言，從經濟一直到生態等各領域，全都靠著維持現狀達到穩定。擅長一樣東西的公司最萬無一失的創新方法，就是製造相同東西的變化版與改良版。然而，那樣的模式無疑是假設：消費者市場將永遠期待一成不變的解決方案。

以明日的廚房為例，自一九五〇年代以來，家庭用品公司持續設計具備未來感的概念廚房，然而如同科技作家艾夫里斯在美食部落格「老饕」（Eater）所言，今日的未來廚房大張旗鼓提出的「全新主張」，依舊停留在一九五〇年代。

二十世紀中葉的廣告，以及出現在世界博覽會等活動的早期概念展示品，給大家看孟山都*生產的全塑膠廚房，或是只要按下通用**設計的按鈕就能烤蛋糕的廚房。今日與

---

*譯注：Monsanto，今日以農業生物技術廣為人知的美國企業，二十世紀中葉主要生產塑膠。
**譯注：GM，通用汽車多角化經營，旗下除汽車外，亦有家庭用品、金融、資訊等事業。

從前的未來廚房相似程度高得驚人，只不過這一次，廚房不是全部由塑膠打造，而是改由玻璃大廠康寧（Corning Inc.）探索打造全玻璃廚房的可能性，每個角落都加裝理論上「省事省力」的觸控螢幕，直到煮飯的人用手去摸螢幕後，才發現大事不妙，一摸就弄得到處髒兮兮。艾夫里斯寫道：「想像一下，康寧版的未來廚房，就是把你 iPhone 螢幕上的髒汙，放大到整個廚房那麼大，把手指上的油，換成煮菜用的油。這樣的設計如何能維持廚房的乾淨整潔？完全沒提到。」真正會使用廚房的人想要什麼功能？來個「自動整理」選項如何？艾夫里斯寫道：「我看過的所有介紹未來家庭的影片，提到如何維持廚房清潔的次數是……一次也沒有。」

即使是具備前瞻思維的產品設計師，他們的注意力也往往集中在解決容易的問題——可以運用現成技術、不太需要調整自身世界觀的問題。俗話說得好，當你手中只有鐵鎚，整個世界看起來就像一根釘子。如果你手中只有大猩猩玻璃（Gorilla Glass，康寧一般應用於智慧型手機與平板電腦的防刮材質），那麼或許整個世界看起來就像 iPad。

一九九九年問世的「乾溼兩用拖」（Swiffer）則採取另一種策略。這種把溼布裝在拖把桿子上的產品，不會自動清理廚房，但至少是個開始，而且自 P&G 公司推出後便大受歡迎。然而，怎麼可能一直到一九九九年之前，都沒人想到可以把拋棄式抹布裝在桿子底部？

答案簡單到令人尷尬：數十年來，清潔產品公司理所當然的認為，清潔地板的唯一辦法就是水桶加拖把。

集體缺乏想像力，導致適合明日銀髮族的產品遲遲無法問世。然而，能帶來突破的卓見的確存在，就在消費者腦中。應用那些智慧聽起來是機會——的確是機會，同時也是一股威脅。與這群特殊消費者相關的知識，強大到足以夷平大企業，但也足以在殘磚碎瓦中開出美麗的新花朵。

消費者想完成的工作

前文悄悄運用了一個重要的商業概念，現在該讓那個理論現身了：「消費者想完成的工作」。消費者（或使用者、顧客）想完成的工作之於資本主義，正如原子之於化學、基因之於生物學，是讓其他每一件事能發生的單一最小單位。

此一概念最初由席爾多・李維特（Theodore Levitt）發揚光大。李維特是冷戰時期的傳奇哈佛商學院教授，眾人熟知他一遍又一遍告訴學生：「我要的不是四分之一英寸的鑽子，我要的是四分之一英寸的洞！」消費者有工作（在牆上弄一個洞）要完成時，他們會「雇用」

產品做那個工作。廠商經常忘記這件事，沒把顧客想成需要洞的人，而是想成要鑽子的人。然而，由於消費者真正要的是完成工作，而不是要產品，因此永遠可能冒出更能達成任務的新產品。例如市場一出現「鑽孔機 5000」，可以用比鑽子更容易、更便宜的方式在牆上鑽洞，鑽子廠商就大事不妙了。

李維特的學生克萊頓．克里斯汀生（Clayton Christensen），日後也成為哈佛商學院大師（克里斯汀生提出管理圈如雷貫耳的「破壞式創新」〔disruptive innovation〕概念，後面章節會詳談）。克里斯汀生二〇〇三年的著作《創新者的解答》（*The Innovator's Solution*），[33]就消費者想完成的工作提出極具啓發性的實例：某間速食連鎖店調查發現，店內四十%的奶昔都是在早上賣出，但奶昔理論上是午餐或晚餐的飯後點心。這是怎麼一回事？克里斯汀生的團隊為了找出答案，訪問早上喝奶昔的人。那些顧客通常獨自到店，只買奶昔，穿著要去上班的衣服，一邊開車一邊喝，以打發長程通勤時間，奶昔既是食物，也是娛樂。喝奶昔的人在買的時候，一般還不是很餓，但他們告訴研究人員，他們需要能讓自己在上午十點不會太餓的東西。

簡單來講，受訪者需要可以吃很久的高卡路里美味食物，而且要一隻手就能輕鬆吃，不能弄得一團亂。傳統早餐無法完成這項任務，因為貝果會掉芝麻和餡料在腿上，而且需要搭配飲料。香蕉或甜甜圈到了十點多就會餓，撐得不夠久。健康則不在考量的範圍內——克里斯汀生與共同作者寫道：「變健康不是消費者雇用奶昔來做的工作。」[34]或許最關鍵的概念是，奶昔是否為「點心」食物並不重要，只要奶昔可以完成「工作」，而顧客買的是能完成工作的食物。

銀髮族和普天下的消費者一樣，考量著到底要買什麼。然而設計師和行銷人員碰上銀髮族時，經常抓不到銀髮族真正想要完成的「工作」。第一章提到一九五〇年代戴假牙的人會購買嘉寶嬰兒食品，但拒絕接受亨氏長者食品，原因是消費者希望完成的工作，不只是不必咀嚼食物，他們還想在排隊結帳時保住自尊。Stitch 不同於其他改善年長者孤立問題的計畫，真正明白使用者想完成的工作：他們想透過約會這種正常社交情境與人互動，而不是為了醫療目的被迫與人來往。

企業唯有精準抓到消費者真正想完成的事，才能避免在銀光經濟中慘遭滑鐵盧——這對於由年輕男性當家的公司與產業來講，相當不容易。事實上，主流老年論述影響力太大，就連中高齡者自己在創新時，也可能不小心掉進陷阱。不過，還是有克服的方法。企業有可能靠同理心突圍，例如派出研究人員，和羅果一樣，花幾年時間仔細觀察銀髮族。然而，想理解銀髮族，還有更快的方法。

消費者駭客

克里斯汀生所舉的早餐奶昔例子特別發人深省的地方，在於「早餐」不是奶昔這項產品預先設定的用途，奶昔理論上是點心才對。套用我們MIT常見的說法，就是消費者以非預期方式使用奶昔，「駭進」（hack）早餐。各位要是留意一下四周，就會發現這種事隨處可見。大學校園裡一個常見的例子，是讓所有園藝管理員都頭疼的「被踏禿的捷徑」。各位大概看過那種小路，在校園與公園裡修剪完美的草坪上，偏偏有一條被踏得亂七八糟的泥土路。人們想快速從A點抵達B點時，就會出現那種小路。如果按照原本規劃好的行人路線走，太繞路了。行人想完成的工作，顯然不是走在結實的地面上，而是前往自己需要抵達的目的地。

過去有很多例子是，企業驚喜的發現消費者以出乎預期的方式使用產品，開發出新市場。以舒潔（Kleenex）為例，金百利克拉克公司（Kimberly-Clark）最初在一九二〇年代推出舒潔時，把產品定位為化妝棉，但消費者（還有製造商）很快就發現，那種軟軟的紙很適合當拋棄式手帕。金百利克拉克於是改變行銷方向與包裝，「舒潔」變成感冒時「包餛飩」的同義詞。一夕之間，民眾永遠改變了擤鼻涕的方式。[35]

如果仔細觀察今日的年長消費者，就會發現他們因為找不到能解決自身需求的產品，只得運用巧思，以出乎意料的方式使用現有產品。每一個這樣的例子都說明了他們真正想完成的工作。以照護為例，各位是否見過年長者的助行器腳架底部套著被切開的網球？如此一來，助行器就便於滑動。近日附上小型塑膠雪橇腳墊的助行器相當普及，點子就是來自消費者的巧思。不過，那種類型的駭客還只是幼幼班等級，僅僅修改原本就預設給年長者使用的產品。更為有趣的例子，則是年長人士與照護者找到完全出乎意料的產品新用途。

八十八歲的莎麗．林多佛（Sally Lindover）是年齡實驗室「消費者工作坊」八十五歲以上群組的固定成員。大家兩個月聚會一次，一起討論科技、政治、死亡、臨終……等各式各樣的主題。此外，林多佛也懂得善加利用「隨選服務」與「共享經濟」。

林多佛住在劍橋中央廣場一棟十一層樓公寓的八樓，可以眺望劍橋風景，望見一路延伸至波士頓的查爾斯河（Charles River），下午時房子採光極好。林多佛自一九九〇年代就住在那裡，後悔當時沒趁房價低置產，但話又說回來，當年房租也便宜。事實上，林多佛經常不在家，全球跑透透。

自一九八三年起，林多佛近三十年的時間都任職於美國外事服務部，擔任公職前，還當過臨床心理師、管理過藝廊；五十四歲時想嘗試新事物，便加入和平工作團（Peace

Corps），接著在五十六歲時進入外事服務部。她簽約時是辦公室有史以來年紀最大的基層人員，「我打破了年齡的阻礙」*。

林多佛曾派駐立陶宛、葉門、盧安達等國，最初租下劍橋公寓，主要是讓自己回國時有地方住。依據她的說法，房租最初「相當合理」，後來雖然上漲，由於她喜歡那個地點，依舊續租。再後來，房租漲得更高了，林多佛於是幫自己找理由，認為那裡很適合照顧曾與她同住將近一年的母親。

林多佛表示：「時光飛逝，如今房租是當年的三倍。」再加上她八十一歲時自外事服務部退休，收入有限，不太夠支付生活開銷，因此找了一位MIT訪問教授當房客，為期一年。那個安排雙方都很滿意——林多佛說，「對方是非常好的房客」，一方面是因為那位訪問教授多數時間都住在紐約，「見不到他的人！」

就在那段時間，林多佛的孩子加入Airbnb，她心想：「為什麼不自己來試試看？於是就去試了！最後相當順利。」

---

*本節部分內容最初刊載於我和尤金多共同在《華盛頓郵報》發表的文章。[36]

Airbnb 不是林多佛現在唯一仰賴的共享經濟或隨選服務。有一次她和一群年輕人到巴黎旅行，走很多路傷到下背，之後就不再自己走路到超市，開始靠 Instacart 買菜。Instacart 提供代客購物的服務。如果是比較重的用品，林多佛則使用會送貨到家的購物網站 Jet.com（今日是沃爾瑪的子公司），她發現 Jet.com 的價格和亞馬遜相比具有競爭力。至於娛樂方面，林多佛是 Netflix 的熱情支持者，她目前一看就停不下來的影集，是李佛・薛伯（Liev Schreiber）主演的動作片《黑手遮天》（*Ray Donovan*），不過她也醉心於 HBO 大受歡迎的《火線重案組》（*The Wire*）。《火線重案組》同樣也是動作片，講巴爾的摩的幫派、警察、政客、社區。

林多佛的公寓現在幾乎每天都人來人往，協助她完成日常生活所需，但她不覺得自己過著特別新奇的生活。「社區團體一向都是如此——永遠共享，永遠互助。」她表示：「這樣的概念一直都在，只不過是以不同形式出現。」

雖然林多佛認為自己自然而然就用起線上服務，她屬於我所說的「生活風格引領者」，也就是某種「早期採用者」。這樣的人不限於率先使用新科技，而是採取新的生活方式。雖然以林多佛的年紀來講，她算是搶先同輩使用隨選與共享經濟，但很多人正在做一樣的事。目前相關服務的使用者中，二十二％為五十五歲以上，而且熟齡使用者會在未來數十年持續快速成長，[37]與既有的生活方式形成明顯對比。

傳統上，年長人士的日常生活開始需要旁人協助時，選擇不多，通常是請看護或由家人照顧，或是住進安養中心。像林多佛這樣的人，則同時使用各種隨選與共享經濟服務，指出一條可行的新道路。林多佛因為背痛，無法走一、兩公里的路去買菜。過去人們光是無法自己買菜，可能就得搬進照護機構，或至少得更加倚賴各式年長者服務。Instacart、Jet及其他線上公司讓林多佛不必馬上採取此類方案，不僅可以延續獨立的生活方式，還能省錢，因為美國的獨立老年住宅*即使是最簡單的類型都提供全套式服務，包括建築維修、住房、餐點、清潔、現場緊急事故快速救援等等。

許多人搬進輔助生活住宅時，其實僅需要其中一、兩項服務，卻得支付完整服務的價格。不過現在事情不一樣了。如同Netflix等串流服務，讓「剪線族」不必再替第四台全部的電視節目買單，新型共享與隨選服務讓林多佛那樣的人得以成為「剪照護族」，靠「單點」的方式完成他們身為消費者想完成的工作。

---

*譯注：「獨立老年住宅」(independent senior living)與後文的「輔助生活住宅」(assisted living facility)、「獨立生活住宅」(independent living facility)等等，皆為美國的養老與失能人士居住服務。

事實上，年齡實驗室做過一項分析，我們設想一位七十五歲的大波士頓住宅擁有者，這個人如果靠線上服務住在自己家，相較於搬進「獨立老年住宅」*，每個月可以省下數千美元。我們預設的線上服務包括居家安全系統、個人緊急事故呼叫系統、餐點與雜貨宅配服務、給藥服務、按時吃藥APP、偶爾使用洗衣服務，以及有需要時透過「跑腿兔」（TaskRabbit）等服務找人做家事與維修住宅。交通方面，我們設想這個人經常使用波士頓的交通系統MBTA，但預留每個月可以坐十次Uber的錢。育樂方面，我們設定了讀書會、舞蹈課、YMCA會員證。加上水電、網路、保險、稅金等標準屋主成本後，每個月的總成本落在低標的兩千美元範圍，遠低於許多包餐與包家事服務的獨立生活住宅月費。

如同金百利克拉克公司欣喜的發現，舒潔除了可以當卸妝用品，原來還有其他用途，各式新創的隨選與共享經濟服務公司，非常歡迎年長者讓他們提供的服務多了前所未有的可能性。以Airbnb為例，剛成立時，幾個創辦人是二十多歲的小夥子，最初把這個新創公司命名為「充氣床與早餐」（Airbed & Breakfast），因為他們擺上氣墊床後，把自己昂貴的舊

---

* 譯注：此類養老社區住戶不需要二十四小時照護服務，但需要一定程度的生活起居協助。

金山閣樓房間分租出去。很快的，他們讓所有人上網就能參與這個創新做法，最初的目標顧客是和他們一樣的人：快餓死、希望收點房租來補貼的年輕人，以及希望找個便宜落腳處睡一覺的背包客。然而，熟齡族群很快就成群跑來使用這項服務。本書寫作當下，Airbnb 屋主年齡大都在四十歲以上，超過十%為六十歲以上——這是 Airbnb 成長最快速的屋主年齡層，其中近三分之二的銀髮屋主是女性。[38]

在 Airbnb 的例子中，銀髮房東找到年輕創辦人最初並未設想的使用方式。長久以來，老年屋主靠收寄宿生賺點錢十分常見，[39]尤其是獨居婦女。然而，時代在變，期待在變（法規也變嚴格），房子愈來愈難共享，至少對沒有特別隔間的單一家庭住宅來講比較不容易，但 Airbnb 問世後，希望能將不動產轉換為現金的年長者，能夠將閒置臥室變成收入來源。從某種角度來講，年長用戶「駭進」Airbnb，形成雙贏。其他也注意到老年市場力量的共享與隨選企業，包括 Lyft 與 Uber 等叫車公司。目前四分之一的 Uber 司機年齡在五十歲以上，[40]而 Lyft 的年長司機特別受歡迎，部分原因是他們是老市民，對路況瞭若指掌，還能分享有趣的地方軼事。Lyft 的政府關係總監麥克・馬瑟曼（Mike Masserman）表示：「最重要的是他們喜歡開車，而且樂於和人聊天互動。」

Instacart 的例子特別值得留意。食物外送服務傳統上是供應給失能、貧苦的老人。美國送餐到家協會（Meals-on-Wheels）及其他類似組織提供的服務，對數百萬民眾來講絕對必要，[41]少了那些服務，人們將陷入困境。我在這裡絕對不是要呼籲減少或停止補助此一重要生命線，只不過令人不解的是，對於不方便購物但依舊想住在自己家、想吃精緻美食的銀髮族來講，怎麼會一直沒有高級市場版的送餐或買菜服務？那些潛在的顧客，只得苦候不預設年齡限制的服務出現。Instacart 的創辦人當初並未想著要打入銀光市場，二十五歲的他告訴《紐約時報》，創業點子來自「我的冰箱永遠是空的，但也提不起勁、沒那個力氣去買菜」。[42]

「哈囉阿福」（Hello Alfred）是另一個引人入勝的例子，名字來自蝙蝠俠的萬能管家。公司平日派出「阿福顧客家務管理者」（Alfred Client Manager，簡稱「阿福」），到顧客所在地完成五花八門的工作，例如：摺衣服、付帳單、設定 Airbnb 等網路服務。「哈囉阿福」和 Airbnb、Instacart 一樣，兩個二十多歲的創辦人最初是希望改善自己的生活。潔西卡．貝克（Jessica Beck）與瑪瑟拉．莎朋（Marcela Sapone）還在念哈佛商學院時，在 Craigslist 找人幫忙做家事，很快就有鄰居要求加入，兩人於是把這種服務變成一間公司。「哈囉阿福」二〇一三年在波士頓問世，一年後在全球最負盛名的新創公司年度大賽「舊金山 TechCrunch 破壞式創新王」（TechCrunch Disrupt）中獲勝。

共同創辦人貝克表示，「哈囉阿福」主要瞄準忙碌人士，包括「生活產生變化的人」，例如家庭成員結構發生轉變，或是因故無法自理生活，以致需求增加。「哈囉阿福」並未特別宣傳他們提供老年照護，但一旦擴大「照護」的定義，納入換燈泡、協助填寫文件、提重物上樓等等，就能看出擁有此類商業模式的公司如何能填補市場重要空缺。貝克說，年長者的生活需求的確是「哈囉阿福」能幫上忙的家庭變化，「我們提供值得信賴的服務，讓顧客找人幫忙家裡的大小事。」

對於「哈囉阿福」等直接服務消費者的精實型新創公司而言，被龐大的銀髮市場相中彷彿美夢成真，然而對於已經在耕耘銀光世界的公司而言，這樣的新發展卻是一種警訊。

我的好友湯姆．葛瑞普（Tom Grape）是新英格蘭地區最大老人住宅供應商「標竿銀髮生活」（Benchmark Senior Living）執行長。他認為對他的產業來講，日益茁壯的隨選與共享經濟服務是迫在眉睫的挑戰。葛瑞普表示：「科技產品讓年長者可以在自己家住得更久，是令人興奮的發展。」然而，這種趨勢同時會造成銀髮住宅人口年齡提高，且偏向健康情況不佳者。此外，雖然一日千里的科技發展在某些方面能輔助葛瑞普的產業，例如讓他們得以提供新式服務，克服工作人員招募不易的問題，相關科技仍將大幅提升年長者在家養老的能力。

先驅使用者創新

林多佛與凱西那樣的人士的需求，有力量改寫我們的老年生活方式。這不是大家心中第一次冒出這樣的想法，但可能是年長者第一次真正有機會寫下自己的命運。目前的老年故事先是由醫生、收容所、效率專家在十九、二十世紀之交寫下；接著是一九三〇年代的政府官員；再來是一九五〇與六〇年代的退休產業。很久很久以前，那樣的故事發揮了作用，如今卻使我們困在過去。那種更新腳步緩慢的裝置創新，往往缺乏外形設計，以材質簡陋的米白色塑膠射出成型，而且把老人當醫療問題看待，不會帶我們走向更美好、更長壽的生活。具有遠見、協助打造理想銀光生活的人士，深刻體會到年長者想要的東西不同於目前的論述。能夠彌補鴻溝的產品將使年長者握有力量，協助銀髮族在經濟、文化、社交等各方面持續參與社會。從文化角度來看，相關產品將傳遞出訊息，讓人們了解年長者也有力量掌控個人生活。隨著年長者和外界的互動程度增加，我們看待老年的方式將有所改變。良性循環之下，年長者的能力將勝於侷限，更容易找到有意義的工作。更好的就業機會，再加上更符合新需求的理財工具，將使更多財富流進新銀光市場，帶動更理想的產品問世，如此不斷正向循環。

如同多數假設中的良性循環，問題在於如何起頭。要指望科技界冒出一個人帶來我呼籲的那種革命性產品，似乎不切實際，尤其是科技業目前的人口組成讓他們「看不見」老年人。然而，反過來讓企業傾聽即將到來的趨勢，詢問消費者他們想要什麼，同樣也是問題重重。套用賈伯斯的話來講，如果想創造改變世界的全新產品，千萬不能靠著問消費者他們想要什麼。他在一九九八年講過一段名言：「你很難真的靠焦點團體設計產品。很多時候，人們在看到東西之前，不曉得自己想要什麼。」[43]我有時在想，網路本身算不算一種假想中的焦點團體。

以今日的中高齡消費者來講，你無法靠直接問他們老年時想要什麼，得出正確答案，因為他們所想像的更美好的新生活方式，完全受限於我們目前的負面論述。你經常會聽到多數人只不過是照本宣科的回答，尤其是男性。

前文提過，我的年齡實驗室同事李彩舞請一千名受訪者用五個詞彙形容他們想像中結束職涯後的生活。受訪者來自全美各地，有男有女，形形色色，年齡、種族、經濟背景不一，然而在我們收到的一共不到五千個詞彙的答案中，一共只有九百一十八個不同詞彙，其中有二十八個詞彙更是重複被提到，足足占了一半的答案。

換句話說，談論老年生活時，就連鸚鵡的詞彙量都可能比多數人類豐富。這就是為什麼人們會講出「退休後想工作」這種邏輯矛盾的話。然而，希望在主要工作生涯結束後繼續工作的人士，只能這樣子表達意願，因為他們無法想像沒有「退休」的老年生活。在我們目前的年齡論述中，「退休」是重要轉捩點。

不過，我剛才講的是「多數人」，不是全部的人。

銀髮市場上有一群人洞燭機先，知道明日的中高齡消費者想完成什麼工作。這群人主要是熟齡女性，以及年紀較輕的照護者（通常也是女性）。更棒的是，在那群人之中，還有一小群人握有技術與必要資金，有辦法打造出開創性的解決方案。這些發明家、創業者與大型組織中的「內部創業家」，有能力改變高齡世界架構。

那群人改變高齡世界的方法是「先驅使用者創新」（lead-user innovation）。此一概念來自MIT史隆管理學院的馮希培（Eric von Hippel）教授，他的工作地點順著年齡實驗室那條路走下去就到了。先驅使用者理論相當不同於傳統的創新模式，認為在產品經常快速變化的產業（部分高科技產業），許多最管用的點子與產品改良方法，其實是由顧客提出，而不是企業。不過，那種顧客不是普通顧客，這些少數使用者除了自身需求超前大部分的市場（也因此是「先驅使用者」），本身也擁有足夠的技術，有能力自行提出解決辦法（也因此是「先驅使用創新者」〔lead-user innovator〕）。[44]

林多佛與 Airbnb 的例子所做的事是替既有產品找到新用途。先驅使用者所做的則不只那樣，甚至提出新產品的原型，有的是以原有產品為基礎做修改，也可能是靠自己的想像製作出全新產品。馮希培所舉的經典例子是夏威夷早期的風浪板玩家。在一九七〇年代晚期，一群技術高超的風浪板玩家發現，自己可以輕易乘著海浪飛向天際，但要回到海面上就麻煩了，因為腳會脫離風浪板。最好的情況下，衝浪者會飛出去，掉進相對安全的水中，但通常最後的結果都是手腳、頭、帆、桅杆、帆板，一起東倒西歪摔回海平面，痛個半死。這些親身在海上試航的人士，率先把風浪板裝上腳套，而不是製造板子的廠商想到這麼做。馮希培的《全民創新》（*Democratizing Innovation*）引述一名玩家的話：「突然之間，你不但可以飛上天際，還有辦法降落，而且還不只那樣。有了腳套後，就可以在空中轉向！高階風浪板運動就此問世。」[45]

以上的例子中，創新者和消費者是同一人，這樣的模式隨處可見。舉例來說，馮希培研究一九七〇年代的科學儀器發展，發現許多實用創新不是來自儀器廠商，而是科學家，因為只有科學家本人最清楚自己需要測量的下一樣東西。[46]類似例子還有，率先想出電解質運動飲料點子的人，不是飲料公司，而是佛羅里達州立大學的科學家，起因是校內美式足球隊希望能在炎熱、容易脫水的天氣下享有比賽競爭優勢。[47]那個飲料今日的名字是「開特力」（Gatorade），取自佛羅里達州立大學的「佛羅里達短吻鱷隊」（Florida Gators）。

市場如果要出現先驅使用者創新，前提是消費者的需求不斷快速演變，銀髮市場恰巧正是如此，背後的原因包括科技持續進步，以及人口力量與經濟力量的交會。在未來的歲月，論述與需求持續在變，要是產品仍舊原地踏步，先驅使用創新者將出面解決落差。

或許最有能力當先驅使用創新者的消費者族群，就是嬰兒潮世代。他們手中握有最多財富，也多數是老一輩中的第一代高知識份子。相較於史上其他所有年長世代，他們在一生中深刻體會過科技變革帶來的深遠效應，不認為自己老了之後科技就會從生活中消失，甚至親自帶來改變。他們大都是退休或半退休的工程師、電腦科學家、設計師、技術長、醫生、護士、創投家，以及其他一輩子都在解決問題的專業領域人士。當前方有障礙影響到他們，他們會想辦法解決、創新，很多時候乾脆成立新創公司。還有……是的，對年齡甚至也不過近四十歲的新創公司創辦人來講，創投資金出了名難以取得，如果創辦人年紀大又是女性，更是難上加難。然而，那種現象可能很快就會改變。我已經目睹中高齡的新創公司創辦人、天使投資人、創投家，開始形成自我支撐的生態系統。他們準備好利用正在興起的先驅使用者創見，打造具有競爭力的精實企業。

協助中高齡人士開展第三人生的平台 Encore.org 的資料顯示，四十四歲至七十歲的美國人中，有四分之一的人期待在接下來五至十年間成立公司或非營利組織。[48]致力於研究創業的「考夫曼基金會」（The Ewing Marion Kauffman Foundation）指出，自一九九〇年代中期以來，五十五歲至六十四歲群組的創業率翻倍，自一九九六年的十四・八％躍升至二〇一四年的二十五・八％。中高齡創業者的「機會型創業」*比例傲視所有年齡群組。[49]

儘管如此，創投界對來自非傳統來源（非年輕人、非男性）的好點子興趣缺缺，矽谷尤其如此。除了屈指可數的幾個亮點，其他則是荒蕪一片。少數幾個相當願意支持的基金，平日扶植與老化相關的健康公司，例如 Stitch 早期取得 Aging2.0** 旗下的「Generator Ventures」種子基金，Aging2.0 的宗旨是「加速創新，改善全球銀髮族的生活」。

儘管有例外，想要改善銀髮生活，試圖得到重視獲利的資金提供者支持，可能是緣木求魚。Stitch 創辦人羅果是瞄準熟齡消費者的女性創業者，她苦笑談起自己以這樣的身分創業所面臨的挑戰：「不該問我面臨哪些挑戰，應該問哪裡沒挑戰。我想做這塊冷門市場，加

---

*「機會型創業」是指創業者認為自己找到具備競爭優勢的機會。「經濟需求型創業」則是因為缺乏其他工作機會，不得不自行創業。

** 譯注：該組織支持在各種領域解決老化挑戰、抓住銀光契機的全球創新者。

上我是女性……」她安靜下來，「如果是傳統的創投，幾乎不可能。」首先，「高齡市場聽起來並不吸引人。」羅果猜想投資者不太思考老年的事，因為他們「不願想到自己會死」。此外，人們普遍誤以為銀髮族害怕科技。不過最致命的一點，則是投資者喜歡支持看似可以複製過去成功經驗的公司。也就是說，投資者喜歡投資看起來像臉書的產品。別忘了，人們很容易照老方法做事。

雖然本書寫作的當下，Stitch 尚未取得大型 A 輪資金，但除了剛才提到的 Generator Ventures 創投基金外，也得到幾位著名創投家提供的小額早期資金，包括 Uber 的早期投資者「結構資本」（Structure Capital）。羅果說，要是少了那位人脈寬廣的男性共同創辦人，「我們大概募不到任何來自傳統創投的資金，因為他們下意識就對我這個女人有偏見。」

女人無法擔任握有重要經濟影響力的職位，不是美國獨有的現象。再次回到日本的例子。日本的創新通常發生在家大業大的大型企業，比較少出現在剛起步的新創企業，而女性又僅占十一%的管理監督職。二〇一三年時，首相安倍晉三推出被暱稱為「女性經濟學」的政策，希望能推動女性加入日本正在衰退的勞動力。首相提出全國就業新目標，期許大型企業的女性經理人人數能達到三十%，然而二〇一五年時，這個目標顯然是做不到，底下的官員把目標數字砍半。[50]

不過，我們還是有理由抱持希望。在美國、日本與多數的高收入世界，我們生活在資本主義系統裡。在資本主義系統，有什麼東西的價值被無緣無故低估時，例如由「不年輕、非男性」人士成立的新創公司，聰明人會發現那些被低估的公司其實是很好的投資機會。51

熟齡創業

抓到機會的聰明人中，天使投資人丹・薛因曼（Dan Scheinman）或許是最值得留意的一位。「天使」的意思是說，薛因曼是自掏腰包而不是拿基金的錢出來投資新創公司。薛因曼通常只投資客戶以企業為主的公司，不過他也找到令人信服的理由，願意賭兩家消費者事業，其中一家是Tango。Tango是多國跨行動平台的視訊聊天APP，即將獲利。薛因曼表示，目前「約有三・五億人下載了Tango，其中數千萬人每日使用」，而且照目前的情況來看，如果有必要，Tango的銀行現金足以支撐超過一世紀。薛因曼講起Tango的優秀表現時，語氣帶有一絲自豪，不過他顯然認為還有成長空間。

薛因曼看中另一間貼近消費者的新創公司Pirc，服務特定的利基市場：熱中於蒐集折價券的人士。薛因曼工作與居住地點是臨近矽谷地帶的小型城市伯靈格姆（Burlingame），五十五歲左右的他，穿著低調Polo衫，身上衣服看得出剛吃過易碎食物。他外表如其人，是矽谷最低調的投資人。他坐在當地的三明治店，一邊喝著健怡可樂（他說：「這是我的不健康食物」），一邊解說自己的投資策略。薛因曼的投資組合或許聽起來沒有單一共通主題，但他的Tango、Pirc及其他投資標的有一件事是一樣的：以矽谷標準來看，那些公司的創辦人幾乎都上了年紀。不過，薛因曼可不是什麼利他主義者，慷慨無私，想協助年長者謀生，更不是提倡讓這個世界成為高齡天堂的人。薛因曼表示：「我做的不是『老人替老人打造產品』的生意，我是科技業的人。」然而，由於其他科技投資人與創投基金，大都捧著錢找上同一批年輕男性創業者，薛因曼靠著把投資機會拓展至高齡族群，取得競爭優勢。

薛因曼提到，由於其他投資者通常會投資長得像臉書創辦人祖克柏的人，「我投資的每一間公司，在矽谷都難以募得傳統的種子基金（新創公司最早期的投資階段）。其他投資者說：『我手中所有能當成種子基金的錢，都是先前靠贊助史丹佛出身的孩子賺到的，所以我想繼續投資史丹佛的孩子』，或是其他有相似背景的年輕人。」薛因曼說，並不是真的有鐵欄杆阻擋著非年輕男性創業者，不讓他們成功。「你爭取資金時，投資人不知不覺中就會流露偏見，導致『你的實力必須是年輕男性的兩倍，才有辦法爭取他們拿到的一半數目』。」

然而，性別、年齡等因素，其實和一間公司最終能否推出好產品的關聯不大，薛因曼告訴《新共和》，被懷有偏見的投資者擋在門外的創業者，「提供了大量被低估的機會」。[51]薛因曼表示，如果你從眾，和創投圈其他每一個人一樣，追著同一群畢業於史丹佛的年輕男性創業者跑，「顯然可以得到價值數十億美元的機會」。然而，「如果你選別條路，又選對了，那是數百億美元的機會。」

薛因曼摸著可樂罐，計算自己自二〇〇〇年代晚期起的天使投資，目前的收益是投下資本的三倍，而且那尚未算進他手中持有的資產。如果薛因曼突然決定變現，收益將是十至十五倍，不過他打算長期持有。

以視訊APP新創公司Tango為例，其中一名創辦人年齡比薛因曼還大。「他從前是以色列坦克指揮官，但成立過好幾間新創公司，經驗豐富。」另一名共同創辦人以前待過惠普及數間新創公司，以矽谷標準來講也算老。Tango瞄準消費者，而不是瞄準企業市場，有的早期基金提供者告訴薛因曼那種策略欠妥。薛因曼解釋，企業市場對中高齡創業者友善許多，因為他們有很長的工作經驗，通常也懂客戶，但消費者市場是另一個世界。「幾個種子資金提供人告訴我：『五十幾歲的人會有能力抓住消費者市場，根本是天方夜譚。』」然而Tango卻成功了，「Tango的創辦人也懂P2P技術*，他們有能力打造消費者喜歡的產品。」

Tango的創辦人熟悉自己的顧客，這點和薛因曼投資的另一家消費者型企業的創業者一樣：Pirc的創辦人兼執行長丹妮爾・巴比艾瑞（Danielle Barbieri）。巴比艾瑞講起話來劈里啪啦、活力四射，然而以矽谷標準來看，四十三歲的她已算是化石等級的人。巴比艾瑞除了在加州經營一間隨時需要她的新創公司，還得照顧在北卡羅萊納州獨居的八十三歲母親。她每個月飛到北卡，幫母親處理各種健康問題與文書工作。雖然這種責任通常落在長女頭上，巴比艾瑞卻是家裡四個孩子中的老么，「我單身，又是女的。」她笑著說。除了照顧母親，巴比艾瑞也負責照顧父親直到離世。「我有一半的時間都住在老人社區。」

巴比艾瑞和哥哥姐姐在紐約的富人區長島長大，但家中其實不有錢，不過巴比艾瑞說，「我媽是我這輩子見過最精明的消費者，我們並未感到自己不如人。」巴比艾瑞常常和母親一起翻閱報紙，尋找折價券和特價訊息。「我媽努力找到最優惠的商品，像是雞肉、水果、穀片……仔細看廣告，一則也不放過。」

＊譯注：靠用戶群交換資訊與服務的網際網路系統。

巴比艾瑞的父親最初在二〇一一年生病，當時巴比艾瑞在思科（Cisco）底下的小型消費者部門工作，然而思科是提供網路裝置服務的大型科技公司，企業才是他們的主要客戶。在巴比艾瑞父親生病的同一年，思科砍掉她的部門。巴比艾瑞說：「我的團隊所有人都離開了」，包括她的上司薛因曼。

巴比艾瑞不久後就被裁員，她說「那樣也好」，因為自己需要更多時間照顧父親，然而她也因此失去固定收入來源。巴比艾瑞告訴自己：「嘿，要開始想辦法省錢。」

巴比艾瑞最常煩惱隱形眼鏡藥水的價格。「不曉得為什麼，我的用量驚人，大罐大罐的用，藥水又很貴，基本上是花錢如流水。」巴比艾瑞因此只在特價時才買。「特價時可以省五美元，那可不少！」

然而，巴比艾瑞永遠不知道自己常用的瑞霖（ReNu）或 Clear Care 藥水在哪家店會有折扣。她說：「我就此萌生創業的點子。我覺得只為了知道某樣東西有沒有在打折，得親自跑到店裡，或是花好多時間事先研究，看看網路上有沒有特價消息（當年數位廣告還很難搜尋），真的有夠笨。」

巴比艾瑞與一位前思科同事因此成立 Pirc，想讓蒐集特價消息更容易。Pirc 提供的服務非常直截了當，令人訝異居然沒人做過：告訴消費者在他們附近的哪些地點，他們喜愛的產品在打折，順便幫忙蒐集相關折價券。巴比艾瑞表示：「我有一半的時間用在做客服，我很喜歡聽到大家的心聲。很多人寫信告訴我們：『噢，真慶幸終於有人出來做這件事。我十年前就想到這個點子。』」

雖然 Pirc 並未刻意瞄準銀髮女性，巴比艾瑞估算那個族群大概是 Pirc 目前用戶的大宗（「我們最先收到的意見其實是來自銀髮男性，他們說：『噢，太棒了，我可以在 CVS 連鎖店買到便宜的酒』」）。巴比艾瑞最初的創業靈感來自對於熟齡女性消費者的了解，她說：「我以我媽為藍圖。」Pirc 提供的服務，除了適合和巴比艾瑞的母親一樣靠固定收入過活的人士，也吸引了習慣在打折時才購物的民眾。「現在有人直接幫他們找好特價品，他們覺得太好了。」

然而，創業依舊不容易。巴比艾瑞很幸運，最初成立公司時就認識天使投資人薛因曼，而薛因曼當時就想贊助被低估的非典型創業者。巴比艾瑞靠著薛因曼的種子投資讓 Pirc 站穩腳步，但很難找到擴大經營所需的資金。

巴比艾瑞需要 A 輪資金，也就是接在種子基金後的大型投資階段。薛因曼評論：「我認為巴比艾瑞要是才二十五歲，一樣的簡報內容，她會拿到資金。會有人願意冒險一試，因為巴比艾瑞這個人非常有說服力，聰明絕頂。」除了創辦人合格，產品更是出色。薛因曼說：

「Pirc的概念驗證＊表現得相當不錯。」此外，巴比艾瑞的顧客顯然非常忠實，有穩定的需求。然而，巴比艾瑞無法讓創投者相信，不必花太多成本就能招攬到更多用戶。

薛因曼表示這是雞生蛋、蛋生雞的問題。「每次都一樣，我認為應該拿到資金的產品（不曾真正起飛的新創公司），最後沒成功，然後創投界就說：『你看吧，我就說做不起來。』」薛因曼聲音激動：「做不起來的原因，就是因為沒有資金！」

破壞式創新

幸好，從「破壞式創新」這個考量到人們重視經濟實惠的理論來看，掌握銀髮族需求的創業者不久後就能得到更多援助。破壞式創新最初由克里斯汀生在一九九五年提出，[52]前文提到的早餐奶昔例子就是來自他。破壞式創新指的是販售既有產品的簡化版、輕便版或低成本版本，對象是既有市場或全新市場情境中的新顧客。一般來講，這個過程對現有企業不利，例如在一九六〇年代晚期，豐田汽車（Toyota）、日產汽車（Nissan）、本田汽

＊譯注：proof of concept，以產品雛形（prototype）或視覺呈現等方式證明某概念的核心理論可行。

車平價超小型車（subcompact car），便在尋找低價可靠車款的美國民眾之中，找到肥沃的市場。美國車商向來忽視這群顧客的需求，每年推出的新車愈來愈大台、性能愈來愈強大、售價愈來愈昂貴。美國人開始購買便宜進口車後，生意大量轉移到日本公司，例如克萊斯勒一九六〇年代早期在譚森帶領下，靠著全力提升性能讓銷售上揚，但一九六九年時再度暴跌。克萊斯勒不願意推出超小型車，一直拖到一九七八年才行動，[53]隔年新任總裁李・艾科卡（Lee Iacocca）已經不得不向國會申請汽車業史上的第一次紓困。

克里斯汀生提出破壞式創新理論解釋此類劇變，時機非常剛好，相關概念一下子就傳開來。一九九〇年代晚期，第一波網路榮景帶來翻天覆地的變化，整個商業界都在質疑舊假設，開始下新賭注。老牌公司察覺網路公司後浪推前浪，克里斯汀生的理論點出令他們感到不安的威脅，大家都想聽他分析。

即使一直到了晚近的一九九五年，網路族群依舊可能被視為「小型或新興市場」，也就是讓破壞式創新欣欣向榮的土壤。不過，網路一下子就普及開來，也因此「破壞」一度只發生在少數幾間不幸被波及的公司，如今成為矽谷搖旗吶喊的新創公司上戰場前呼喊的口號，地位遭受挑戰的財星五百大企業（Fortune 500）主管惶惶不安。「破壞式創新」一詞自此廣為流傳，但意義有所改變，凡是能撼動現狀的點子，就可能稱為破壞式創新。克里斯汀生後來寫道：「破壞式創新理論的核心概念普遍被誤解，基本原則經常被誤用。」54 破壞式創新最初僅適用於兩種情形：產品或企業在「低階的現有市場」或「全新市場」找到立足點。被忽視的熟齡女性消費者兩者皆是。

當市場底部希望得到既有產品的精簡版，低階產品就能站穩腳步，例如無附加功能的便宜低馬力車款，或是（相對）平價的智慧型手機，依舊可以執行笨重昂貴的筆電才有的功能。在女性占多數的中高齡市場，低階破壞的機會已經成熟到企業無意間就在做，包括 Instacart、跑腿兔、哈囉阿福等提供單選服務的公司。先前銀髮族無從取得那種類型的個別服務，被迫選擇「吃到飽」。從長期角度來看，或許老少皆宜的公司將是銀光經濟最成功的低階破壞者。也或者創業者看見銀髮族駭出 Airbnb 等平台的新用途，發現自己可以更上一層樓，做出專門設計給熟齡族群的版本。同時做到這兩件事的公司會是最後的贏家。

此外，銀光經濟提供新市場破壞者豐富機會，企業可以想辦法將先前是年輕人專屬的產品也提供給熟齡族群。講得學術一點，克里斯汀生的新市場破壞模型，專指因為想出辦法讓產品變小、變便宜、變簡單而找到新客群的產品（例如第一代個人電腦能打進消費者市場，原因是較小、較便宜、用起來簡單）。實際上，這個道理也適用於先前受限於傳統論述以及企業普遍無視於熟齡族群需求、今日才剛開始進入銀髮市場的產品。從這個較為寬廣的定義來看，五十歲以上人士的線上約會服務，可視為潛在的新市場破壞者。其實幾乎任何提供給熟齡族群、先前被大部分科技業無視的科技服務，也是一樣。然而，機會還不只這樣而已。隨著嬰兒潮世代進入老年，先前無人理會的消費者需求將陸續浮現，替產品開闢出新市場，尤其是科技解決方案。滿足新欲望、新需求的企業有可能爆發性成長，現有企業與老顧客之間的長期關係通常會因此中斷。舉例來說，有了Pirc，婆婆媽媽從報紙上剪折價券的刻板印象，或許不久後就會消失。

有一個元素影響著未來銀髮市場的所有創新，那就是消費者想完成的工作。當林多佛那樣的女性有工作要完成，例如在不犧牲個人獨立生活的前提下，定期補充食物櫃庫存，那麼輔助生活住宅提供的套裝產品，問題就不只是價格過高而已。套裝產品提供的額外「好處」，讓想避開那些東西的消費者失去興趣。此外又如凱西那樣的女性，當她們需要和更多同年齡的人來往，但又認為自己是有辦法社交的「一般人」而不是「病患」時，瞄準「一般人」的服務，才是她想要的。「出門約會」的概念符合凱西心中的自我形象；把人當病患、旨在減少社交孤立的計畫則永遠無法打中她的心。

在不久的未來，帶來美好高齡生活的產品與科技，基本上必須迎合林多佛與凱西那樣的女性，尤其必須服務到巴比艾瑞等照護者，以及巴比艾瑞的母親等被照護者。相關產品透過破壞或單純改良先前的版本，有可能徹底顛覆美國及其他地方的市場現況。就連由大型企業主導的日本，現存公司也有理由擔心自己地位不保。二〇一六年年初，日本頂尖群眾募資平台「ReadyFor?」宣布，旗下超過三分之一的計畫由女性提出，而女性又占所有捐款人的一半。創辦人米良はるか（Haruka Mera）在東京念大學時成立「ReadyFor?」，成功的部分原因要歸功給採取網站營運模式：不好意思請熟人資助個人目標的使用者，可以安心靠「ReadyFor?」尋求贊助。[55]換句話說，這家公司本身的設計者，以及公司協助的對象，恰巧都是最了解女性的女性，她們相當清楚如何協助女性消費者達成自己想做的事。好上加好，成功帶來了成功，推動良性循環。

熟齡女性比男性更不受制於目前的老年論述，她們持續增加的需求將提供燃料，帶著我們走向更美好的晚年。駭客的洞見，以及駭客或老年照護者中的先驅使用創新者的洞見，將是讓一切能夠開始的引擎火花。

企業、政府、非營利組織必須協助推動這個過程，否則會被時代的巨輪輾過。方法其實很簡單，只是不能口惠而實不至——真的得掏錢投資女性，也能夠讓女性擔任重要職位，留住出色的女性工作者（尤其是當她們進入熟齡或必須擔任照護者時），或是投資扶植她們成立的公司。

創投界或許會逐漸出現改變。薛因曼提到愈來愈多基金正在追隨他的腳步，投資非傳統創業者：「現在有其他突然冒出來的基金瞄準相同的利基。」過去五年間出現的變化是「冒出大量有明確目標的小型基金」。大型A輪資金開始整合，減少種子投資，也因此相較於一次就達數十億美元的大基金，開始流行資本僅數千萬美元的「微型基金」（micro-fund）。薛因曼表示，「爆炸性創新會發生在那裡」。

不可避免的是，部分微型基金也試圖採取薛因曼的做法。「目前還沒有人大膽到偷用我講的話——或是借用。」薛因曼語氣放緩，不過顯然微型基金也看好中高齡創業者。「微型基金很小心，不跟我講一樣的話，也因此他們的表達方式略微不同，他們會說自己投資的是『極度有經驗的工程導向團隊』什麼的。」不過儘管用語不同，「你看得出他們打著相同的算盤。」

薛因曼原本獨占了一片藍海，但現在大家紛紛跑來，我好奇他是否感到困擾。薛因曼表示那絕不是問題，事實上「資本愈多愈好」。過去，如果他想投資中高齡創業者成立的公司，又不想獨自扛下全部風險，他會找有財力的友人聯合贊助，但近日「我找得到很多說『OK，我們感興趣』的資本」。

薛因曼講話面面俱到。他也承認以傳統方式做創投，搶著投資年輕創業者，的確有其價值。「大家選擇那條路，有很多非常合理的原因。」薛因曼分析，年輕創業者通常能夠破釜沉舟，也因為還是新手，需要建議，通常會與資金提供者保持暢通的溝通管道。「年輕人創造出驚人的價值，對吧？這點你無法反駁。」

薛因曼喝下一口健怡可樂。「然而另一方面，那不是賺錢的唯一門路。我將證明——不對，我已經證明，並且我將進一步證明，不是只有年輕人才行。」

第三章 兩個「老人村」

葛雷格低頭看自己的腳，皺起眉頭。他已經在副駕駛座上坐了好幾個小時，跟著父親肯開過一個又一個草坪平整翠綠的安靜優雅街區，想找到祖父老肯被偷的車。這名正在放假的大一新生喃喃自語：「真糟糕，我竟然穿夾腳拖，應該換運動鞋才對。如果找到那個偷車的臭小子，要抓他可有得跑了。」

時間一分一秒過去，抓到小偷的可能性愈來愈低。太陽垂掛天邊，光線太刺眼，肯拉下遮陽板。父子倆想的是同一件事，不過誰也沒說出口：時間拖得愈久，就愈不可能找回被偷的車。等他們空手而歸，老肯鐵定會滿臉失望。

兩人駛過一個街角，看到了！目標正在逛大街。肯往路旁開，葛雷格跳出還在行進間的車，衝上前去，一掌拍向失竊車輛的擋風玻璃，大喊：「停車！」肯猛然往右轉動方向盤，包夾被偷的車，意外發現竊賊不只一個，而是三個。眾人面面相覷。

坐在前座的兩名小偷十七歲，開車的人身材瘦小，畏畏縮縮，但副駕駛座上是個看起來不好惹的大塊頭。兩個小偷緊張的對望一眼後，各自下車逃逸。

肯跑上前，抓住駕駛衣領，從頭到尾都縮在後座的孩子趁機逃之夭夭，一路奔向市鎮廣場，大塊頭則往林子方向跑。

小偷插翅也難逃。葛雷格是校隊運動健將，飛也似的往前衝，一把自背後擒拿住大塊頭。大塊頭試圖掙扎起身，還舉起拳頭想反抗。

「想都別想。」葛雷格說，「我一下就能解決你。」葛雷格可不是在虛張聲勢，只不過他們人不是在盜匪橫行的美國舊西部，而是全球最大的退休社區「村莊」。這地方是有規矩的，這些兔崽子偷了他爺爺的高爾夫球車。

讓我們先暫停在這個抓小偷的場景，飄浮至「村莊」上方悶熱的佛羅里達中部半空，鳥瞰一下四周。

在上空盤旋時，首先你會注意到下方是錯綜複雜的高爾夫球道，地貌有如祖母綠顏色的阿米巴變形蟲。「村莊」退休社區提供高達六百三十洞的高爾夫球場，行銷部門會開心告知訪客那是全球第一。[1]高爾夫球道四周坐落著總數達五萬以上的獨棟房屋，[2]幾乎每一棟都一模一樣。此外還有整齊劃一的翠綠草坪，車道一塵不染，義大利麵掉地上再撿起來吃都沒問題。私人車道再加上高爾夫球車的公共道路，總長超過一百六十公里的柏油路朝四面八方延伸，[3]穿越公路，經過要道下方的隧道，串起各條路線與住家，連接三個經過總體規劃的市鎮廣場、數量眾多的游泳池、健身中心、社區中心、幾座釣魚池，以及一座馬球場。「村莊」裡幾乎家家戶戶都至少有一台高爾夫球車，住戶出門都靠此車代步。市鎮外圍的高爾夫球車車道，一路通往不計其數的超市與大賣場。

最後，看一眼「村莊」家家戶戶不可或缺的高爾夫球車，[4]多達五萬輛，緩緩行駛在大街小巷。「村莊」居民曾經一度為了好玩，辦了一場全世界最長的高爾夫球車遊行，登上金氏世界紀錄。[5]

退休人士齊聚「村莊」，隨心所欲過著舒心生活，與世隔絕，幾乎碰不到五十五歲以下的人。社區以驚人速度成長，近年來尤其一飛沖天。二〇一〇至一五年間，「村莊」人口多了不只一倍。本書寫作當下，近十二・四萬人住在裡頭，[6]連續四年榮登全美成長最快速的都會區。[7]二〇一一年時，也就是美國近年新屋銷售最糟糕的一年，「村莊」宣布他們的銷售占全國總額近一%。[8]

人們為了一個非常好的理由成群湧入「村莊」：「村莊」讓居民快樂。社區外觀呈現獨特美感，鄰居都是可敬人士，一輩子努力工作，也因此退休後得以享受「村莊」提供的悠閒生活。

然而，「村莊」也令我抱持懷疑態度。原因不是我對那裡的生活方式有什麼意見；我認為每個人都有權決定自己老年要怎麼過，誰也沒資格告訴別人應該怎麼過日子（再說了，前文提過我是吉米·巴菲特的歌迷，真正的巴菲特粉絲不可能因為想過得輕鬆自在而遭受良心的譴責。事實上，巴菲特甚至宣布他計劃要依照自己的歌提到的「瑪格麗特村」〔Margaritaville〕，打造一系列陽光燦爛的退休社區），[9]我擔心的其實是「村莊」強大的論述力量。這個地方占地如此遼闊（比曼哈頓還大，而且持續成長），描繪的生活願景又是如此鮮明、如此熟悉，一旦你知道世上有這樣一個地方，其他地方就顯得黯然失色。如此龐大的敘事力量，很可能扭曲我們對於老年時應該追求哪些事物的看法，使得人們考慮老年的生活地點與方式時，不免帶有偏見。企業試圖了解熟齡消費者的渴望時，更是會因此偏離方向。

想像一下，你置身在全世界最高級的餐廳，但突然間，全部的燈都熄滅了，伸手不見五指。你先前聽說過，這裡的菜單上列著各式山珍海味，許多是你沒嘗過的美味佳餚，但你看不見菜單上的字。接著，隔壁桌的蠟燭突然亮了起來，不過其他地方依舊一片漆黑。你轉頭發現蠟燭照亮的地方，擺著你這輩子看過最誘人的牛排馬鈴薯餐，牛排軟嫩到可以用叉子切，馬鈴薯微微發出金光，耀眼奪目。然而不管怎麼說，那只是常見的牛排與馬鈴薯，而你現在有一生僅只一次的機會可以嘗試新菜色。你會點什麼？

我個人其實喜歡牛排和馬鈴薯，可能還有點過於偏愛。然而，對於想嘗嘗看鵪鶉蛋或血腸的人，甚至是對肉丸義大利麵感興趣的人來講，因為只能確定牛排是菜單上一定有的東西，所以目前只好選擇它，實在是太可惜了。「村莊」提供的生活方式，就像那道唯一被照亮的牛排晚餐。對許多正在尋找可行的晚年生活方式的人來講，那似乎是唯一可靠的理想選項，只因為那是最容易看到的選擇。

沒能力想像「村莊」以外的生活方式，對產品開發者、設計師、行銷人員來講尤其不妙。理論上，靠著重視消費者想完成的工作，銀光經濟創新者就能跳脫老年論述，不只照顧到基本需求，還照顧到更高層次的目標與渴望（企業有時甚至爭相定義明日的銀髮族想要的事物）。然而，要是創新者考量消費者的渴望時，一開始就立刻把「村莊」當成答案，那麼一切將徒勞無功。年輕的產品設計師如果內化那種想法，認定每一位年長人士都想生活在陽光燦爛、悠閒舒適、與其他年齡層的人隔離開來的退休社區，不知不覺中，設計出來的東西就會朝那個方向走。「村莊」這樣的社區可能因此間接導致許多生活產品未能符合多數中老年人的渴望。「村莊」雖然能見度超高，它提供的生活模式其實不是大家都想要的——至少不是全美國銀髮族都想過那樣的生活。美國六十五歲以上的人士中，八十七%寧願在自己家中與社區裡「安詳老去」，不想搬進退休村。五十至六十四歲的人士中，有七十一%也抱持相同想法。[10]

儘管如此，的確喜歡「村莊」的少數人士是真心喜歡，而且很容易看出他們為何喜歡：那裡的生活令人覺得是理想生活。當社會上沒有一個大家公認最理想的晚年生活方式時，「村莊」提供的模式十分誘人。在一片漆黑之中閃閃發光，代表可行的做法。不幸的是，「村莊」一枝獨秀的結果，會害得其他還在探索可能性的晚年生活模式相形失色。銀光經濟企業要是在提供產品時，認定所有的顧客都想住進「村莊」，其他希望過不同生活的銀髮族，可能得不到必要的生活工具；把老年人當成社會貪婪吸血蟲的看法，也會不斷在我們心中強化。最糟糕的是，就在我試圖向各位說明的當下，認定老人揮霍國家慷慨提供的社會安全福利金，住進景色優美的年齡隔離天堂的看法，正在造成世代衝突——同一時間，抱持撙節看法的政治人物，大概正在考慮削減福利支出。

簡而言之，雖然從產品的角度來看，「村莊」達成值得讚許的目標，讓銀髮族幸福快樂；但從概念的角度來看，「村莊」有可能從根本上使我們無法提出更理想的高齡論述，妨礙銀光經濟發展。不過，那不代表希望理解明日高齡社會的企業，不能從「村莊」那兒學到東西。相較於其他所有的高齡生活模式，「村莊」顯得明確又誘人，也難怪當社會面對著「老年」這個陌生階段，「村莊」會受到萬眾矚目，令新居民等不及要搬進去。

在未來，任何成功的老年願景也將具備「村莊」的特質，滿足社交需求。事實上，有一個值得注意的新起之秀，已經在試圖定義新的老年生活方式，也有部分年長人士深受吸引。這個社區也是某種村莊，但沒有「村莊」最明顯的缺點。這種新型社區由銀髮族替銀髮族打造，卻能讓不同世代和樂融融的生活在一起。對於產品設計師及其他創新者而言，本章後半部要介紹的「第二種村莊」是很好的起點，讓人了解簡單明瞭、令人嚮往的老年景象。

不過，第二種村莊及其他版本的高齡生活能否與「村莊」相抗衡，成為主流論述，尚在未定之天。評估可能性之前，首先我們得追本溯源，探討「村莊」為何如此引人入勝。讓我們先回到「村莊」的街道與高爾夫球車道，了解一下為什麼退休人士願意放下一切，搬進「村莊」，移居後又會出現哪些問題。

「村莊」的生活方式

「村莊」並不是一開始就標榜迷你車與度假生活，最初其實是一九六〇年代晚期的一樁投資失誤。密西根土地投資客哈羅德・施瓦茲（Harold Schwartz）透過郵購方式，出售佛羅里達的小面積森林、農場與牧場，然而一九六八年時，聯邦政府下令禁止郵購買賣土地，害得施瓦茲進退兩難，只好和合夥人在自己持有的大片低價土地蓋起行動房屋公園，後來成為今日「村莊」最早開發的地區。那片行動房屋公園或許是因為前不著村、後不著店，以致買氣低迷，經過十年努力後，一共才賣出四百個單位。[11]

一九八三年時，七十三歲的施瓦茲到亞利桑那州，探望住在太陽城退休社區的姐姐，終於想到解決燙手山芋的辦法。太陽城是德爾・韋伯（Del Webb）興建的大型退休社區，是全球首創之一。太陽城和施瓦茲手上的地一樣，是一座離附近所有城市相當遙遠的孤島（當時太陽城所在地鳳凰城尚未繁榮），只不過太陽城的荒野裡爬的是美國毒蜥，而非加州短吻鱷。然而，和施瓦茲的行動房屋公園比起來，太陽城景色優美，房屋、池子、道路都經過良好規劃，更重要的是整個社區人數夠多，又提供各種活動，吸引力十足，想在那裡買房子的人絡繹不絕。太陽城跟佛羅里達的未開墾地不一樣，不是人們遠離塵囂的地方，而是人人想抵達的熱門目的地。

同一年，施瓦茲買下合夥人的土地持份，找兒子蓋瑞．摩爾斯（Gary Morse）一起，在佛羅里達興建新的「太陽城」。父子倆必須想辦法聚集人潮，吸引到第一批關鍵的買房人，讓他們口耳相傳，回北方揪團，昭告親朋好友：一起搬來南方吧，這裡天氣比較好。

摩爾斯心生一計，指示造景師開闢西瓜田，鋪好修剪整齊的茂密草坪，挖出池塘與沙地，最後在地上挖了九個小洞，插上旗杆，大肆宣傳居民可以「免費打高爾夫」！

在接下來「村莊」飛速成長的數十年間，「免費打高爾夫」一直深植於「村莊」的DNA中，今日有三十六座「適合商務人士」的半場九洞高爾夫球場，「免費」開放給居民（其實已包含在每戶每個月要繳的一百四十五美元「設施維護費」中），另外還有十一座十八洞至二十七洞的「錦標賽」場地，凡是住戶都可打折。[12]「村莊」的生活圍繞著高爾夫球打轉，除了可以吸引高爾夫球迷，順帶還解決了一件更為重要的事：占地遼闊的「村莊」裡，高爾夫球車無所不在，年長者不愁沒交通工具。居民可以靠自己的高爾夫球車進城，不必倚賴他人。此外，許多年紀太大必須重考駕照但沒通過的人，可以開不需駕照的高爾夫球車。這點成為「村莊」的主要賣點。

「村莊」居民不打小白球時，可以到附近的泳池和健身中心；網球、匹克球、地板滾球等各種運動場地樣樣不缺。每星期有超過一千種開放給居民的每週活動，由「娛樂部門」專人規劃。[13]晚上時，大家在家裡舉行聚會。酒吧與夜店等場所熱鬧如大學城，只不過客人會早早上床睡覺。葡萄酒像啤酒一樣川流，啤酒像水一樣川流——某幾間餐廳甚至鋪設地下管線，直接接收來自「村莊」一間中央小型釀酒廠的酒，只要三美元就點得到馬丁尼。

雖然不是人人都愛，目前這種休閒與消費導向的生活方式，在部分銀髮人口中獲得極大回響。「退休」這個人生階段正在逐漸消失，愈來愈多人過了六十五歲後依舊想繼續工作，或是轉換跑道，到新領域找工作，也或者改成兼職。不過，目前仍有大批人口在屆齡後永久退休，這群人煩惱著一世紀以來相同的身分轉換問題：沒了工作，你是誰？客廳資深副總裁？浴缸司令？如果你不知道自己扮演什麼身分，怎麼知道早上起床後該做什麼？

退休帶來的無所適從，今日或許還比一九五〇與六〇年代更加嚴重；當時的解決辦法是把退休當成「黃金歲月」，然而今日退休後繼續工作的人，他們有時工作，有時休息，也因此碰上昔日永久退休的人很少需要考量的問題。此外，從前主要是男性在收到退休紀念金錶後面臨身分危機，現在則是男女都會遭遇相同的問題。人生下半場的各個面向正在產生變化，科技在進步，消費者態度與需求在轉變，人們愈來愈長壽，宗教和社區等制度正在瓦解，家族各代成員散居各地，孩子愈生愈少，離婚率上升——突然間，我們逼近傳統退休年齡時，眼前的景象和從前設想的不一樣，前方是未曾探索的區域。

無邊無界的未知區域讓許多人無所適從。社會學家大衛．萊斯曼（David Riesman）在一九五二年談休閒與消費主義的論文中提到：「拓荒者往往得付出代價，孤身活在不便之中。」[14]如果說邊境生活的確如萊斯曼所言「令人尷尬」、「模糊不清」、「漫無目的」，沒人去過的退休前線尤其如此。在中年有事業，就像是生活在小鎮上：不論你是肉販、麵包師傅、理髮師，還是做燭台的，你知道你在同伴中的位置。然而，跑到城市界限以外的地方——或是活到超過退休年齡——那些職業標籤不再重要，荒野帶走社會強加在我們頭上的身分。然而，如果是為期一週的露營，帶來解放的感受；但要是變成永久狀態，則使人感到惶惶不安。也難怪有人前進到老年拓荒最前線時，急忙退回井然有序的大型聚落。

然而，「村莊」如何令人感到井然有序，需要抽絲剝繭一番才能明白。部分考慮搬進「村莊」的人士，看到裡面的居民似乎很享受，便開心的跟在後頭，展開雙臂，擺出舞姿，一路跳著華爾滋進去。不過，也有人躡手躡腳悄悄潛入，有如踏進陌生酒吧的牛仔，四處觀望，生怕碰上黑店。綽號「老大」（Smoke）的「村莊」居民唐納．希金曼（Donald Hickman）是第二種人。老大（後文直接叫他的綽號，這麼帥的名字不用太可惜）不太會主動提起自己的豐功偉業，不過他在美國海軍的長期卓越生涯，最終讓他升到少將，並在職涯尾聲接掌「海軍系統供應指揮部」，負責監督重要的海軍供應鏈現代化。老大是軍人，退休時間很明確。他在退役前夕決定好好規劃一番，以萬全準備回歸平民生活。

老大表示，不再全職工作「的確是我的一個目標」，然而卸下工作後，就得問自己想成為什麼樣的人，該如何利用時間。老大說：「你定下目標：『我要退休』。好吧，但接下來要做什麼？」此外，同樣迫切的問題是：「以後要住哪裡？」

老大今日輔導剛退休的人士克服相關問題，不過十年前他自己退休時，還以為都做好準備了。他和妻子搬到位於佛羅里達傑克森維爾（Jacksonville）的一棟海灘別墅，但夫妻倆很快就發現，那裡很無聊。老大提到：「我們早上起床，在沙灘上散個步，回家，大眼瞪小眼，晚上再度回到海邊散步。每天早上，每天晚上，沙灘上都是同樣的那幾個人。不管還能再活幾年，我都不想過那種生活。」

夫妻倆於是重新評估晚年生活，跑遍全佛羅里達，尋找有更多活動的地方。「我們不時到『村莊』拜訪朋友，對這裡印象深刻。房子本身沒什麼，其他社區有更棒的，但這裡有很多活動。」「村莊」提供數也數不完的俱樂部餐會、遊戲、體育賽事，還有地方報《村莊太陽報》（*The Village Sun*）每天刊登的其他新鮮有趣的活動。聽起來很不錯，不過老大夫婦擔心又會像上次一樣，搬進去後才發現其他問題，所以沒有一次押上全部身家，先買小棟的就好。老大說：「這個地方就像一場美夢，好到不像是真的，因此你會一直說：『一定哪裡有問題。』」

也難怪外界會帶著懷疑眼光看「村莊」。首先，那裡的生活成本低到像是一場騙局：房子算是相當便宜，而且每月一百四十五美元的設施維護費（外加小額保證金）就包含一切，可以使用高爾夫球場、健身中心、游泳池，Happy Hour 時段的啤酒比汽水還便宜。此外，新聞媒體把這個地方當成奇聞逸事在報導。各位如果比「村莊」瞄準的族群年輕，又在讀到本文前就聽說過這個地方，大概是因為媒體以獵奇心態，報導此地在二〇〇〇年代尾聲飆高的性病感染率。[15] 提到「村莊」的文章與節目，通常都是報導此類聳動細節——要不是性病，就是五光十色的酒吧，或是造假的史蹟標示牌。不過，考慮搬進「村莊」的人，還有其他更需要擔心的理由，例如「村莊」的開發商經營多家地方媒體，包括電視、報紙、電台，而這些媒體通常不播新聞，而是成為行銷「村莊」的工具＊。[16]

＊以當地報紙每個月附贈的雜誌為例，二〇一六年七月號的封面故事是市民第一銀行（Citizens First Bank）的主題報導〈家鄉金融業過二十五歲生日〉。「村莊」絕大多數的貸款業務都由該銀行承辦，是「村莊」開發商的子公司。[17]

對「村莊」最嚴重的指控，大概來自記者安德魯．布萊希曼（Andrew Blechman）撰寫的《休閒之都》（*Leisureville*，本章提到的部分歷史事實取自該書）。[18] 書中指出，「村莊」因為沒有孩子，是躲開地方學校稅*的避風港。或許讀到與看到「村莊」的新聞時，令人感到不妥之處在於那裡「很墮落」、「追求享樂」，造成社會退步；況且那裡的居民拒絕替孩子的教育買單。

儘管有種種負面傳言，老大表示，他們夫妻依舊在十年前搬進「村莊」，「看看有什麼不對勁的地方」。六年後，他們升級到更新、更大的房子，永久定居下來。如果說這個地方真有什麼蹊蹺，他們尚未碰上。就連在重挫佛羅里達其他地區的房市泡沫之中，「村莊」的房價依舊表現強勁。此外，當初讓老大夫婦願意加入的「村莊」生活，不曾因為日子久了就品質下降：高爾夫球車道依舊乾淨，草坪依舊翠綠，其他居民依舊友善並熱情參與活動。最重要的是「村莊」解決了老大的身分認同問題。居民在離開職涯後留下的空缺，「村莊」並未提供可以彌補的替代品，但「村莊」透過前衛的方式，帶來某種形式的平等，進而減

---

*譯注：美國持有房產者需繳納學校稅，用以支持地方公立學校。

少此類身分替代品的需求。

「村莊」居民花在轎車上的時間比高爾夫球車少，各種食物的價格都在負擔得起的範圍，每家的房子全都大同小異。在這樣一個世界，大家不流行炫耀性消費。「村莊」居民最能炫耀的事，頂多就是改裝高爾夫球車，然後希望有人會發現（「村莊」裡每一個人都看過那台忠實複製成悍馬〔Hummer〕外形、但大小僅三分之一的黃色高爾夫球車）。也或者你想的話，可以購買社區裡坪數大一點的「頂級」住宅，但搬進「村莊」的民眾，大都想住小房子，因此會選擇樸素的平房。算一算，大家能比的東西大概就只有那樣，至少以錢能買到的東西來講，「村莊」裡很少有可以明顯看出階級的東西。「村莊」裡雖然有其他許多可以享受的好東西，但全都是大家一起共享。不管你收入多少、存款多少，每一個人都享有平坦發亮的道路、高爾夫球車道、健身房、游泳池、物美價廉的餐廳。多座高爾夫球場至今依舊免費，就算要收費，價格也讓人負擔得起。馬球場裡，每一個人都可以聲援從外地請來的家鄉球員——那是全社區一起享受的奢侈活動。

老大的鄰居珍・博德里克（Jane Boldrick）表示：「『村莊』的開發商有願景，提供一個地方，讓先前有事業、退休金和撫卹金的人，再添上社會安全福利金，就能過得和百萬富翁一樣。」另一名「村莊」居民甚至說，房子如果是一次付清買下，甚至可能光靠社會安全福利金，就能夠住在這裡。

老大在軍方嚴格的階級體系裡待過數十年，「村莊」的平等氣氛是他想留下的主因。他說：「每個人平起平坐，我很喜歡。從來沒人問我：『你以前是做什麼的？』這裡沒人會賣弄，開口就是『我以前是某某長』。有些人把頭銜看得很重，喜歡端架子，但這裡沒人在乎你的過去。」

如果要比喻的話，「村莊」裡大家都一樣，不像獨立生活住宅，比較像大學宿舍，王室後代和各行各業的民眾住在一起，大家地位平等，一起參加活動，物質方面相當舒適，退休帶來的心理問題變得沒那麼迫切。進行社交活動的時候，你是有錢人還是中產階級不重要，你以前做哪一行也不重要。當情況像老大所說的一樣，沒人在乎你以前是「某某長」，也就沒必要靠事業成就來自我標榜。人們不以你以前做過什麼來定義你，你現在做些什麼才重要。此外，由於多數時候「你現在做的事」，幾乎等於「你做什麼社交活動」，搬進「村莊」的人社交生活通常會豐富起來，平日的行事曆上是排得滿滿的聚會，節慶時更是繽紛多采。十二月三十一日下午，本章開頭提到的追高爾夫球車的父子檔，他們家的老祖母李談起跨年夜的計畫。

「我們會拜訪好幾家人，每個人都要帶東西過去。」李表示。第一家的女主人會提供酒，

「其他人只要帶空酒杯就行了。接著我們到下一家吃開胃菜，再到下一家喝咖啡、吃甜點。最後一家提供香檳。從頭到尾都在附近的街區打轉，太好玩了。大家在外頭走來走去、說說笑笑，有的開高爾夫球車，有的走路。」李大笑，接著安靜下來。「之前有人過世，我們辦了一場『慶祝還活著』的派對。我端著砂鍋菜走在街上，有感而發的想著：我們的生活就像是《大草原之家》*講的故事嘛。」

「村莊生活」（The Villages life）是「村莊」居民經常提到的字眼。「村莊生活」使眾人敦親睦鄰，知道自己每一天要從事哪些活動。從這個角度來看，「村莊」給了離開職場後的模糊人生面貌一個明確的答案。然而，那樣的生活吸引力真的那麼大嗎？先別管寧願留在住了一輩子的房子與社區養老的民眾，對於退休後願意搬進老年社區的人士來講，「村莊生活」究竟有多誘人？

從喬蒂．艾略特（Jodie Elliot）的回答來看，答案是「非常誘人」。艾略特和先生就住在「村莊」外頭，她目前四十五歲左右。先前艾略特的父母從波士頓郊區搬進「村莊」，

---

*譯注：*Little House on the Prairie*，一九三五年出版的小說，敘述早期美國家庭到大草原開墾荒地、居民相互扶持的故事。

艾略特原本也想跟著搬進去，但她有兩個小孩，兒童只能以訪客身分拜訪「村莊」，不能定居。艾略特夫婦退而求其次，在緊鄰「村莊」大門的一塊地蓋房子，等著能搬進「村莊」的那一天來臨。他們的房子和「村莊」內的房子非常像，四邊是加裝紗窗的夏威夷拉奈島（lanai）式的露台和灰泥牆。主要的不同點是艾略特夫婦的房子比較大，有二樓，樓上是臥室，還有一個同時充當遊戲室與書房的房間。

艾略特表示，「我們本來想住在好學區，打算搬到離機場比較近的區塊。」不過，他們夫婦跑來研究「村莊」後（當初以為只會來度假），很快決定：「我們可以直接住在這裡！就住這吧。」目前艾略特指導孩子在家自學，先生羅伯特（Robert）也在家工作。

「我們希望提早退休。這些年來，我們不裝第四台，不買頂級新車……存下退休金。可以早點退休比擁有那些東西好，反正平常我們沒那些東西，也都過下去了，但要是可以早點退休……就可以玩了！我們可以騎車，想做什麼就做什麼！」

艾略特一家人已經擁有高爾夫球車，也因為父母的緣故，擁有「村莊」的貴賓通行證，但依舊渴望搬進大門之內。

艾略特夫婦的女兒剛滿十歲，艾略特說：「再過不到九年，我們就可以搬進去，到時候女兒就十九歲了。」（「村莊」允許十九歲至五十五歲的成人入住，只是不能持有「村莊」

的房產。）「只要再等八年十個月——現在幾點？——又三小時，就可以搬了。沒錯，我們絕對會搬進『村莊』。」

艾略特半開玩笑倒數孩子多久後才會成年，「村莊」對她來說顯然極具吸引力，儘管她目前才四十五歲。從她的角度來看，「村莊」不是臨死前的天堂等候室——「村莊」就是她最終的目標。

對艾略特這樣的人來講，「村莊」魅力無窮。蘋果新產品上市前，人們會在店外紮營排隊守候好幾天；可是看看艾略特一家人，等到他們終於能搬進「村莊」時，早已在外頭紮營超過十年。

世代衝突的源頭

「村莊」居民認為自己的社區井然有序、魅力無限，但出於一個重要理由，「村莊」不會是明日所有老人的生活方式。「村莊」內部或許有辦法維持自己的生活模式，然而此類社區與外界的關係本質上並不穩定，而且日後大概會雪上加霜。

如果再度以美國拓荒來比喻，大家很容易忘記，其實前人已經做過不下數十次的生活方式實驗，包括超驗主義者、烏托邦社會主義者、自由性愛者、素食主義者（吃素一度被視為奇怪的事）、無政府主義者，以及抱持其他各種主義的人士，然而相關實驗型社區幾乎都失敗了，鹽湖城的摩門聚落是少見的例外。出於種種原因，例如性格衝突、權力鬥爭、天災、戰爭、疾病，或單純只是因為美國社會逐漸往西部擴張，拓荒實驗消失不見，最後只剩在面對野性與人性時依舊能維持穩定的團體。

新長壽生活的拓荒聚落也一樣。不論地產開發商做了多詳盡的規畫，人性最終會凌駕一切——就連「村莊」也不全都是歡樂時光與一桿進洞。「村莊」的黑暗面讓我質疑「村莊」能否永續，而一切要從偷了老肯家高爾夫球車的孩子談起。

運動健將大學生葛雷格制住偷車賊中塊頭最大的一個，抓著對方的T恤，一路拖回父親肯的車子旁。中途碰到一名女性路人，和他們一起痛罵那個孩子，還要葛雷格千萬不能放他走。在此同時，肯找到妻子賈姬，賈姬打電話報警，不久後就來了三輛巡邏車。

肯說：「我們抓到的小毛賊，一個不停罵髒話，另一個流血了。」第三個小賊則溜走了。警察盤問另一個同夥長什麼樣子，便到鎮上尋找符合描述的嫌疑犯。

肯說：「警察抓住鎮上一個大孩子。」結果發現搞錯人了，放走誤抓的人，後來才找到真正的小賊。

一問之下才知道，被抓的其中兩個孩子是兄弟，他們的父親那天早上剛出獄。另一個孩子監護權在祖父手上。偷高爾夫球車是常見的少年小型犯罪。賈姬說：「他們偷走高爾夫球車，開到沒油，或是開到果汁喝完了，就把車推進湖裡、池塘裡，或是任何地方。」被逮的孩子那天顯然是故意出門搗蛋。肯說：「開車的是個小屁孩。被警察逮到的時候，他還得意洋洋的說：『那台車已經被我們弄爛，我們開過很多減速丘』。」法官要那些孩子寫悔過書，但賈姬表示一直沒收到。

肯說：「故事基本上說完了。車拿回來了，我們變成英雄。」基本上的確就是這樣，但還有一個問題：除了青少年通常愛搗蛋，「村莊」的孩子為什麼要故意破壞別人的東西？背後顯然有多重原因，包括社經地位差異，以及出問題的家庭模式，但跡象顯示還有其他原因：在「村莊」及其他類似的退休社區，雖然設備可能是第一流的，孩子卻被視為二等公民。

距離「村莊」東南方兩個半小時車程的地方，有另一個給五十五歲以上人士居住、不對外開放的「伍德菲爾德」（Woodfield）退休社區，孩子每年不得在那裡住超過三十個晚上，但不限制白天的拜訪。六十三歲的巴斯卡・巴羅特（Bhaskar Barot）在二〇一三年十一月以前好好的住在那裡，偶爾在家帶一下四歲孫女。然而，在十一月十四日早上，那份寧靜被打破了。巴羅特早上醒來時，發現自己的豐田 Camry 和妻子的灰色多功能休旅車，引擎蓋和車身被噴上斗大的字，有如幼兒園小朋友筆跡的塗鴉歪歪扭扭寫著：「小孩止步」。[19]

記者布萊希曼在《休閒之都》指出，人們普遍不喜歡跑進「村莊」的孩子。一名年約十二歲、來自附近小鎮的男孩告訴布萊希曼：「每次我在那裡溜滑板都會惹麻煩。我沒看到有牌子說『不准溜滑板』，但他們還是收走我的滑板。」[20] 問題不在於住在退休社區的人討厭孩子，至少大部分的人不討厭。一名退休住宅建商告訴布萊希曼：「問題出在他們不喜歡別家的孫子在游泳池裡尿尿，有的小孩很皮。」

然而，退休社區無法把孩子拒於門外。「村莊」和多數分齡社區一樣，在營運的頭十七年不設學校，但隨著「村莊」不斷成長，眾多商店、餐廳、電影院一家家的開，開發商的營運項目愈來愈複雜，招募員工開始變成問題。如果是較為單純的封閉退休社區，員工一般都是從外頭開車進去上班，下班後再開車回家。然而「村莊」幅員廣闊，距離其他人口集中的地區又太遠，無法採取那種模式，必須讓員工住在「村莊」內，白天還得為他們的孩子提供托兒與教育服務。值得稱讚的是，「村莊」並未逃避義務，替員工的孩子蓋了很好的學校。學校大樓閃閃發亮，周圍的田徑場和附近的高爾夫球場一樣綠草如茵。

那些學校和運動場證實，所有的社區都離不開孩子。然而，除了「村莊」員工的孩子，居民依舊不能讓自己的孩子住在那裡——理由是為了維持社區的祥和與寧靜，享受只有成人的對話。最說得過去的理由，則是趁機遠離愈來愈只關注年輕人的媒體與廣告。村民除了共用奢侈品，享受「有錢人的生活」，避開比較心態，也能夠閃躲社會文化對於老年人的鄙視。美國文化不假思索的讚揚年輕，毫不留情的貶低年老。從這個角度來看，「村莊」感覺像是人間淨土。然而，把年輕人拒於門外得付出代價。當孩子在歧視他們的環境中成長，也就難怪有的孩子會想作怪，而那些高爾夫球車看起來又很好玩。

把青少年破壞他人物品的行為，怪罪到退休社區的規定，似乎不太公平——還有，沒錯，許多分齡社區都碰上小混混的問題，不是只有「村莊」而已。然而，各位可以想一想，限制年齡的退休社區是美國唯一得到聯邦法律保護的居住歧視，[21] 相較於其他所有類型的社區，它們把自己孤立起來。就連十九世紀的實驗性拓荒小鎮都收留孩子。當奇怪的行為出現在奇怪的社會結構，可以合理懷疑那些社會結構要負起多少責任。

我不是太擔心退休社區居民與幾個青少年之間，可能引發永久的惡作劇戰爭，我擔心的是那樣的對立可能代表著更廣、更深的影響。我們日後回顧這些偷竊與毀損事件時，是否會視為開啓世代衝突的第一槍，如同游擊隊攻擊敵方的交通工具？不難想像這種懷著恨意的小事件逐漸擴大，尤其是在老年人口大增、年輕族群分布產生變化的今日。

在十九世紀末到二十世紀初，老年人口首度被定義成「可敬但可憐」的一群人。自此之後，同樣是靠納稅人繳的錢享受福利，相較於其他族群，民眾明顯更能接受發放津貼給老人：每個人總有一天都會老，因此對付帳的年輕民眾而言，支持老年世代不僅感覺是利他的好事，也像是在投資自己。

然而，這種模式要能維持下去的話，年輕人必須在年長者身上看得到未來的自己，但人口分布不均的現象很快會改變那種看法。美國正在成為「少數族裔占多數」的國家，歐洲及其他地區也出現類似趨勢，大部分的人口成長將來自第一代與第二代移民。除了移民本身帶來的人口增長，移民家庭的出生率通常也較高。[22]在此同時，壽命呈現相當不均的現象。美國[23]、歐洲[24]、澳洲[25]的白人老人預期壽命，高過國內其他大部分的族裔*。兩股趨勢加在一起，結果就是老年人口中白人所占的比例，遠高過年輕人口的白人比例。不爭的事實是，明日的少數族裔年輕人看著身邊的白人老人時，對許多人來講無法感到親近。

把這個可能的世代衝突源頭，放進實際的例子來看：「村莊」是老年論述的燈塔，助

---

*在美國，此一趨勢的明顯例外是人口學家所說的「西裔矛盾」（Hispanic paradox），也就是第一代西裔移民的壽命一般長過白人。不論背後的原因是取樣有偏差（比較健康的人通常也是有能力移民的人），也或者是兩者生活方式不同，但到了第二代，這種情形就消失了。[26]

長了老年人「貪得無厭」的看法：不斷吸走資源的老年高爾夫球迷，靠著處於工作年齡的家庭納稅，享受著「有錢人的生活」。雪上加霜的是，「退休社區是學校稅的避稅天堂」說法，並非完全無的放矢。美國目前已經發生的現象是社區裡老年人愈多，學校支出就愈少，尤其是老年人口主要是白人、學齡人口則是黑人或拉丁美洲裔人的地區。[27]相關趨勢可以回溯至美國第一個大型退休社區：韋伯的太陽城。布萊希曼的《休閒之都》指出，自一九六二年起，太陽城居民在十多年間，十七次投票反對發行學校設施債券，最終造成嚴重的預算赤字，地方學區不得不輪流上課，才得以容納所有學生。為了學生的受教權，最後不得不將太陽城從行政區劃分出去。

除了以上種種原因，最後再把最大的衝突源頭加進去：供養明日的龐大老年人口將十分昂貴，然後祈禱「我先養你、你再養我」的「代間契約」（contract between generations）不會破局。若想要全面性探討未來人口分布情形可能造成的所有問題（假設未來的老年情況和今日差不多），可以參考經濟學家賴瑞·克里寇夫（Larry Kotlikoff）與記者史考特·伯恩斯（Scott Burns）合著的《世代風暴》（*The Coming Generational Storm*），保證讀來心情沉重。兩位作者在書中提出數據，主張要是目前的趨勢持續下去，老年人口增加、出生率下降、醫療成本飆升，光是要讓美國的社會安全福利金、聯邦醫療保險、低收入戶醫療補助計畫（Medicaid）不破產，二〇〇六年以後出生的孩子將得繳雙倍稅金。[28] 日本等其他人口分布更極端、國債更高的國家，稅收問題更是嚴重。

目前已經有人開始支持極端的做法——從配給高齡者的健康照護下手，減少或取消美國社會安全福利金（或是其他國家類似的老人年金）與公共年金。縮減福利帶來哀鴻遍野的效應，持續出現的全球風險將放大，從集體承擔，變成落在個別年長者頭上。由於全球各地由家庭成員組成的安全網破裂，以上這段話是在以委婉方式講述「老人之家將過度擁擠、人手不足，無家老人流落街頭」。[29]

年長者「貪婪老頭」的形象，目前尚有人們家中慈愛的祖父母、未來也會老的自己，以及貧困但可敬的年長者在平衡，然而從目前正在發生的人口與經濟趨勢來看，認為老年族群吸走資源，舒服度日，對自己慷慨大方、對孩子卻吝嗇小氣的看法，有可能毒害整個社會。此種老年觀感要是流行起來，可能激起年輕納稅人的反抗。值得一提的是，偷走老肯高爾夫球車的幾個孩子，現在已經到了可以投票的年齡。

不用說，老年福利要是受到威脅，老年投票團體會群起激烈反抗（他們的團結程度其實不算高，但要是社會安全福利金或聯邦醫療保險可能被砍，他們八成會團結起來）——小羅斯福總統最初對於社會安全福利金的包裝定位，讓民眾深感老年福利是自己應得的權利，[30]老年團體會為了自衛而投票。很快的，美國將發生某種內戰：不是同志相殘，而是孫輩和祖輩的對抗。每個人將忙著選邊站，保護自己的地盤，忘了共同開闢長壽的新天地，無法一起努力讓老年生活有價值。一旦年輕人不願意支持老年人，我們目前在職場、媒體形象、行銷、產品、環境設計等各方面打擊年齡歧視所獲得的進展，很容易在這種情況下一筆勾銷。

雖然對「村莊」居民而言，「村莊」的生活方式井然有序、魅力無窮，對社會而言卻會造成隱憂，帶來我們不想要也不應得的貧困老年（包括物質與精神）。從目前的政治與人口現實來看，「村莊」生活難以長久。企業必須留意，自家的產品與行銷手法要是支持此類願景，甚至是假設一般老年人都想要「村莊」那樣的生活方式，那麼在這類企業所帶來的世界，他們的年長顧客將得不到創業資金，找不到工作，也不可能有其他形式的支持（進一步從顧客的個人生活來看，每年靠佳節檔期大賺一筆的企業高層可能會想思考，世代間彼此不和會讓團圓飯的場面不好看）。

幸好，企業如果想了解明日的銀髮消費者想過什麼樣的生活，還有另一個模式可以充當指引方向的北極星。那個模式和「村莊」一樣，解決了許多相同的高齡需求，但由於那個模式下的年長成員依舊和其他年齡層的人生活在一起，彼此互動，不會帶來「貪婪老頭」

的印象。此一促進銀髮照護與幸福生活的老年願景，或許是史上最前衛的解決方案，卻以低調的方式在各地進行。

事實上，各位居住的城市可能就有那樣的方案，但你從來沒留意，像我就是那樣：此一新型村落最初就在我眼皮子底下冒出來，地點是在從辦公室窗戶望出去就能看到的波士頓市區，但多年來我渾然不覺。

另一個村莊

瓊．杜瑟特（Joan Doucette）在MIT「科赫綜合癌症研究中心」（David H. Koch Center for Integrative Cancer Research）一樓的一家小店啜飲咖啡，身旁擺著靠在腳架上的單車。學校通常會對把腳踏車牽進大樓的人皺眉，但只有鐵石心腸的人，才會不讓杜瑟特推車子進來。她的腳踏車把手上繫著長長的緞帶，輪胎潔白，前面的車籃擺滿鮮黃與嫩粉的花朵。這位七十五歲的單車騎士氣質和自己的車一樣，令人如沐春風。她從手中的芝加哥行程介紹資料中抬起頭來。

杜瑟特告訴我：「我們這一團有二十個人，我們要一起遊河，參觀博物館……接著去俄國茶室，行程很滿。然後我們會去參觀好幾棟摩天大樓，很多人還要去萊特之家*，有太多事要做了。」

在我這個美國人耳裡，杜瑟特說話帶有極度優雅的英國口音，令人聯想起她在英國薩里郡（Surrey）的家鄉。杜瑟特生於一九三八年，年輕時接受保母訓練（「那是女性唯一真正能到處看世界的方法」），後來任職於倫敦的美國大使館，被派到各駐外單位照顧外交官的家人。其中一家的男主人過世時，她和那家人的母親與孩子，從匈牙利移居美國麻州戴德姆（Dedham）。杜瑟特說：「我一直擔任那家的保母，直到我自己結婚、那家的母親也再婚。孩子們現在五十多歲，我們依舊保持聯絡。」

杜瑟特在一九七〇年展開豐富的工作生涯，待過ＭＩＴ校內圖書館、校友關係部、交通研究中心（今日更名為「交通物流中心」），是年齡實驗室的母機構）、產業關係與企業發展部門等等，在ＭＩＴ工作二十五年後，六十二歲退休。

杜瑟特心想：「這下子要做什麼呢？」之後她感覺只是湊巧碰上答案，沒料到自己因

---

*譯注：Frank Lloyd Wright house，二十世紀初期美國建築師萊特故宅，今為歷史觀光景點。

此參與了一個影響深遠的計畫。

杜瑟特退休後沒多久，和先生搬到燈塔山（Beacon Hill），那是波士頓歷史最悠久、從許多角度來看也是環境最優美的一區。他們先前住在一棟小公寓，杜瑟特退休後，帶回一箱又一箱存放在辦公室的物品，這下子家裡沒地方擺，所以決定搬家。杜瑟特不認識任何新家附近的人，有點擔心未來的社交生活，但不久後信箱裡冒出一封信，有人邀請她參加某個叫「燈塔山村」（Beacon Hill Village）的組織。「我先生說：『剛好適合你。』」

燈塔山村本身不是真正的村莊，而是一群燈塔山年長居民的非正式聯盟。他們並未搬進老人社區或養老院，想在最後真的「不行」之前，繼續住在自己的房子，和老朋友來往，在喜歡的餐廳用餐，也能參加地方文化活動。

燈塔山村最初之所以成立，是為了解決成員的需求。許多早期成員見過不甚理想的老年照護方式，希望找出更好的辦法。創始成員蘇珊．麥可溫尼—摩爾斯（Susan McWhinney-Morse）寫道：「我們每個人都親眼目睹親人老了之後碰上的難題：有人住進退休社區後，感到寂寞與被拋棄；有人住在安養院，沒被好好照顧且過度用藥；有人手邊沒多少錢，也沒有親屬可以伸出援手。」[31]

一九九九年時，這群燈塔山鄰居開始想打造不一樣的東西。美國文化昭告人老了之後該做一件事：不論最後是住在獨立生活住宅、輔助生活住宅、退休社區或安養院，你只有一條路可走：搬出自己的家。

麥可溫尼—摩爾斯寫道：「為什麼我們該把自己連根拔起，離開熱愛的社區，只為了『安全起見』？為什麼我們被迫失去自己的過去、親友、身分認同？為什麼在絕對必要之前，就得失去自己的生活方式，只為了融入退休社區？我們的子女為了工作和自己的家庭忙得團團轉，為什麼還要讓他們照顧我們？錢的問題又該怎麼辦？退休社區只適合少數財力足夠的人。我們承認，溫暖氣候與分齡社區的確很適合某些人，但對我們這些人來講行不通，或者毫無吸引力。」

燈塔山村想出的解決方案，雖然無法替每個人完成每一件事，至少開了一個頭。所有成員從一開始便同意，協助彼此完成年紀大了會力不從心的小事，如果是大事則互相幫忙尋求協助。燈塔山村今日靠著成員與年輕人組成的熱心義工團提供不定期協助，例如買菜、家訪、照顧寵物、做輕鬆家事、修理物品等等。如果挑戰度較高，例如涉及健康照護或財務問題，組織也提供可以信任的服務者名單，村落成員通常享有折扣。

一名成員表示：「如果不曉得某件事該怎麼做，打電話給他們就好了。就算連他們都不知道，也會幫忙查。」這位成員買了一台時髦的新電視，然而從店裡帶回家、準備安裝的時候，才發現笨重的舊電視放在很高的架子上，自己搬不下來。她打電話到燈塔山村，找了一位住附近的年輕女性到她家，搬下舊電視，放上新電視，還幫忙處理線路。燈塔山村的年費是六百七十五美元，這項服務要另外加錢，不過那位成員很滿意這次的服務體驗，認為村落推薦的人值得信賴。

燈塔山村也提供通過審查的司機——他們在這個 Uber 稱霸的年代依舊有特別的價值，服務上下車時需要特殊協助的老人家。杜瑟特說：「他們會載你去買菜。如果你動手術，他們會先載你去醫院，再帶你回家。去年九月我換新膝蓋時，有人過來接送我。」

不過，燈塔山村生活最基本的要素，其實是乍聽之下最不重要的一件事：樂趣。

杜瑟特是英國移民，在美國沒有直系親屬。她說自己退休時，「原本以為會很寂寞」，也因此收到燈塔山村邀請函時，她並未盤算自己日後可能需要醫療照護協助，只當成是認識新朋友的機會。

杜瑟特和先生在燈塔山村二〇〇二年首度對外開放時就加入，當時燈塔山村只不過是十幾名退休人士的一時興起，但很快就打下基礎，也與地方上有信譽的商家、服務機構、承包商建立關係。杜瑟特也盡了一份心力，負責幫大家安排社交行事曆——近日活動滿檔。「星期一，電影社來我家。大家喝茶，我放影片，每次大約十個人。星期二，另一群人每個月兩次在燈塔山舒適愜意的切斯納街七十五號餐廳（75 Chestnut）聚餐，談天說地，大都聊劇場和電影，我們笑稱那是『文藝星期二』。再來是每週三在查爾斯街（Charles Street）的餐廳聚會，大都聊新聞時事……接著是星期四，我逼我先生參加給男士的『第一杯』活動。他不是喜歡社交的人，我想辦法要他加入。」杜瑟特解釋，那些活動小組非常受歡迎，她開始在波士頓其他地區安排衛星聚會，「這個週末我們要去芝加哥。」

我最初聽見身邊的人聊起，就在我的MIT辦公室看出去河流的對岸，有一個特別的組織，我的第一反應是抱持懷疑態度。銀髮族彼此協助理論上聽起來很不錯，但我懷疑這種無私的團體實際運作起來能撐多久，畢竟美國拓荒時代為數眾多的烏托邦群居制度，沒有一個留存下來。成員自己都很需要幫忙，還得幫助其他有重大需求的人，建立在這種條件之上的燈塔山村，聽起來注定要湮滅在歷史裡。用意雖好，但不免過於天真。

然而，幾年過去了，燈塔山村並未如我所擔心的那樣消失無蹤，而且規模擴大，口碑傳了出去，幾乎天天都有人向我提及這個新養老模式。過了一段時間後，我變得相當看好燈塔山村的前景，對於所有未能留意這股新潮流的傳統老人社區，燈塔山村無疑是敲響了警鐘，甚至可能是喪鐘。[32]

然而，今日像佛羅里達「村莊」那樣的社區，即使幾乎沒注意到這股新潮流，顯然同樣也順利運轉。即使如此，誕生於波士頓小山丘富人區的燈塔山村，影響力散布至四面八方。美國出現全國性組織「村落聯盟」（Village to Village Network），推廣如燈塔山村那樣居民上了年紀後繼續住在自宅的社區。查看聯盟的資料，在本書寫成的當下，依據今日被稱為「燈塔山模式」（Beacon Hill model）打造而成的社區，已經成形的有一百九十個，散布在全美各地（只有四個州還沒有），另外還有一百五十個正在籌備。[33]燈塔山現象甚至傳播至國外。我親自在年齡實驗室接待來自新加坡、英國、德國、中國的團體，他們都是在前往燈塔山的朝聖之旅中，順道拜訪我們。大家想參觀燈塔山模式的發源地，了解一切是怎麼開始的。

過去十五年間，此類「村落」如雨後春筍般出現，自發性的發展出「讓愛傳出去」的精神。村落的有薪職員通常人數很少，全職員工平均為一至二．五人，也因此村落的服務人員主要是義工，[34]而多數義工自己也是成員。一般的情況是相對年輕、健康的成員（通常是為了村落生活的社交功能而加入的五十歲、六十歲、七十歲人士），偶爾照顧村中年長成員（通常為八十歲、九十歲人士）。這裡所說的「照顧」，通常不是與醫療有關的照顧，也不會是照顧日常起居等辛苦的重責大任。日常活動通常需要專業人士或家人幫忙，村民只協助彼此處理不免碰上的突發狀況。

「舊金山村」（San Francisco Village）的總部，位於市內終年有霧的內里奇蒙區（Inner Richmond），極度熱心的成員比爾．哈斯克爾（Bill Haskell）解釋，自己最初參加村落只是為了在這個年長社區「把愛傳出去」，然而命運別有安排。「我才加入一個月，另一半就突然得動心臟手術。我們不但當不成義工，還需要別人協助，而且是很多協助，因為我是主要照護者。鮑伯（Bob）動了一場大手術，出現大量併發症，住院兩星期，遠超出醫生最初告知的三天。出院後在家必須有人照顧，我便打電話給村落。」舊金山村介紹合格的居家照護機構。比爾需要出門買東西、上健身房，但找不到專業照護者時，村落也會派義工臨時看護鮑伯。比爾提到：「我真的無法做飯時，村落成員會帶食物過來，還有不認識的人熱心送晚餐給我們。」

「讓愛傳出去」的精神聽起來很不錯，但有缺點，其中一個問題是這個概念很難行銷。佛羅里達的「村莊」最初是休閒社區，後來才加上照護設施與服務，也因此沒人會把「村莊」當成老人家接受照護的地方——雖然那的確是實情。燈塔山村最初是互助組織，後來出現社交俱樂部的氛圍。把核心精神放在「照護」，會嚇跑不把自己當病人的潛在成員。如同約會網站 Stitch 的某場舊金山成員聚會上，有人提起「舊金山村」，聽過的人皺起眉頭。在舊金山及其他許多城市，我最常聽見的話是：「噢，那個不就是……你知道的……給『老人』

的嗎？」從年過五十的約會網站會員那聽到這種話，就曉得此類模式的問題。村落聯盟提供的社交服務，其實和 Stitch 很類似，讓人靠著交友、社交、出遊，逐漸打造地方社交網絡。然而，形象問題嚴重影響參加意願，就連樂意服務老人的人士，也沒想過要參加照顧老弱成員的社團。

燈塔山村的精神除了有時讓潛在成員感到興趣缺缺，也沒能完全解決退休後的身分認同問題；不過從許多方面來看，這其實是一大特色，而非缺點。佛羅里達的「村莊」居民的確能夠卸下先前的身分，但原因在於他們搬進的新社區與世隔絕，擁抱單一生活方式。相較之下，燈塔山村則擁抱複雜多元；成員是自由的，可以享受退休後的悠閒生活，但也可以追求其他動機，包括照顧他人、與其他世代互動、參觀文化機構、當義工與工作，例如杜瑟特退休後，又重返ＭＩＴ，在著名的鮑伯．蘭格（Bob Langer）教授的實驗室兼職（杜瑟特語調輕快：「噢，他主要是做組織工程學」），同時也在燈塔山村積極扮演社交推手。她說：「我也不曉得自己怎麼有空回去工作。」

然而，如果說成員贊同燈塔山村「喜歡複雜勝過簡單」的精神，他們也因此有責任定義與推銷新的老年生活方式。燈塔山村很難以三言兩語解釋其複雜內涵，難以和「村莊」大力宣傳、形象鮮明的簡單訴求競爭。儘管如此，燈塔山村可以靠一個方法扳回一城：強化自己的模式，提供更豐富的服務與活動，增加自行舉辦的社交聯誼，製造機會給人生處於轉換期的人士，協助他們在離開職場後過渡到新的休閒嗜好。此外，更多元的工作坊、課程、社團、義工機會，將能增加燈塔山村的能見度，使燈塔山「村如其名」，成為山丘上指引眾人的燈塔。

不過，擴大規模將面臨重重阻礙。燈塔山村成員喬安娜．庫柏（Joanne Cooper）表示，招收新成員一向不容易。「每次進來兩人，又會因為種種原因少了四人。有的人『轉到比較有組織的環境，或是很不幸去世了』。」較晚成立的舊金山村僅有三百人，主持人凱特．霍普克（Kate Hoepke）說自己「致力於擴大規模。如果適合三百人，一定也可以適合三千人」。霍普克說，全美各地的村落成員至少有一、兩萬人，「你知道的，應該要是十倍才對。」她思索問題是否出在缺乏資金，也或者需要有魄力、有遠見的人出來帶領。或許村落聯盟令人不解的成長模式（一下子就遍布全美與全球，但成員增加速度緩慢），「可能與短期內快速擴張有關，基礎設施尚未到位。」

霍普克說得沒錯。前衛的新老年生活方式，需要搭配實體、制度與文化等各方面的前衛基礎設施。燈塔山村及其他類似的村落，大概還在那樣的建設開端。然而不管怎麼說，這個趨勢依舊令人振奮。

是最壞的時代，也是最好的時代

今日的銀髮族就算出現輕度失能與健康問題，大都還是希望能和社區保持連結，通常也還在工作。燈塔山村最接近那樣的老年願景，但尚未能和佛羅里達的「村莊」一樣，提供吸引力十足的賣點。燈塔山村的氛圍就像施瓦茲一九七〇年代的拖車公園：潛力十足，但尚未吸引到大批民眾。「村莊」後來是靠著「免費打高爾夫」的口號才一飛沖天。「村落聯盟」該以什麼為號召，或最後是否將「一統天下」，提供繼續住在自宅與老家社區的成功老年生活模式，情況其實尚不明朗。

燈塔山村及其他類似的村落並不完美，目前規模還太小，也並未善用行動技術來促進連結，然而招募精通科技的嬰兒潮時代時，一定得用上行動技術。這些村落主要只出現在都會區，而且通常偏向中產以上階級，排除了許多人。儘管如此，隨著新世代的銀光經濟產品讓人們在老年時除了享受休閒娛樂，也能輕鬆做更多事，可以想像類似燈塔山村的某種模式，將從目前還在拓荒的混亂狀態之中冒出來。

那個「某種模式」最重要的一件事，便是能否長久穩定維持下去。別忘了「村莊」的高爾夫球車小偷追逐賽，以及附近「小孩止步」的伍德菲爾德社區車子塗鴉事件。情況要是不改變，未來的老年世界將充滿世代間的衝突。依據年齡隔離所打造的未來，不適合養老，也不適合做成長最快速消費族群的生意：這個族群被關在以高牆隔離的社區中，技能與腦袋被浪費掉，手頭緊，因為沒人願意雇用或資助被視為「不事生產，只會花錢」、「只取不給」的一群人。

老大指出，「村莊」裡頭「有許多人才沒被好好利用」。老大和鄰居不一樣，他在外面還擔任數個董事職。雖然有少數幾個村民和老大一樣，例如卡洛琳・雷霍滋（Caroline Reibholtz）擔任地方法院體系的兒童訴訟監護人，不過大體上，「村莊」相當與世隔絕，大門背後的世界看不見個別居民的長處與能力，只把他們當成被過時的老年論述建構出來的單一整體。

燈塔山村則做著不一樣的事。杜瑟特談起某次聚餐，大家在波士頓查爾斯街吃了一頓簡餐後，「年輕女服務生告訴我們：『歡迎常來。我很開心你們來這裡用餐，讓餐廳充滿歡樂氣氛。』真好，居然有年輕人會說一群老傢伙上門是好事，還說喜歡服務我們。」

二〇一四年的研究顯示，採取燈塔山模式的村落中，有四分之一積極改善社區對待老年人的態度，對於主要依賴義工的小型組織來講，這是相當大的數字。燈塔山村及其他採取類似模式的村落，成員每一天都走到外頭，在周遭社區建立民眾的正面印象，破除「老人無法融入社會」的迷思。

各位如果和我一樣，想要生活在長輩和晚輩不相互對立的世界，老年人與年輕人相互投資，為彼此努力，替雙方打造事物，那麼相較於打高爾夫球的「村莊」，「村落運動」才是美國與全球各地理想的參考對象。建立於燈塔山模式基礎之上的村落，在英國與德國等國家找到肥沃土壤。那些國家和美國一樣，長輩希望可以不必依賴子女養老。其他的年齡整合實驗也正在如火如荼進行，例如在照護領域，德國與瑞士有個很有趣的「做家事抵房租」計畫，經過仔細篩選的學生如果住在老年人家中，協助做簡單家務，可以獲得房租補助。[35]英國也有類似的「共享家庭」方案。[36]德國另有一條法律讓不願住進養老院的年長者，可以申請一筆成立社區型共享公寓的經費，通過率達八十二%，最高一萬歐元，每位房客每月還可領取最高兩百歐元的補助。[37]

不論各位的年長消費者目前住在哪裡，未來的世界很可能走向年齡整合，而不是年齡隔離。以這個前提設計的產品，成功機率遠勝過對手，尤其是連結技術與共享經濟服務，如今讓年長者出門辦事、工作、見社區老友和網友，變得前所未有的容易。舉例來說，各位如果想推銷退休金融產品，你的廣告主角是走在海灘或高爾夫球場上的人，還是參與社區的人士？你設計的投資組合是否仍舊包含大量長者住宅與退休社區的不動產信託基金？

在近期內，此類產品自然還是會有市場，然而當潮流紛紛轉向「在地養老」，相關市場很可能小於光看原始人口統計數字所帶來的判斷。

明日的老年論述依舊可能出錯。就算每十人中，有九人不願住在退休社區，但若企業、政府、媒體所傳遞的訊息，依舊堅持正常的晚年就該花他人辛苦賺來的錢、住進年齡隔離社區，那麼傳統論述依舊會占上風。

走向新版銀髮世界的產品則將說出不同的故事。人際高度連結、和各年齡層生活在一起的老年世代將成為文化先驅，一次又一次證明，民眾心中認定「年紀大的人能力與動機不足」是誤解。隨著這個過程不斷開展，中高齡者將更容易成為雇員與事業夥伴，也會變成廠商更積極討好的消費者。在接下來的章節，我將解釋企業如何能服務那群消費者，走向新版本的老年社會。「拓荒生活」目前可能令人感到難以適應，但很快將出現轉機。

第 2 部

第四章

積極同理心與卓越設計

好了，以上我們勾勒出「新老年」的面貌，現在可以看看企業如何能替這個骨架增添血肉。新一代的出色產品將使年長人士更能掌控自己的生活，接著年長人士又會要求更實用的產品，進而產生正向的回饋循環。然而，創新者與企業首先得當最初的推手，帶給世界新一波的產品與服務，這項重責大任可能使人望洋興嘆。此外，產品要是未能替年長者做好萬全考量，照顧到他們老化的身體，以及多年來習慣的做事方法，有可能使失望的顧客琵琶別抱。另一個問題是，就算真的有心替老年人設計，在考量到老化問題後更改產品設計，常常又使年長者感到被看輕，覺得是拿到簡化版的產品，於是二話不說便抗拒，也因此替嶄新的老年願景提供產品，感覺有如不可能的任務，就好像拿著噴漆當筆，卻得努力不超出著色本上的格子。

不過，有一種思考方法可以讓成功伸手可及：最重要的考量是產品必須讓消費者輕鬆完成工作。然而這句話的意思，並不是企業應該推出「便於操作」的產品，例如體積龐大的橡膠遙控器、三鈕手機、緊急呼救項鍊，以及各式各樣沒人想用的東西。我所說的可以輕鬆使用，不是指以「保護者」的姿態對待顧客，而是要使他們感到興奮，眼睛為之一亮。我稱這種最極致的產品研發精神為**卓越設計**。後文將說明，卓越設計可以替保守產業帶來新生命，以意想不到的方式吸引男女老幼，讓不分性別年齡的消費者以最新、最好的解決方案完成工作。卓越產品有時甚至可以帶來深遠的下游效應，大至消費者住哪裡，小至消費者如何準備晚餐，影響著無所不包的每一件事。

產品必須讓銀髮消費者想用，聽起來簡直是太明顯的道理，然而面對似是而非的老年論述時，其實很難做到。廠商必須深入了解顧客的欲望、需求、不滿與期望，可以靠著新團隊、員工或顧問獲得這方面的深入知識，不過也可以靠著刻意運用同理心，成為顧客「肚子裡的蛔蟲」——有時會有意想不到的收穫。

我們一步一步來說明。

改善產品的第一步，不需要那麼絞盡腦汁，只需要多一點常識就行了。設計好用的銀光經濟產品最基本的原則，就是別讓年長消費者受挫。那是相當低的標準，但許多產品以及產品的包裝、行銷手法都沒做到。多數產品的預設使用者是健康的年輕人，也因此出現各種明顯有問題的設計；例如必須拿出鋒利剪刀，還得有攀岩者的強大握力，才可能打得開的硬殼塑膠包裝。有的問題則沒那麼明顯：以網頁設計為例，當傳播管道從報紙走向螢幕，顏色的運用可以變得更豐富，只是有一個問題：除非設計時很小心，要不然年長消費者看不見那些顏色。

即使沒有眼疾問題，人類的眼球晶體會隨年紀增長逐漸對藍光鈍化，視網膜接收到的光比較像是藍色的對比色黃色。由於這個鈍化過程歷時數十年，沒人會留意到這件事，但影響很大：我們年紀愈大，就愈分辨不出黃色與白色，也分不出藍色與黑色、綠色、紫色。

當然，就算顧及消費者各有不同的視覺敏銳度、身體靈活度、力氣、柔軟度，什麼都顧到了，也不保證產品就會成功。然而，如果要製造出卓越產品，不可能不先解決相關問題。難就難在不只要去除令消費者沮喪的因素，還得使出渾身解數使他們驚豔。不過，如果要找出跨越分隔線的方法，讓產品從「說不出有什麼不好」，變成「令人眼睛為之一亮」，得先拿出積極同理心。

「艾格妮絲」老年變身裝

賓士（Mercedes-Benz）的高階汽車市場向來瞄準富裕人士，尤以年長者為消費主力。大約在二〇〇五年左右，賓士母公司戴姆勒（Daimler AG，當時是戴姆勒克萊斯勒〔DaimlerChrysler〕的一部分）與我的團隊一起努力找出銀髮客群想要什麼、又該如何提供。這間德國車廠邀請一群年齡實驗室的研究人員與學生，到柏林的賓士基地參加工作坊。戴姆勒與西門子（Siemens，當時替賓士打造內裝零件）的工程師、設計師、行銷人員齊聚一堂，希望了解年長消費者。

大體來講，全球的高階車款有兩種：一種專注於提供人性化的設計，一種則把精力集中在上路的機器（後文會進一步說明，兩者都有龐大的銀髮市場）。以極度簡化的分類來講，賓士車通常屬於第一種。這句話的意思不是賓士為了舒適度而犧牲性能，而是指賓士的工程師與設計師以採用最新尖端技術聞名於世，盡可能讓科技無縫融入使用者體驗。

不過，以我的經驗來說，賓士內部人員（我是指實際執行工作的人，而不是資深副總裁）通常是二十歲、三十歲、四十歲的人。要出校園才十年的工程師或設計師，設計出便於老年人使用的產品，不是太高難度的挑戰，但「不難用」並不等同於銀髮消費者會感到驚豔、非買不可。然而，民眾在展示大廳物色賓士車時，心中想要的就是那種會一見鍾情的東西。這是很高的標準，戴姆勒公司知道，必須想辦法持續提供讓年長車主驚豔的體驗，要不然就算把全球最新科技都裝進賓士裡，還是可能被更懂顧客的公司打敗。話又說回來，究竟如何才能讓銀髮族滿意，從以前到現在向來是一大挑戰。

有一句古老諺語是「盲人摸象」：伸手摸到大象鼻子的盲人說：「大象就像樹幹。」伸手摸到大象尾巴的盲人，以為大象像繩子。摸到大象身體的人，以為自己身邊是一道牆。沒有任何一個人知道完整的圖像。戴姆勒的工程師想知道年長駕駛上下車的困難度，知道了就能想辦法解決，例如改變車門重量或把手位置。設計師則採取零和思維，認為碰上年長駕駛就必須在「美學」與「功能性」之間做取捨，兩者擇一。行銷人員則確信只要多辦一場焦點團體訪談，或是多做一次現場觀察，就有辦法找出答案。年齡實驗室的挑戰則是協助工程師、設計師、行銷人員一起看見完整的「大象」。

年齡實驗室團隊一時興起，決定在會議開場時先玩點破冰遊戲——透過有趣的活動迫使工程師、設計師、行銷人員走出舒適圈，了解年長駕駛的真實感受。我們想，何不讓他們穿上某種年齡模擬裝？年齡模擬裝的概念，類似拉梅茲課程讓人產生懷孕同理心的大肚裝，或是為了嚇阻高中生酗酒，讓學生戴上模擬酒精傷害的眼鏡。我們受邀參加賓士工作坊時，老年學家與護理圈已經有幾件眼鏡加手套的道具，可以模擬幾種與老年相關的症狀。年齡實驗室決定製作直接應用在開車體驗的全身版老化模擬裝。

最後做出來的模擬裝外觀很滑稽，我們命名為「瞬間變老同理心系統」（Age Gain Now Empathy System）。很巧的是（巧到有人以為是故意的），「瞬間變老同理心系統」的英文縮寫剛好是人名「艾格妮絲」（AGNES）。

一．〇版的艾格妮絲能做的事不多。我很幸運，團隊裡剛好有一位運動生理學家，[1] 專長是關節炎與身體老化，她協助大家打造出個別零件：黃色眼鏡模擬老化帶來的眼球晶體黃化；[2] 拳擊手用的頸部強化訓練帶降低頸椎靈活度，讓人難以維持身體姿勢；手肘、手腕、膝蓋上的箍條令人感到四肢僵硬；最後由手套減少觸覺靈敏度，並使手指難以活動。

整套裝備有點像是臨時拼湊出來的實驗，但效果驚人，令人讚嘆。戴姆勒、西門子與年齡實驗室團隊成員試穿裝備時引發哄堂大笑，不過最重要的啓發或許發生在大家穿上後，玩起小朋友的「扭扭樂」與「外科手術」遊戲。當工程師、設計師、行銷人員穿著「艾格妮絲」開賓士車與玩遊戲，促使他們認真看待年長顧客每天努力面對的挑戰，也以全新眼光感謝自己還算靈活健康。

每一個人穿上老化裝、然後脫下表達感想，把裝備交給下一個人，接著再次重複流程。

一天過去後，兩間公司的團隊找到好幾個使年長消費者感受不到驚豔的原因。或許更重要的是，工程師、設計師、行銷人員，甚至是主管，終於能夠透過同樣的眼睛，檢視自家顧客的體驗。大家因為知道了彼此一直以來是如何摸同一隻「大象」，得以打破數年、甚至是數十年的組織慣性，團結一心。

艾格妮絲光是第一代原型就達到那樣的效果。我們在接下來幾年持續改良，增加用途，使艾格妮絲更能精準模擬人類的生理狀況。艾格妮絲今日是固定在穿戴者手腳關鍵處的彈性繩系統，連接著沉重的背心與臀部緊箍帶，以減少身體靈活度與步伐長度，迫使穿戴者呈現駝背往前傾的姿勢。頭部是緊緊連至身體的頭盔，模擬頸椎壓迫；頸圈限制頭部轉動幅度；各式護目鏡製造出眼疾效果，包括青光眼與糖尿病帶來的視網膜病變；泡棉鞋子模擬腳部與地面間的觸覺回饋喪失，導致老年人平衡感不佳；[3]各式手套則模擬手指喪失的空間靈敏度。[4]

除了工程師、設計師、行銷人員以外，執行長、財務長、行銷長、工程長、「創新長」（該頭銜近年流行起來），也全都試穿過艾格妮絲後來的版本。體驗過的人士來自各種企業，包括（但不限於）New Balance、百事公司（PepsiCo）、聯合健康保險（United Healthcare）、信諾（Cigna）、利寶互助（Liberty Mutual）、葛蘭素史克（GlaxoSmithKline）、通用磨坊（General Mills）、哈特福基金（Hartford Funds）、雷蒙詹姆斯金融公司（Raymond James）、豐田汽車、日產汽車等等。某美國現任州長穿過，前美國交通部部長安東尼・福克斯（Anthony Foxx）二〇一三年擔任夏洛特（Charlotte）市長時穿過。[5] 其他穿過的人，還包括無數充當白老鼠的大學生與實習生，他們日後的成就，大概會比前面那些頭銜加起來重要得多。

每次我們讓大家穿上艾格妮絲，目標永遠不只是傳遞關於老化的資訊：光是冷冰冰的知識不夠，還要讓穿戴者承受心理衝擊，才得以恍然大悟。人們讀到有關艾格妮絲的報導時，總是把重點擺在穿戴者受到的生理侷限；要實際穿上後才會知道，艾格妮絲的祕密武器其實是她所引發的情緒。理論上，知道老了會行動不便是一回事，真正要能體會那種無能為力，則是另一回事。千辛萬苦想做一件事，卻被產品與政策都是為五十歲以下人士著想的世界阻擋在外，那種心情不易了解。

CVS連鎖藥局在體驗過艾格妮絲後，做出相當大幅度的改變。二〇一一年，CVS帶著合作方案來找年齡實驗室。相較於美國前十大零售商的大多數，CVS的客層年齡較高，也因此首當其衝置身於消費者老化的浪潮。

在此之前幾個月，NBC的《今日》（*Today*）等新聞媒體發現，艾格妮絲是報導老化所造成的生理影響的好題材。老化是多數觀眾親身體驗或耳聞過的事，經過媒體報導後，老化模擬裝就算沒一下子舉國皆知，至少不再只是學術名詞。艾格妮絲二度在《今日》節目登場後*，CVS藥局請我到一場內部行銷策略會議上講話。我受邀時並不曉得，定期改裝門市的CVS正在替即將展開的裝修擬定計畫。CVS行銷長向我提議，何不讓他們將艾格妮絲納入CVS的設計思考？

二〇一二年十一月某日一大清早，我的團隊主要成員與CVS行銷團隊一一穿上艾格妮絲，在新英格蘭幾間CVS門市進行購物實地考察，接著又前往羅德島州的文索基特（Woonsocket），在CVS新店面（有些設計相當前衛）的測試基地再來一遍。

我們踏進真正的店面時，幾位早起的購物民眾目瞪口呆看著我們。CVS先前就做過的幾項設計更動，看來派上了用場。CVS一位穿著艾格妮絲的團隊成員表示：「我走路時，身體縮在一起，被迫往下看，抬頭很吃力。」CVS從店門口一直到店面後頭，地上有一條油氈材質的通道，貫穿CVS的招牌灰色地毯，那位成員提到自己是靠著那條通道，

*當時的《今日》主持人娜塔莉．莫拉利（Natalie Morales）「有幸」穿上艾格妮絲。另一位主持人麥特．勞爾（Matt Lauer）要莫拉利快點把牛奶倒進一碗穀片中。莫拉利說：「我動不了，好像整個關節被包住。」

才能弄清東西南北。此外，艾格妮絲雖然讓穿戴者行動受限，店內低矮的商品擺放方式，還是讓人有辦法拿到購物清單上的所有物品。

不過，艾格妮絲一下子就讓大家發現問題。首先，CVS和許多零售商一樣，習慣把重的商品擺在貨架下面幾層，以免顧客和員工被掉落的重物砸到，但穿著艾格妮絲的人很快就發現，這種做法會使安素奶昔等不好抬起的商品，恰恰放在手很難碰到的地方。商店設計師不一定有辦法很快發現這個問題，因為有能力自己到CVS購物的年長者，一般也有辦法不靠他人協助，就自己拿起六瓶裝的安素。此外，年長者有辦法碰到與膝蓋同高的物品，微微高過頭的地方也碰得到，但如果又要把手伸到自己動作範圍的極限，又要提起重物，就會開始出現問題。彎腰或向上伸手會造成身體姿勢難以施力，迫使他們對抗自己的結締組織與身體重量，肌肉必須以最大限度延展或收縮。在彎曲或拉長身體時抓握東西（例如兩公升重的飲品），簡直就像馬戲團等級的特技表演。CVS團隊發現，理想的方式是把有重量的商品擺放在臀部的高度。此外，團隊把商品放入深底的購物車與再度拿起時，也發生同樣的問題，大家發現那是高難度動作。

其他浮現的問題還包括CVS店內的「棒棒糖牌子」。圓形的棒棒糖牌子標示貨架上擺放哪些產品，大小和DVD差不多，從店內貨架突出至走道上，然而從走道頭尾兩端看過去時，那些標示通常疊在一起，看不清上面的字。我們的團隊成員因為穿著艾格妮絲，視力不佳、行動遲緩，不得不辛辛苦苦拖著步伐，穿梭於店內各處，才能知道每一樣東西究竟擺在哪裡。另一個例子是店內的免預約「一分鐘診所」專科護理師，用黃色螢光筆替穿著艾格妮絲的「病患」標出關鍵資訊，但對於艾格妮絲模擬的老年黃色眼部晶體來說，幾乎有畫和沒畫一樣。

不過，艾格妮絲帶來最重要（也是最被低估）的老年購物體驗或許是，就算只是感官略微受損，開放式賣場也潛藏危機，帶來龐大威脅感。我們拜訪的CVS分店貨架算低，但依舊被擺放成狹長的峽谷。當你走路搖搖晃晃，峽谷裡又有兩個冒失鬼橫衝直撞，並排朝你而來，你心中會冒出莫名的驚慌。朝你而來的人不曉得你平衡不夠好、眼睛看不太清楚，一旁又沒有任何固定住的東西可抓，只有堆滿商品、可能會一下子倒在你身上的貨架。當下唯一能做的事，就是咬緊牙關，什麼都不去想，祈禱這次能渡過難關，直到那兩個傢伙終於消失。

如果附近有緊急出口，那就好了。CVS最後的確幫店內的商品走道加裝「逃生口」。CVS團隊體驗過艾格妮絲後，替改裝提出幾點建議，但CVS藥局每變動一次店內裝潢，都是為顧客著想的一筆重大設計投資；萬一效果不彰，損失很大。也因此如果他們最後選擇只做最基本的變動，例如製作字體放大、提高對比度的標示牌，也沒人能怪ＣＶＳ打安全牌。

此外，比打安全牌更糟的則是過度強調「對高齡友善」，例如在店內各處都加裝扶手，好讓年長者在峽谷山壁逼近自己的緊急時刻有東西可抓。團隊如果這麼做，便是落入傳統刻板思維，把年長者當病人，忘了他們也是一般人，最後落得跟第一章提到的亨氏長者食品一樣灰頭土臉的下場。

ＣＶＳ很聰明，採取了另一條路。首先，他們拿掉那些令人心煩的「棒棒糖」標示牌，改成類似交通標誌的設計：字放大，容易看清楚。更重要的是，牌子不再一一標示各種不同的產品（這裡是「制酸劑胃藥」，那裡是「氫離子幫浦阻斷劑（ＰＰＩ）胃藥」），而是依據「問題」排列，例如「胃食道逆流藥物在這裡」。這種分類法不但可以減少牌子數量、避免重複，還能以更有效的方式滿足消費者實際想做的工作：消費者想做的永遠是解決特定問題，而不是購買特定產品。新的思考方式帶來的結果是部分商品的擺放位置大搬風。在今日多數的ＣＶＳ門市，第二型糖尿病晚期患者會用到的彈性襪，就擺在可能也會派上用場的葡萄糖錠與胰島素幫浦旁。很久很久以前，那種襪子大概會擺在一般襪子與網球旁，行動不便的人士被迫在店內逛大街，多走許多冤枉路。

ＣＶＳ所做的其他調整還包括讓購物車變小、變高，方便拿取重物。此外，入口空間也加寬了，因為我們一再觀察到，年長女性踏進ＣＶＳ店門口後，第一件事就是抓一台購物車，穩住自己的身體，把包包放進去，接著停在原地換眼鏡。年輕設計師不一定會考量到這點，然而規劃出年長購物者可以安心停留、不必擔心自己擋路的空間，正是關鍵之處。

ＣＶＳ還做了其他幾項變動，例如引進有背光螢幕的刷卡機，辨識上面的字比舊式的黑字灰底機型容易。不過，ＣＶＳ真正令我驚豔的創新是他們如何避免客戶被困在貨架峽谷之間。他們沒在店內四處加裝扶手，而是把一眼望不盡的狹長走道改成短走道，以及有如書報攤的獨立展示方式。在今日的許多ＣＶＳ分店，要是一群蹦蹦跳跳的青少年迎面而來，你可以一下子躲進走道牆中斷的地方。消費者喜歡這種方式，絕對勝過從前咬緊牙關撐在原地，祈禱自己不會被撞倒。

心智模式

從某種角度來看，賓士的相反是ＢＭＷ。當然，賓士和ＢＭＷ都是德國豪華車廠，兩者之間的對比，大概像是地理位置一東一西的ＭＩＴ和加州理工學院，或是海軍和陸軍。儘管如此，賓士有名，就在於賓士提供乘客與駕駛奢華體驗。相較之下，BMW雖然也高度符合人體工學，但它是出了名的優先考量讓駕駛能精準掌控身旁的機械裝置。好幾款的BMW，甚至讓中控儀表板零件斜向駕駛，遠離副駕駛座。一個小小的細節，就可看出這家車廠秉持的精神。BMW的工程師盡其所能，讓車主得以隨心所欲駕駛。行銷人員因為不把汽車當奢華轎車，而是「駕駛機器」（driving machine），才讓BMW享有美名。只是，過去數十年間，BMW著重在控制功能，儀表板有如不斷向外擴張的城市，五花八門的開關、旋鈕、按鈕構成的迷你天際線，占據車內愈來愈大片的範圍。二〇〇〇年時，BMW頂級七系列（7 Series）的可選介面裝置高達一百一十七個，車內像是令人困惑的波音七三七駕駛艙。[6]

BMW在二〇〇一年大轉向，收起幾乎所有的旋鈕和按鈕，改成單一介面裝置的iDrive。iDrive系統從一開始便無懈可擊，一共只有一面包含數個選單的LCD螢幕，使用者可以利用中控台上類似操縱桿的輸入裝置操控，除了可以朝四個方位移動*，還可用旋轉

---

*最早的iDrive系統僅在德國推出，操縱桿可以朝八個方位移動，不久後便停產。

方式瀏覽清單，往車子地板方向做「點選」。總而言之，iDrive以極度優雅的方式，整理好業界最混亂的儀表板。只有一個小小的問題：人人都討厭它。

皇家汽車俱樂部（RAC，英國版的「美國汽車協會」〔AAA〕）發表了一篇尖銳的報導，指控iDrive過於複雜：「消費者的反應是：『車給你開，我要去學簡單一點的東西，像是進階泰語或粒子理論。』」[7]《汽車與駕駛》（*Car and Driver*）雜誌指出：「BMW的電腦介面簡單明瞭，有如小說《尤利西斯》*。」[8]美國全國公共廣播電台（NPR）的《汽車談》（*Car Talk*）著名主持人湯姆與雷・馬格利奧滋兄弟（Tom and Ray Magliozzi）的評語最尖銳：「我們只能祈禱德國巴伐利亞那邊，在把這個災難放進其他無懈可擊的BMW車款前，有人走進人體工學部門，開除一大堆人。」兩人評論該車系的優點：「一流的操控性、豐富內裝、眾多額外功能。」缺點呢？「iDrive、iDrive、iDrive！」[9]

以最輕描淡寫的方式來講，大眾的評語令BMW感到困擾，然而iDrive還有一個更嚴重、只有BMW才知道的問題。那就是不但人們普遍不喜歡iDrive，其中年長駕駛的厭惡

*譯注：*Ulysses*，該小說以晦澀難懂出名。

程度還最高。由於ＢＭＷ和賓士一樣，鎖定有經濟能力者（也就是說，購買者主要為熟齡族群），來自年長者的負評最具殺傷力。

以前就發生過最糟糕的情況。一九八六年，通用汽車推出革命性的史上第一個觸控螢幕介面，納為旗下別克（Buick）Riviera與後來的Reatta車款的標準配備，[10]以及旗下奧斯摩比（Oldsmobile）Toronado Trofeo的一千三百美元選配，[11]當時是史上最先進的儀表板介面。然而，駕駛開車時不喜歡讓視線離開路面，因此選單系統令人感到困擾。[12]到了一九九〇年代初，通用汽車終止這項實驗，重新使用按鈕、旋鈕、開關。在世上某個角落，某位設計工程師痛哭流涕，之後絕口不提這件事。

ＢＭＷ內部討論自己是否過早推了顧客一把，又推得過遠，畢竟直到今日為止，不論ＢＭＷ的工程師提出什麼樣的挑戰，顧客都有辦法接招。如果是的話，iDrive將是異常昂貴又丟臉的錯誤。ＢＭＷ是否該和一九九〇年代初的通用汽車一樣，回歸擁擠不堪的舊式儀表板？

不行，想都別想。ＢＭＷ在二〇〇〇年代中期死命留住iDrive，被汽車界視為堅持己見，甚至到了冥頑不靈的程度。但要是ＢＭＷ放棄iDrive，那就是犯了替年長者設計的大忌：只因認為「老人不懂科技」，就不提供他們第一流的配備，只給他們顏色與設計都呆板無趣的產品，以為外形大就叫操作方便。那種做法是在試圖解決自己認知中的老年侷限，而不是消費者實際上想完成的工作。

事實上，年長者的確懂科技。等嬰兒潮世代全都進入六十歲與七十歲，他們將是史上最懂科技的中高齡族群。過去有兩股力量使得人們認為年長者害怕科技或弄不懂科技。第一股力量是第一章提過的機緣巧合問題。自一九八〇年代起，大約有一段二十年的期間開始出現分隔線，一邊是辦公室會用到電腦的人（後來在家中也會使用），一邊是一路到退休都不需要學電腦的人（不過倒也未必是這兩種極端，中間有一道光譜，例如某些年紀較大的嬰兒潮世代，因為工作趨勢的緣故學會適應電腦。年輕一點的嬰兒潮世代，甚至可能沒做過桌上沒電腦的辦公室工作）。這種愈老愈不會用電腦的現象，恰巧完全符合既有的「老狗學不了新科技」論述。儘管以今日的年長人口來講，很多人先是熟悉辦公室的個人電腦，接著又輕鬆拿起平板與智慧型手機，我們依舊以為老年人害怕接觸科技。

不過，年長者被冤枉不能接受科技還有另一個原因。很多時候，他們因為長久以來都以某種方式做某件事，使得某個問題該如何解決的心智模式，強烈依附在他們最習慣的方法或工具上。從耗力的角度來看，年長使用者如果改用新科技，他們的學習成本遠比年輕人高，也因此如果改用新方法做事，好處聽起來很普通，他們通常會聳個肩：不用了，太麻煩了。以我個人經驗來講，年長者拒絕使用某項科技，不是因為學不會或太固執，而是因為供應者呈現那項科技的方式，未能吸引年長者願意花力氣去了解。

因此，若要設計出讓銀髮族興奮與驚豔的產品，不能只照顧到生理因素。推出新產品前一定要先判斷，是否會抵觸顧客的心智模式，也就是他們理解這個世界的方式，以及他們習慣的做事手法。如果產品未能引起共鳴，原因是設計與行銷方面並未考量到心智模式，那是產品的問題，不是消費者的問題。年齡實驗室認為，如果年長者不喜歡某種科技，不是因為他們腦筋不好，而是那是糟糕的科技。糟糕的科技本身不一定不管用，只不過「好科技」的定義需要改一下——一項科技必須讓包括年長者在內的所有年齡潛在使用者都表示喜歡，才稱得上是「好」科技。

iDrive 的問題是除了工程師外，如何讓其他人也覺得那是「好」科技。在工程師眼中，iDrive 完美無缺，但從年長駕駛的角度來看則是另一回事。BMW 首先得找出顧客不喜歡 iDrive 的原因，但那是很難回答的問題，因為從客觀角度來看，除了人們不熟悉之外，iDrive 本身沒什麼問題，然而儘管年長駕駛說不出為什麼，他們就是用起來一肚子氣。

二〇〇七年，BMW 為了研究 iDrive 系統的可用性，將 iDrive 介面原型自汽車儀表板取下，放進通常用來祕密運送鑽石或美國核武發射密碼的手提箱，送至年齡實驗室。我們把iDrive裝進實驗室的測試機（我們稱之為「蘿絲小姐」〔Miss Rosie〕），研究各年齡層的駕駛在真實路況下如何與之互動，接著與試駕者仔細討論他們喜歡與不喜歡的地方。

此外，我們也把iDrive裝進桌上型電腦，受試者在操作小型駕駛模擬器時可以使用，最後從中找到重大突破。[13]

受試者坐在車裡時，他們很難形容iDrive的輸入裝置最像什麼。那是為了汽車駕駛座而修改過的某種變形操縱桿？還是某種3D版的iPod點按式選盤（除了音樂還可以切換其他東西）？開車的情境下，iDrive令人難以名狀，但如果是桌上型電腦，就很容易看出iDrive是什麼，尤其是對年長使用者來講，那不是什麼跨時代的介面，只不過是一個很難用的電腦滑鼠。

當然，iDrive不是滑鼠——首先，iDrive的螢幕沒有游標。使用者會看到一系列的選單選項，可以利用方向輸入旋鈕，上下左右移動，被選到的選項會亮起。除非是開在空無一物、無限延伸至遠方的公路，要不然真正的滑鼠在行進間的車輛很難使用。儘管如此，人們在使用iDrive時，依舊預期那會像是滑鼠一樣，他們覺得沒有箭頭游標，旋鈕又長得像操縱桿，整個就是怪怪的。光就個人經驗來看，實驗室年紀最大的受試者使用電腦滑鼠的時間最長，有的人自一九八〇年代初期就在用，當時年齡最小的受試者還在包尿布。相較之下，年輕受試者當然也熟悉電腦滑鼠，但整體而言使用時數較少，並且相對而言，他們使用操縱桿、iPod、筆電觸控板的時間較多。由於經驗廣度的緣故，iDrive 使年輕族群感覺只不過是另一種方向輸入裝置。在此同時，年長受試者的經驗深度則使他們僅能將 iDrive 比擬為某種電腦滑鼠——而且還是不好用的版本。

我們人年紀愈大，愈習慣用某種固定方式做一件事，聽起來像是老生常談的批評「老年人的腦袋就是無法變通」，但其實不是那麼一回事。事實上，「故步自封」通常是相當合理的做法。同樣以汽車為例，年長者接受「盲點警告系統」等安全科技的速度通常較慢。這點很可惜，因為此類系統可以救命；例如有了盲點警告系統後，年長駕駛在變換車道時，就不需要為了查看後方，轉動整個上半身（年紀大了，脖子就惱人的愈來愈不聽使喚）。盲點警告系統是很好的技術，然而想一想，要是你已經開車開了五十年，從沒出過重大車禍，那麼你的駕駛習慣一定相當值得信賴。從那個角度來看，突然間要「修正」你變換車道的心智模式，相當不合邏輯，尤其是在攸關生死的瞬間。車廠、保險業者、政府還在持續想辦法說服年長駕駛採用新技術。

最後要說的是，配合年長駕駛的心智模式改變 iDrive 系統，將不是個好主意——那如同把 iDrive 變成一個真滑鼠。不過，我們可以提議更改一件事。駕駛說 iDrive 的選單系統是他們感到煩躁的主因。那個系統相當複雜，就像運河、小溪、大河支流織成的網。如果想開冷氣，或是切換電台頻道，就得在迷宮裡繞來繞去。年輕使用者很願意透過試誤，在水道裡找來找去，但年長者則在河裡迷路，長得像滑鼠的控制旋鈕又很難用，簡直就像沒有好用的槳可以划船。不過，BMW的新原型測試幾種置於控制旋鈕旁的捷徑按鈕，其中一個按鈕可以立刻帶使用者到最上層的選單，省得一直要尋找「回上頁」選項。年齡實驗室的年長受試者喜歡這個新功能。背後的原因很明顯：雖然不可能打造更好的槳，至少在船變得很難划的時候，按一下那個鈕，就可以撲通一聲掉進比較好划的地方。

BMW從二〇〇九年的車款開始，在第四代的iDrive推出這個新功能，再加上其他幾個調整，終於不再負評如潮。[14] iDrive今日是所有BMW的標準配備，而iDrive的整體概念（其他豪華汽車廠商也獨立研發出相關概念），也一下子榮登自車內杯架問世以來最常被模仿的汽車駕駛艙功能。

俗話說，模仿是一種恭維。倘若真是如此，iDrive的整體概念再加上後來的改良，一定是相當不錯的點子。不過這裡要強調，當初二〇〇九年型號的修改，要是強調協助年長駕駛，那麼年輕和年長消費者同時都會抗拒使用那個系統。讓iDrive能適合年長者的修改最後之所以成功，原因是所有年齡層的駕駛都感到更好用。

以設計達到卓越

除了心智模式的重要性，BMW的iDrive還讓我們知道另一件事：出色的產品能夠以符合直覺、每個人都得到好處的方式，減少使用障礙或妥善處理心智模式，即使是年輕族群也能一起享受便利性。

「無障礙設計」是指讓失能人士也可以使用的設計方式，例如樓梯旁的輪椅坡道就是一種無障礙設計。協助所有人（不論是否失能）的設計則稱為「通用設計」（亦稱為「泛用設計」、「共融設計」），經典例子是「槓桿式門把」，不管是手肘、義肢、斷肢、為關節炎所苦的手、甚至是膝蓋都能開啓。無障礙設計與通用設計的功能，對任何同時顧及「功能」與「人道」的社會來講都是必要的。

不過，我認為有一種更高階的無障礙設計，被誤歸至通用設計的範疇：也就是卓越設計。卓越設計基本上就是一種無障礙性高到破表的通用設計，好用到大家都想用，甚至是搶著用，不論是否失能都一樣。如果說高齡未來的關鍵，在於方便年長者完成自己的消費者工作，卓越產品與功能設計將是塑造未來新面貌的先鋒。

產品可以靠兩種方式達成卓越，其中第一種方式較為罕見：先是有人特地替年長者或特定失能人士做設計，最後恰巧增加了所有人的生活便利性。

一九八八年某天晚上，喜歡做菜的貝希・法伯（Betsy Farber）正在削馬鈴薯*。貝希的手腕患有關節炎，平時沒有太大問題，但需要用雙手做事時就會感到吃力，尤其是廚房家務。[15]任教於史丹佛大學的戴夫・帕特奈克（Dev Patniak）在《誰說商業直覺是天生的》（*Wired to Care*）一書中提到，那天晚上貝希手中的削皮刀有著鋒利的刀刃，而狹長滑溜的圓柱形手柄，一直從貝希無法施力的手中滑走。先生山姆（Sam）注意到太太的窘境後，走過去削好馬鈴薯。[16]

讓我們暫停這個普通的家庭場景思考一下：此類令人煩心的日常時刻，其實透露著玄機，然而我們每天有很多事要顧，又煩又累，也因此改變的契機就像蒲公英一樣隨風飄走。此外，就算碰上煩心事的人真的找到解決問題的辦法，也不見得能夠擴大應用範圍，大量生產，讓所有人都受惠——尤其是商業上的創新點子。前文談過，經濟體要是把年輕男性的點子奉為圭臬，結果就是由年輕人持續解決自己看見的問題，而且大都是以男性眼光出發；

---

*有的版本則說貝希削的不是馬鈴薯而是蘋果。但不影響這則故事的寓意。

以女性占多數的銀髮族，則被迫靠著不順手的輔助工具與世界互動（以及在嚴酷的勞動市場競爭）。

依據常理，對當時已經退休的法伯夫婦來講，如果削皮刀很難用，他們理應無奈苦笑，擔心日後愈來愈沒辦法做家事，最後放棄煮飯，搬進定時供餐的老人住宅。在還不是很必要的時候，就依賴他人度日。

不過這回不一樣，因為解決辦法的種子恰巧落在肥沃的土壤。山姆・法伯的確是退休了沒錯，但他是從科普柯（COPCO）退休，也就是他在一九六〇年創立的知名廚具公司。廚具就存在山姆的血液裡，業界知名品牌法伯廚具（Farberware）是他的家族企業。

法伯最初想到的好點子是替關節炎患者製造符合人體工學的廚具，但或許更重要的是，他還想到要請來設計師派蒂・摩爾（Patty Moore）。

在銀髮設計領域，摩爾當時可說是全球首屈一指的思考者。早在十年前，她就因為在三年間走遍一百多個城市而為人所知。她探索城市時假扮成老人，戴上白色假髮、化老人妝、拄著枴杖，外加耳塞與迫使自己駝背的背帶，最後戴上令她視線模糊的牛角框眼鏡。全副武裝後，她搭上城市巴士，到商店購物，招計程車，試著使用公共電話亭等等，接著總是發現人為環境與設施令她寸步難行，而且身旁的人永遠繞道而行，無視於她的困境，更糟的甚至會惡意取笑。[17]

不用說，摩爾的人類學研究方法是艾格妮絲的始祖。事實上，摩爾的偽裝還做到艾格妮絲做不到的事：讓使用者體驗到在現代社會身為老年人是怎麼一回事。擔心在藥房跌倒受傷是一回事，扮成老人的摩爾還發現老人有另一層顧慮：害怕在大庭廣眾下跌倒會丟臉，擔心自己被當成廢物與負擔，害怕變成隱形人，憂心被大眾憎恨。摩爾建議商店與公共基礎設施做出有利於高齡友善的改變，不只是為了保護年長者的安全，也是在替他們爭取免於恐懼的自由。

摩爾的一流產品設計師團隊和法伯夫婦合作，一起做了一個練習。眾人戴上手套，緊緊綑住指關節，接著想辦法煮晚餐，結果弄得到處一團亂，而那正是這個練習的目的。飯做好後，他們已經找出目前的廚具沒照顧到的好幾個痛點，每一個痛點都帶來機會。

法伯夫婦接下來製造的廚具，最大特色就是大型橢圓握柄在患了關節炎的手裡不會滑動。今日不論各位幾歲，家中大概都有幾件那樣的廚具，因為那種手柄不僅適合年長者，也適合每一個人。法伯夫婦成立的OXO公司一炮而紅。提到這間公司，人們就會想到符合直覺、替男女老幼設想的產品。[18]

有的設計界朋友如果聽到我把OXO出產的家庭用品當成「卓越設計」，可能會不以為然。這家公司的產品通常被視為「通用設計」的典型範例，也就是適合每一個人的設計。為什麼要畫蛇添足，在「通用」之上又外加一階「卓越」？

首先，我無意貶低通用設計策略，通用設計的確讓每一個人的生活更美好，包括老年人與身體有各種不便的人士。回到槓桿式門把的例子，幾乎毫無例外的是，只要是有喇叭鎖的地方都該換成門把，甚至是電動門。改裝後就連非失能人士也能受惠：一整年當中的三百六十四天，使用者可能不在乎一道門究竟裝的是喇叭鎖還是門把，但只要有一天得抱著沉重的箱子出入，就會慶幸門上是用手肘就能開的門把。

然而，門把與OXO用具有一個不同點：除非是非換不可，要不然人們不會為了把喇叭鎖換成門把，而離開沙發，坐上車，前往家庭用品店。門把是好東西，幾乎每個人都開得了門把，但不是大家夢寐以求的東西。因此從實務的角度來看，我在思考未來將改變每一個人的生活方式的產品時，不會第一個想到那種「有幫助但不會讓人心動」的東西。

OXO削皮刀不一樣。多數人轉動朋友家的大門把手時，根本不會留意，但如果是習慣了滑溜的木製圓柱形削皮刀的人，試用了符合人體工學的削皮刀後，他們會頓了頓，告訴自己：我也想要一把。當我思考社會老化時將改變做事方式的產品，會想到這種類型的事物。以我個人經驗來講，今日很難找到不是橡皮橢圓手柄的削皮刀。削馬鈴薯的方法聽起來是生活中的小事，但很難否認這個人類已經做了上千年的事，在過去一、二十年間出現重大變化。

如同OXO的例子，由眾人一起努力推動無障礙而出現卓越設計時，將出現振奮人心的結果。不過，還有一種方法也能達成相同的效果：當創新者純粹做出讓每個人的生活都更便利的東西，接著幾乎有如附帶作用，讓年長者與失能人士得以做到先前做不到的事。此類創新通常對廣大人口來講都很實用，以至於根本不會令人聯想起那是「無障礙」設計，例如車庫電動捲門的例子。一九二一年，福特汽車的T型車（Model T Ford）十分流行，許多人家裡得騰出空間停車，於是大家都需要車庫。早期車庫裝的通常是穀倉門（許多車庫其實就是穀倉），除了會被風吹動，開啓時還會占地方，而且沒有防盜功能，實在不理想。當時的汽車和今日一樣，是許多人家中最昂貴的財產。底特律的發明家詹森（C. G. Johnson）設計第一代捲門，解決穀倉門所有的問題，然而最初的捲門材質是沉重的木板，也沒有今日的彈簧動力開關裝置，不是所有買了這種門的顧客都打得開。五年後，詹森發明輔助產品：第一代的電動車庫捲門器。

詹森成立的「上門公司」（Overhead Door Corporation）今日依舊屹立不搖，他的兩樣相輔相成的發明也一樣。二戰過後，美國郊區如雨後春筍般冒出來，而郊區居民會買車，因此電動捲門幾乎無所不在，不過不是每間車庫都一定配備捲門器，還得等到日後遙控器的發明。早先的捲門器連接著電線，裝在車道尾端用鑰匙操作的控制桿上，駕駛可以從車窗伸出手操作。原本感覺只是給力氣不足的人的捲門器，一夕之間變成懶人的好幫手，人人想要。有了車道控制桿，後來又有了無線電遙控器後，捲門器變成家家戶戶的標準配備，從那時起一直到現在持續方便年長者進出車庫，但感覺像是「順便」造福老人一樣。今日沒人會覺得電動捲門器是「輔具」，但它的確是。

微波爐的故事也差不多。微波爐或許是史上最偉大的獨居老人發明，但也是大學生、雙薪家庭，以及每一個人的福音。微波爐同樣被視為是懶人或忙人的便利工具，而不是失能老人的專利，因此避開了汙名*。手會抖的人天天都倚賴微波爐，他們從烤箱取出食物時可能會燙傷。此外，相較於其他類型的廚房熱源，用微波爐的附帶好處是不會把房子燒掉。或許更重要的是，微波爐帶動了整個熟食產業的發展，讓原本每天都吃烤起司三明治的人，也能吃到營養均衡的餐點。

---

*想像一下，微波爐的名字如果是「老人爐」，各位在購買前大概會三思。

近年來最重要的卓越設計例子是迷你觸控螢幕超級電腦，各位手邊現在大概就擺放著那樣東西。智慧型手機的確還有許多無障礙問題——對許多不善於使用的人來講，智慧型手機的價值主張的確不成立，然而智慧型手機讓視力不佳的人能夠放大網路文字，還能照亮餐廳菜單。如果手會抖，新機型的語音控制功能幾乎和觸控輸入一樣好。如果有聽力問題，可以開振動取代鈴聲，用傳簡訊代替打電話。簡訊是聽障人士近日最大的科技福音。

很重要的一點是智慧型手機讓一切成真時，不把年長使用者當成另類族群看待，也不把他們當孩子。第一代 iPhone 帶來人人都能享受的卓越設計，是過去二十年間改變人們生活的最重要科技力量，範圍遍及所有年齡的消費者族群。同一時間，下游產業紛紛出現，以滿足此一裝置帶來的新需求。智慧型手機帶來的生活變化無所不在，說也說不完。

世界老化時，卓越產品將持續形塑我們的生活，偶爾還能救命。舉例來說，年齡實驗室團隊一半的成員致力於研究駕駛行為，包括不同年齡的駕駛如何與科技互動。我們近日在《人體工學》（*Ergonomics*）期刊發表兩篇汽車螢幕字體的研究專文。各位可能想不到，字母「e」的形狀有可能救人一命，我可沒唬人。「e」上半部中間的空白處是大圓或小方格，以及中間那條短短的水平線是否真是水平，也或者微微傾斜，有著很大的差別。

這裡要說明的是，儀表板介面如果設計正確，駕駛瞄一眼就足夠。重點是讓駕駛瞬間就知道儀表板在說什麼，因為駕駛花在螢幕辨識的時間愈長，看路的時間就愈短。

蒙納公司（Monotype）是全球知名的字體設計公司，我們和蒙納合作，把各種年齡的駕駛塞進駕駛模擬器，利用眼動追蹤設備，判斷受試者花多少時間看著兩種字型的顯示器；一種是「Humanist」字型，一種是「Square Grotesque」字型。

年齡實驗室的研究科學家強納森．多比瑞斯（Jonathan Dobres）解釋：「我們測試的Humanist與Square Grotesque字型分別代表兩種設計哲學的極端。Square Grotesque字體整齊劃一，許多字母與數字看起來高度相似。此外，字母內與字母間的間距也很密。」該字體「o」與「e」等字母內的空白處很小，字母之間的空間很緊。相關設計元素帶來科技感與未來感，Square Grotesque因此成為一九六〇年代科幻電影與電視節目的主流字體。[19]相較之下，Humanist字體「間距比較開，字母形狀不一，也因此視覺上更為自然，多數字型設計專家認為相當容易辨識。」

字型設計專家說的沒錯：Humanist字體的自然曲線，讓受試駕駛視線離開路面的時間減少了珍貴的幾毫秒。[20]年齡實驗室一項研究結果顯示，不同年齡族群的閱讀時間可能有所差異，多比瑞斯設計出新研究，讓受試者在極短時間內，看閃過電腦螢幕的六個字母，說出閃過眼前的是否是真的字（例如「garden」〔花園〕），抑或是亂湊的字母：「erdang」。

一開始，每個人都有辦法判讀自己看到的字母。然而時間愈縮愈短後，難度提高，年長受試者尤其無法判讀快速閃過的字母，但相較於 Square Grotesque，如果是以 Humanist 字體呈現的字母，辨識能力會提高。[21]

今日許多汽車介面依舊使用 Grotesque 類型的字體，主要原因是那種字體酷炫如科幻片，但隨著安全度數據不斷出爐，指出相關風險，情況大概會有所轉變。

不過，各位可能會好奇一件事：Humanist 字體難道不會因此得到「老人字體」的稱號嗎？就為了保障老人的交通安全？這種解決方案難道不會和「老人車」一樣，同時讓年輕與年長買主失去興趣？

沒錯，的確可能出現這樣的問題，只不過字體帶來的閱讀差異，不是從五十歲、六十歲起開始呈統計顯著，而是三十歲就開始了（事實上，可以合理推測二十歲的人也受影響，只不過在我們的樣本中並未呈統計顯著）。老化開始的時間遠遠早於一般認知，尤其是眼睛的老化，而每個人都想要行車平安。目前已經有美國與歐洲的汽車公司依據我們的研究改變字體，還有一間日本公司很快就會跟進。

在未來的歲月，能幫上所有人的忙（包括但不限於年長者）的設計思維與產品，將在銀光經濟發揮特別大的影響力。不論是嶄新的產品，抑或是已經撐過數十年的大風大浪，卓越產品有如抬起所有船隻的漲潮力量。各位接著閱讀後文時，別忘了此類老少咸宜的科技力量，同時有可能抬起新船與舊船。相關力量包括自駕汽車、物聯網（尤其是智慧型住宅），以及隨選與共享經濟。雖然此類影響深遠的科技力量，傳統上不會出現在討論銀髮產品的對話裡，但它們改變銀髮生活的程度，可能超越任何只瞄準銀髮族的產品。年長者能夠取得它們時，絕對會好好利用。年輕人可能第一個擁抱先進的消費者連結科技，但把此類產品融入生活中時，卻是年長者會獲得最多好處。年長者將形成下一個重要的高科技成長市場；以同理心設計產品的公司，將有機會第一個稱王。

第五章
健康、安全與魔法思考

「你最好自己快點死一死，這樣大家都輕鬆！」

各位會以為，這種話是龐德電影裡，壞人對掛在鯊魚池上的主角講的；抑或者是重金屬歌手對著狂熱的群眾吶喊；不然就是無聊想打發時間的孩子，拿著放大鏡對著人行道上的螞蟻放話。

也或者這句話是全球最長壽國家的財務部長，在討論改革社會安全制度的會議上，當著一群政府官員的面講出的話。事實上，財務大臣這個頭銜，還不足以說明麻生太郎在日本政壇的地位。他在本書寫作的當下，同時還擔任日本副首相、金融擔當大臣，以及「擺脫通貨緊縮擔當大臣」，其中解決通貨緊縮是首相安倍晉三「安倍經濟學」的重點目標。此外，麻生太郎在二〇〇八至〇九年間還是日本首相。他去到哪，記者就跟到哪；他一開口，所有人都會做筆記。

二〇一三年一月，麻生太郎指出，為了大家好，生病老人應該快點歸西。此話一出，立刻傳遍世界各地，登上國際媒體，引發全球譁然。根據媒體報導，麻生太郎表示：「想死的人，不該被迫活下來。我要是早上醒來，想到我〔治療〕的錢都是政府出的，會良心不安。」「除非你讓他們快點死一死，要不然問題不會解決。」[1]

麻生太郎說這話的時候自己七十二歲。他把無法自己進食的人叫做「插管人」。麻生太郎在人口議題上，向來以心直口快出名。先前當首相時，也對日本破紀錄的老年人口數量發出類似抱怨：「我在同學會上，看見六十七、八歲的人走路不穩，成天看醫生……我為什麼要為了這種整天只會吃吃喝喝、不保養身體的人負擔醫療費用*？」[2]

麻生太郎的談話並未令我瞠目結舌。很多文化都有這種普遍的錯誤看法，認為老年階

---

*麻生太郎也激怒年輕人。他在二〇一四年的札幌演講中提到：「許多人認為錯在老人（老年人口快速成長），但更有問題的是那些不生孩子的人。」[3]

段一年的價值，遠不如二十歲或四十歲的一年。然而，相較於不斷增加的老年人口預期壽命，命不久矣的反而會是麻生太郎的觀點，因為在銀光經濟之下，尤其是與基本的健康安全需求有關的部分，消費者的需求正在轉變，新科技興起，以出乎意料而且通常能減少開支的方式滿足需求。最後的結果是老年歲月價值上升的速度將快過耗費成本：明智的國家不會想要甩開此類投資，每個個人更是會盡全力搭上這班列車。

老年健康安全產業公司必須跟著這股浪潮乘風破浪，要不然會溺水。第一章提過，創新者若能照顧到馬斯洛需求層次的上層，便能大展身手，滿足年長者的需求與欲望，主要原因是我們往往把老年當成醫療問題，導致好機會雖然近在眼前，偏偏看不到。不過，處理馬斯洛低階需求的創新者，同樣也能受惠於同一套策略：專注於消費者想完成的工作，同時關注引領風潮的使用者，採行卓越設計的概念。在不久的將來，相關產品除了將證明麻生太郎看法有誤，也會重新打造老年生活方式的基礎。

人口老化目前感覺像是一場危機。麻生太郎對於老年人的敵意並非無的放矢：傳統上，年長者給日本帶來的社會成本被視為天文數字；六十五歲以上者整整占了日本超過四分之一的人口，超越全球所有主要經濟體。[4] 史上不曾有人口如此高齡的國家。長久以來，憂心者將日本經濟疲弱不振的原因怪在老化頭上，預測高齡終將拖垮整個社會。

事實上，日本在處理老化帶來的上升支出時，其實表現還算不錯，健康照護成本約占GDP的十%，略低於先進經濟體的平均值，遠低於美國的十七%。[5]此外，日本的社會安全制度也算節省。在此同時，日本的撫養比雖然以傳統算法（〔十五歲以下及六十四歲以上的粗人口〕除以〔工作年齡粗人口〕）來看偏高，如果深入一點看日本的勞動人口數，情形就沒那麼令人憂心。由於老年勞動參與率高，出生率下降，女性又不斷進入職場，日本的非勞動與勞動人口比預計到了二〇三二年將有所改善。[6]

然而，你很難說服抱持跟麻生太郎相同心態的人，而且不只日本人有那種看法。《大西洋》（*The Atlantic*）雜誌二〇一四年的封面故事，[7]談到伊澤克爾．伊曼紐（Ezekiel Emaneul）也希望老了就別再活了，只不過他講的是自己。伊曼紐是備受崇敬的美國腫瘤學醫師與生物倫理學專家，也是「平價醫療法案」（Affordable Care Act）的關鍵起草人。他在〈為什麼我希望七十五歲就死〉（Why I Hope to Die at 75）一文中，從個人與公共支出的角度出發，詳細指出為什麼過了七十五歲後生命價值不高（文章標題會引起誤解，他的意思不是一到七十五歲就主動尋求安樂死，而是拒絕接受非緩和醫療）。

伊曼紐指出，預期壽命不斷延長，表示人們面對一至多個生理侷限（無法爬完一段樓梯或必須靠輔助器材才能站起來）的平均時間也延長，蓋過壽命增加的好處（整體而言，此一說法的確是真的。然而，伊曼紐提到的平均數據掩蓋了高度分歧的人口現象。財富與教育水準愈高，健康活著的預期壽命就愈長）。[8]不是每個人都想拖著逐漸腐朽的身軀，多數人希望「疾病壓縮」，也就是壽命延長，但死前的生病期間盡量縮短。全球核准國內健康照護支出的衛生官員，也樂於見到民眾身體健康。然而，伊曼紐提到不可能每一個人都善終，甚至得不到善終的人占大部分。

除了生病，更令人關切的是阿茲海默症等失智問題。這個揮之不去的陰影，大概不會在短期內獲得解決。伊曼紐寫道：「目前我們並未預測在可見的未來會有解藥，許多專家警告失智海嘯的到來（唉，又是海嘯）……二〇五〇年時，罹患失智症的美國老人數量將增加近三倍。」這點是合理的擔憂，然而美國未來的失智症確診數量上升，只不過是老年人口成長的必然結果。事實上，相較於人口老化程度，失智率甚至似乎在下降，雖然只是微幅減少。[9]

然而，不管怎麼說，到了老年，即使沒失智，我們的心智處理速度的確會逐漸微幅變慢。[10]此外，伊曼紐還提到創意會隨年齡大幅衰退，不過這是他的論點最薄弱的部分*。伊曼紐表示，種種現象加在一起後，得出一種令人沮喪又狹隘的無聊生活：「我們年老體衰後，只能從事有限的活動……像是賞鳥、騎腳踏車、捏陶等等。接下來，雙腳行動愈來愈不便，手指也因為關節炎痛到不太能動，人生更是變成只能窩在家看看書，或是聽聽音樂，做做填字遊戲什麼的。」伊曼紐接著指出，老年人依舊可以扮演導師與祖父母等重要角色，但又提到一路活到超過八十歲，是在阻擋子女的路，讓子女背負照顧老人的重擔，無法好好過自己的日子。

簡而言之，老年是個問題——給處於老年的個人、老人的家人、整個國家、整個世界添麻煩。如果各位感到這種說法很耳熟，不必感到意外。這種看法可以一路回溯至二十世紀開端，當時社會集體認為「年長者」是需要解決的問題。說某個人事物是問題，是在換一種方式說他們是負資產：擺脫他們比較好。當大家都這樣認為，希望老年人早點走也就不令人意外了——真要說的話，那是現行老年論述的必然結果。甚至早在一九〇五年，在「老年人」問題還是很新穎的概念時，十九至二十世紀之交深具影響力、伊曼紐文中也提及的

---

*伊曼紐指出：「諾貝爾獎物理學家平均在四十八歲就找到使他們得獎的科學發現（而非獲獎年齡）。」他將這點當成「年輕人比老年人有創意」的證據，然而提出該數據的研究報告作者則指出，平均四十八歲反而證明了豐富創意有多「晚」才降臨到優秀科學家身上：「雖然（在一九二〇與三〇年代），當時對於物理學景象的經典美好描述，是年輕聰慧的心靈提出了關鍵重大突破，整體而言那幅景象卻是失真的『年齡—創意』模式，甚至不符合今日的物理學現況。」[11]找出足以榮獲諾貝爾獎的重大科學發現的平均年齡正在上升。[12]

醫學之父威廉．奧斯勒（William Osler）就開過玩笑，說六十歲以上的人應該給他們一段安靜的沉思期，接著就用氯仿結束生命。[13]然而，年輕力壯者看著病痛纏身的九旬長者時，脫口就能說出那樣的生命不值得活，但等到事情降臨在自己身上時，我們幾乎總希望能再活久一點。套用著名MIT經濟學家保羅．薩繆森（Paul Samuelson）提出的術語，[14]雖然許多人說出口的「敘述性偏好」（stated preference）是自己寧願死，也不要拖著一身病痛活著，然而我們的「顯示性偏好」（revealed preference）——也就是我們實際上替自己、替所愛之人做出的選擇——幾乎百分之百都是不惜一切代價也要苟延殘喘下去。從時間、人力、健康照護帳單的角度來看，那個代價可能是天文數字。

由於我們認定的老年價值（很小，可能是負值），與我們願意為了多活幾年而付出的代價（不惜一切，甚至傾家蕩產），兩者有極大的差異，延續老人性命的常見做法，經常令人感到不值得。講白了，我們為了老人健康照護產品掏錢時，和換到的東西比起來，感覺像是被敲竹槓，也因此供養全球老化人口的挑戰，經常被當成危機，永遠不是機會。我們換來的東西，似乎不值得花那麼多錢，卻不付不行，因為不付的結果是生病或死亡。

老年照護是貨真價實的大挑戰。我對這個領域甚至稱不上有基本概念，例如我不清楚科技進展是否將降低老人臨終前最後一個月的醫療照護成本（伊曼紐等研究人員估算該月占晚年支出的三分之一）。[15]我不曉得如何治療阿茲海默症，也不知道如何延緩老化過程，阻擋伴隨老化而來的心智處理速度下降（任何想推銷「大腦訓練」練習的人也不曉得）。[16]

儘管如此，健康安全產品正在自動化與商品化，老年人口帶來的社會成本可望降低。更重要的是，今日尚不存在或是目前看似非必要但未來有幫助的產品，亦可改善老年生活方式，即使罹患慢性病也一樣。在接下來的歲月，那樣的產品很可能需求大增，使我們開始真心認為老年有價值，值得為老年付出。「被敲竹槓」的負面觀感減少時，整體危機感將隨之下降。

今日的悲觀主義者看著未來，眼中是一群日薄西山、再也無法從事有意義活動的龐大人口。老實講，這種觀點有幾分事實，因為我們的生理機能注定會隨著年齡減弱。然而，這樣的說法過於極端，「年輕歲月的巔峰時期」與「生活完全無法自理」之間是漸層的灰色地帶。我們在兩者之間的各階段可以做哪些事，除了受生理機能影響，其實也受社會上約定俗成的觀點影響，甚至使我們無法想像自由自在的老年生活。所有只能困在家中玩填字遊戲的祖父母中（填字遊戲其實很好玩，伊曼紐的抱怨不太公平），他們有多少是真的無法從事有意義的活動，有多少其實只是受社會的偏見影響？從科技、交通、職場到文化期待，一切的一切都對老人不利，將老人排除在外。不過，隨著健康安全產品不斷改善，價格下降，老年人將獲得更多力量，也更能參與社會，就連年輕一輩的人也會感受到老年價值正在提升。銀光經濟將持續成長，商業界也將更有興趣投資。

魔法機器

我和老年學界的人討論什麼樣的東西可能增加老年健康照護的價值，又不會耗費巨額成本，多數人同意科技有望做到這件事。不過，當我詳細追問是哪一種科技能辦到，多數人當下的反應只有兩種答案：「照護機器人」與「吃藥提醒器」。第二章提過，照護領域的範圍其實遠超出這兩類產品，但由於照護機器人與吃藥提醒器近日很紅，又符合目前的老年論述，人們心中第一個想到的通常就是這兩種。

當然，我無意批評正在朝相關領域努力的傑出專家，有些優秀人士已經取得令人驚豔的進展。現在有許多別出心裁的科技產品，可以協助健忘的人按時吃藥（糊塗蟲絕不只有年長者），其中最符合直覺的例子大概是活力公司（Vitality）的智慧型藥罐「發光蓋」（GlowCap），發明者是我的朋友兼MIT同仁大衛・羅斯（David Rose）。羅斯在科技設計圈以「魔法物品」（Enchanted Objects）出名，也就是功能單一、相互連結的裝置。舉例來說，羅斯發明了快要下雨時手柄就會發光的傘，以及股票市場出現起伏時會提醒你的水晶球。「發光蓋」也提供類似的簡易功能（雖然內建科技相當複雜）：當你需要吃藥時，那個蓋子就會發亮。「藥盒」（PillPack）則是另一種表面上不需要什麼技術、但實際上後端程序高度複雜的吃藥提醒工具。那是一種線上藥局，幫患者事先包好各式各樣的藥。使用者只需要依據小塑膠藥包上貼著的時間服藥即可，不需要猶豫自己哪一種毛病需要吃哪一種藥。這種做法的缺點是事先配好的藥很難調整處方，但依舊很適合健忘人士，對於外出的人也很方便。

整體而言，如果「發光蓋」與「藥盒」等發明能提升病患遵從醫囑的程度，那是好事一樁，可以救命。此外，還能替保險業者省錢，對藥廠來說也是利多，兩大產業都注意到相關發明帶來的好處。然而坦白講，此類技術帶來的生活改善大同小異。

相較之下，可以協助洗澡、更衣、如廁、四處走動，以及大小便自控能力等日常活動的照護機器人，有可能全面顛覆照護方式，終結所謂的「照護危機」，但很可惜，我深深懷疑那樣的機器人，能否在未來十年至十五年便商業化。雖然機器人已經能執行摺衣服等精細功能，然而，能否讓機器人和體弱多病的使用者一起執行那樣的功能，將是「人與機器人互動」（human-robot interaction）介面的最大挑戰，僅次於嬰幼兒照護。相關裝置如果要以安全方式，辨識幫照護對象洗澡的時機與方法，或是協助上廁所，大概要到其他類型的家用機器人已經證實可以安全運用在日常生活後，才可能辦到。

不過，儘管那一天還很遙遠，企業與政府正在努力加快腳步。如果照護機器人真能成為老年生活的常見景象，第一個實現的地點大概會是日本。日本將於二〇二五年短缺三十萬名專業照護者，也因此二〇一五年時，日本政府除了原有的社會安全與醫療保險系統，另外撥款七百二十四億日元（幣值等同二〇一六年的七・二億美元）扶植照護產業。[17]同年，日本政府的工部省與厚生勞動省宣布將五十三億日元（五千三百萬美元），也就是整整三分之一的部門預算，投入照護與醫療產業的機器人研發。[18]今日豐田與本田的「類人型機器人」（humanoid robot）原型，已經可以做令人印象深刻的精細動作，包括拉小提琴，還能安全穿梭於人群之中。日本最迷人的照護機器人，或許是理化學研究所（Riken）研發的「RoBear」小熊機器人，可以輕輕將人自床上抬起放進輪椅，或是自輪椅放到床上，[19]只可惜此類機器人僅為概念驗證，尚不提供販售。

相關機器人不太可能在近期的未來便能普及，但如果真的能解決安全性問題，我舉雙手雙腳贊成讓機器人協助照護工作。最常見的擔憂是有一天照護機器人成真，將帶來反烏托邦的未來景象：安養院裡孱弱的老人被機器叫醒，協助如廁、穿衣、餵食、吃藥等等，一整天都碰不到其他人類。我們的確必須小心機器人照護朝這個方向發展的可能性，然而另一種正在成形的反烏托邦景象，雖然不帶科幻小說氣息，依舊使人憂心忡忡。美國、歐盟、日本等全球多數主要經濟體所提供的老年照護，絕大多數由親友負責，而這樣的照護責任深深剝奪了照護者的人生，包括年輕專業人士、除了照顧長輩孩子還得工作的人，以及自己也超過六十五歲的人。經濟學家曾經試圖量化老年照護的價值，最後得出天文數字。

依據智庫公司蘭德（Rand Corporation）所蒐集的美國勞工統計局數據，[20]光是美國一地，老年照護每年便值五千兩百二十億美元，[21]但在照護責任多半落在女性肩上的現代社會，那個數字未能說出女性的職涯受到長期傷害，也未能說出員工必須照顧家人而使企業蒙受損失。勞工疲勞與照護安排問題，使得上班族不得不請假，更糟的是「假性出席」，也就是焦慮的員工人坐在辦公桌前，卻偷偷安排看診時間，或查詢老人交通服務時間表。曾有研究估算，與老年照護相關的假性出席產生的企業成本，雖然難以量化，但可能高達請假帶來的企業成本的十倍，光美國每年便達數千億美元，而且這個數字還只是非正式照護的成本。真正要計算照護成本的話，另外還要加上美國每年正式專業照護服務耗費的兩千兩百億美元，包括在家照護與專業機構照護。[22]

照顧他人是一種美德，絕對稱得上是「為愛付出」，也因此自動化照護的概念使許多人心生疑慮。MIT 著名學者雪莉．特克（Sherry Turkle）在暢銷書《在一起孤獨》（*Alone Together*）提到：「從長遠的角度來看，我們真的想讓孩子更能放心離開父母嗎？」[23] 雖然她這句話主要是在批評陪伴型機器人（後文會再提及），人們對於協助老年人打理生理機能所需的機器人，也抱持相同的關切。理想上，如果照護機器人只是輔助而非取代人類照護者，就不應從道德角度批評。不過實際上，照護機器人的確可能在某些情況下減少人際互動。特克主張，我們對於老年照護的心態，將不可避免的導致那樣的結果。「由於我們已經認定人力不足，靠機器人來照顧年長者是勢在必行的做法。」[24]

然而，我雖然十分敬重特克教授，但我擔心現行負面老年論述帶給我們的選項，將不是「機器人」或「親切熱心的人類照護者」二擇一，而會是如此：一個是靠著科技工具有效提供優良照護的社會，另一個則是噩夢般的景象：我們得放棄社會上的老弱。從麻生太郎與伊曼紐等公共知識份子的角度來看，老年生活的價值低到完全不值得幫忙買單。伊曼紐把年長者的需求當成社會的沉重負擔：「非常真實、令人難以承受的財務與照護負擔，許多或大部分都落在所謂的『三明治世代』頭上，這群人同時得照顧孩子和父母。」伊曼紐說的沒錯，老年照護已經讓個人與國家付出龐大的時間、金錢與精力等代價，而這個負擔在未來只會更加沉重。不難想像，就連願意為了給親人最佳治療而抵押房子的人士，一想到要負擔全國的老人，也會臉色發白。

我們似乎卡在進退兩難的抉擇之中。一方面，我們希望讓年輕世代好好活出自己的人生（並讓社會經濟能夠正常運轉），不需要被全球史上最沉重的老年照護責任綁住。另一方面，我們也希望自己最終需要別人照顧的時候，能夠得到人性化待遇。照護的大量自動化可以改善情況，除了減少非正式照護者肩上的壓力，還可助大批專業照護人士一臂之力，然而人們也可能因此有藉口忽視自己的親人：噢，祖母喜歡機器人勝過真人，所以我們不必常去看她。

幸好，將在近期顛覆照護方式的科技，雖然不如機器人時髦，但在道德上也不如機器人充滿爭議。

居家照護版的 Uber

把機器人用於照護的主要問題是感覺冷冰冰的。就連外形最可愛的照護機器人，依舊以精準冷酷的制動器*來取代人類觸摸，以一絲不苟的數學演算法來取代人情味。然而，「科技」遠遠不只是電線與電路板組成的東西，也沒人規定有了科技後，一定得拿掉照護公式中的人類。

愈來愈以科技為中心的現代生活，幾乎每一個面向都得倚賴網路與網路裝置，還得依賴極度複雜的後端程序，包括Google引以為傲的搜尋演算法專利，以及讓亞馬遜與沃爾瑪得以運作的供應鏈。從消費者觀點來看，此類科技創新大都發生在看不見的地方，但依舊完全改變了絕大多數人的日常生活方式。接下來將提到，年長者的健康與安全，毫不意外也受益於此類隱藏式科技服務，至少能減輕一些「照護危機」帶來的財務威脅，又不會減少專業照護中的人情味。

Stitch.net位在舊金山波特雷羅山辦公室的不遠處，普通人拿籃球就能打到的地方，有一排一模一樣的門板，其中有一道毫無特色的門，通往某棟改建倉庫的側翼。入口沒有掛任何招牌。裡頭進駐的公司雖不是偷偷摸摸營運，卻也是採取深藏不露的風格。該公司名為「Honor」，被形容為「居家照護版的Uber」。

門內的狹窄通道擺滿高雅的迷你棕櫚盆栽，通往洞穴般的共享辦公室，裡頭排滿一排

＊譯注：actuator，把能源轉換成機械動力的裝置，讓機器人做出動作所需的機械動力的裝置。

排的電腦螢幕。整個空間相當寬敞，但稱得上安靜無聲，人們交談時輕聲細語，就連熱情迎接客人的辦公室寵物狗潔西，過來打招呼時都沒開口叫。遠方的另一頭，結霜的窗戶透進自然光線，頭頂天花板由漆成灰色的二乘四木條組成，由相同顏色的細長柱子頂著。走在其中的感覺，有如海水退潮時走在熙來攘往的碼頭下方，卻發現底下藏著一群埋頭苦幹的科技工作者。

Honor 的共同創辦人與執行長賽斯．史坦伯格（Seth Sternberg）瘦瘦高高，喜愛騎自行車，年約三十七、八歲，就矽谷標準來看創業經驗老到，二〇〇五年就和目前的事業夥伴任大婷（Sandy Jen）以及另一位共同創辦人成立了 Meebo 公司，主要業務是提供集合 AOL Instant Messenger、MSN Messenger、Facebook Chat、Google Talk 等多種即時通訊應用程式的瀏覽器。Meebo 在二〇一二年被 Google 以一億美元收購，過沒多久，史坦伯格與任大婷又開始忙起來，這回不只是尋找下一個需要解決的問題，而且是新的問題類別。

史坦伯格帶我到 Honor 的午餐桌旁，桌面是一塊很大的深色結實木板，以當地寸土寸金的標準來講，尺寸大到可以收房租。

史坦伯格表示：「從矽谷起家的許多公司打造容易打造的東西，但消費者不一定想要。」這種以科技為先的做法，太容易變成賣不掉的產品，因為沒有需求。此種做法最成功的產品，一般回應了人類的深層欲望：也就是天主教所說的「七宗罪」；色欲的代表是交友APP「Tinder」，怠惰的代表是「跑腿兔」，傲慢的代表是「推特」，同時集合以上一切再加上憤怒與嫉妒的代表則是臉書。

先有科技，再去找民眾不覺得是問題的問題來解決，我很清楚那種做法帶來的後果。我們實驗室當年就是這樣，才會跑到P&G公司的原型店，硬是把對抗糖尿病的條碼掃描器，塞給一點都不想要的民眾；民眾不想要，是因為那個條碼掃描器無法解決消費者最關心的問題：商品價格。

史坦伯格和任大婷尋找新計畫時，決定採取不一樣的做法：先找到正確問題，然後才想辦法解決：「我們希望找到最關鍵的問題。基本上，那就像是當我們看著消費者，知道我們可以讓他們的生活更美好。」

兩人等待已久的靈感在二〇一三年冒出來。當時史坦伯格搭機回到位於康乃狄克州西哈特福（West Hartford）的老家，母親開車到附近的布拉德利國際（Bradley International）機場接他。史坦伯格告訴我：「在我小時候，老媽經常接到超速罰單。」甚至就連車速限制高達八十英里的蒙大拿州都能違規，「她非常愛開快車，油門一踩就到底」。

然而，那天母親接機時，史坦伯格注意到她開車比平日小心。「我說：『你怎麼開這麼慢？』我媽回答：『我現在開車比較吃力。』」

史坦伯格因而開始思考五年或十年後將發生的事，最終他得考量如何照顧母親。「如果我不希望有一天得告訴她：『媽，你不能一個人住』，我得怎麼做才行？」史坦伯格開始研究居家照護產業，發現了很好的機會。

史坦伯格發現，專業居家照護的領域主要由小公司與個人組成，外加幾間大一點的連鎖加盟企業，但市場上沒有稱霸業界的大公司，也因此居家照護產業享受不到規模經濟的好處。一般來講，如果顧客需要一小時專業照護，至少得付三小時的錢，因為照護者還得負擔交通費與經常性費用，出勤一趟至少得收費三小時才划得來。更麻煩的是，就連最大的公司都僅有人數不多的專業照護者名單，經常發生時間無法配合的問題，也很難替有特殊需求的人找到合適照護者。此外，還可能碰上語言隔閡，以及雙方處不來的問題。

史坦伯格點出的問題可說是太輕描淡寫。我個人聽說過許多真實故事，每個聽起來都一樣：壓力很大的成年子女為了找到專業照護者，費盡千辛萬苦。故事如果有幸福快樂的結尾，通常是因為終於出現合適的照護者：噢，感謝上帝，幸好有瑪麗。我們已經換了三家公司，最後有人把她介紹給我們。如果沒有瑪麗，真的不曉得該怎麼辦。

史坦伯格最初只做照護領域很小的一塊：接病人出院。病人出院時間有時相當突然，經常臨時找不到人來接他們回家。有時年長者早上就可以出院，卻得等上一整天，直到子女下班後才有辦法去接。史坦伯格住在加州，萬一母親在康乃狄克州住院，一個在美西，一個在美東，甚至不可能下班後去接母親。如今全球有愈來愈多家庭一家人散居各地，史坦伯格絕不是唯一會碰上那種問題的人，他開始思考如何能隨時聯絡一下，就替出院病人找到專業照護者。

史坦伯格說：「接送是個問題；把家中布置好準備迎接出院病人又是一個問題；準備好藥物、確保病人能上樓，統統都是問題。」二十%的聯邦醫療保險病患在出院後，三十天內又回到醫院，[25]原因通常與無法好好在家休養有關。

史坦伯格與任大婷想到，如果隨時待命的專業照護者人數夠多，又有效率十足的基本科技設備輔助，就有辦法即時提供可靠的出院照護服務。不過，這個點子還開啟了其他可能性，畢竟派專業照護人士到醫院，和抵達其他地點沒有太大差別，何不成立居家照護的一站到位線上服務？史坦伯格仔細思考後，又想到若要替母親找到長期照護者，也是自己無法從遠地解決的問題。他將得搭機前往康乃狄克州，面試一大堆看護，然後搭機離去，把母親的健康託付給一個陌生人。

史坦伯格、任大婷與其他兩位創辦人因此成立了 Honor 公司，目前服務的地區包括舊金山灣區與洛杉磯都會區。他們在兩輪募資中募得六千兩百萬美元，成績還不錯，投資人包括矽谷最具影響力的創投者。[26]史坦伯格不願透露旗下有多少顧客或專業照護者，但看來人數不容小覷，因為史坦伯格號稱他們拒絕了九十五%的照護應徵者；只有在應徵者為數相當多時，才有辦法做到如此嚴格的篩選。

人們如此青睞 Honor，主要是因為這家公司慷慨對待旗下的照護者，以員工方式聘雇，而不是外包出去。此外，Honor 提供以一小時起跳計費的照護服務，相較於最少要三小時的業界標準是很大的進步。史坦伯格指出，Honor 之所以能兩全其美，既給員工高薪，又減少顧客付費的最低照護時數，原因是公司靠著規模夠大與數據處理能力增加效率。舉例來說，如果擁有足夠的待命照護者，又知道他們目前與預定前往地點詳細資訊，就能利用演算法計算如何減少交通時間等高額成本。雖然那對 Uber 和聯邦快遞（FedEx）來講是再熟悉不過的事，在照護世界卻是新鮮事，有望減少專業照護目前金額龐大的固定成本。

Honor 配對旗下「照護專家」（care pro）與顧客的方式，更稱得上是照護產業的創舉。舉例來說，你的母親若是需要專業照護者，但她只會講中文，家裡還有好幾隻貓，那麼照護者必須會講中文，而且不能對貓過敏。要不然，「照護專家會從頭到尾不停擤鼻涕，對令堂不太好。」史坦伯格補上一句：「還有，對照護專家也不太好。」

事實上，Honor 由於規模夠大，又有資料分析能力，不只可以靠語言與共通興趣等條件來配對「顧客」與「照護專家」——畢竟只要有足夠的時間與試算表，任何傳統公司也能做到這種程度——史坦伯格指出還有難度更高的問題：「如果你請人照顧媽媽，你喜歡精通照護技巧的人，還是客服技巧高超的人？」這聽起來像是最好可以不必選擇的事——難道就不能魚與熊掌兼得嗎？史坦伯格說，「如果媽媽只需要一點協助，你不會太在意照護技巧，會比較關心客服能力。」然而，如果媽媽罹患重度失智症，甚至說服她出門散個步都很難，那麼情況就不一樣了。「你會特別關心照護專家是否知道如何帶重度失智症母親去散步，這種時候技巧勝過客服。」

剛成為老年照護消費者的民眾如果被問到這樣的問題，大都不知所措。史坦伯格說：「我們有辦法分析大量數據流，找出消費者真正的需求。」此外，Honor 依據此類標準替每一位照護專家評分，顧客得以受益於擁有不同技能組合的專家。

值得一提的是，Honor 和居家照護領域其他前輩最大不同之處，或許就在於 Honor 並不顯眼。Honor 絕不像 RoBear 機器人那樣時髦，也比不上有可能解決照護人力短缺問題的機器人那樣吸睛。Honor 的確提供行動 APP，但顧客也可以打一通電話就預約到照護專家。然而，Honor 之所以屬於科技新創公司，在於具備有效配對的深度數據分析技術——這項顧客和照護專家都看不見的技術，由 Honor 辦公室裡埋首的工程師悄悄建立與維護。

健康照護產業的未來

當我思索有什麼樣的方式，可以讓老年健康安全產品在近日的未來變得更便宜、更具效率，一下子就想到 Honor 的例子。Honor 正在快速成長，前文提到的 Honor 公司規模、資金、營運範圍等資料，到了本書出版時大概已經過時。老實講，如果真的發展如此迅速是好事。我希望 Honor 的成功將使精明的創業者，以及各地的董事會與創投辦公室的內部創業家，體認到中高齡消費者值得下重金投資。

健康照護產業尤其需要這種重視效率的科技創新。各位可以回顧一下前文，健康照護產業節節高升的成本，讓麻生太郎催促老年民眾「快點死一死」。矽谷的創新撼動了許多產業，不論是音樂產業、寢具產業、食品產業都遭受重擊，然而健康照護產業尚未屈服於那樣的威力。科技創業者傳統上不去碰健康這一塊，因為該產業受到法規高度管制。Honor 僅是小試一下水溫，只提供與臨床醫療無關的居家照護，也就是不受美國食品藥物管理局（FDA）或「健康保險便利與責任法案」（HIPAA，保護病患資料流通的國會法案）嚴格控管的領域。推出能播放音樂、打電話、擴大自然音的「Here One耳機」的多普勒實驗室，同樣也選擇不受醫療法規管制的領域。二〇一六年九月，多普勒實驗室執行長告訴《快公司》（*Fast Company*）商業雜誌編輯哈里・麥克拉肯（Harry McCracken）：「如果你真的需要醫療器材，你得買助聽器。現行情況就是這樣，由法規來決定誰需要醫療器材，誰不需要。」不過麥克拉肯也指出：「對於強調自家產品不是要和助聽器競爭的新創公司來講，多普勒花很多時間思考自身技術如何協助聽力受損人士。」[27]一如預期，多普勒到了二〇一七年年初，並未挑戰傳統助聽器市場，而是開始與兩黨國會團體合作，推動法規鬆綁，納入新型聽力輔助產品。[28]

健康照護產業有著根深柢固的法規與制度架構，屈指可數幾家膽敢進入這個領域的科技新創公司，最後下場往往成為勸戒世人不可有野心的警世故事。故事中的冒險者全副武裝，帶著新潮的資訊科技，闖進以為可以輕鬆屠龍的領域（天啊，那個產業到現在還一堆人在用傳真機！），卻沒停下來想一想，如果那頭野獸真的那麼容易殺，怎麼會還沒有人成功。今日還想屠龍的人會看見沿途燒焦的人骨；那些前輩最初出發時，大都享受了早期的勝利號角聲，一路順利前進，最後卻命喪黃泉。

二〇一三年，FDA要求DNA分析公司「23與我」（23andMe）停止提供主要服務，理由是「23與我」的資訊不夠多，未能提供足夠證據證明自己的檢驗準確。[29]「23與我」花了兩年時間捲土重來，改提供非全面、價格高的產品，[30]接著又花兩年時間，才終於獲得FDA的正式核准，[31]重新提供疾病風險基因檢測服務。另一個壯烈犧牲的例子是Theranos公司。Theranos提供的服務是只需要抽一滴血，就能執行數十種疾病檢測，然而監管單位認定該檢測結果可信度不高，二〇一六年下令公司創辦人禁止擁有或管理醫療實驗室。[32]命令下來後，Theranos幾個月內便關閉實驗室，資遣近一半員工。[33]同一年，Zenefits執行長辭職，起因是協助員工迴避法律規定的五十二小時訓練課程。[34]Zenefits是瞄準企業用戶的公司，靠著先提供免費行政軟體吸引顧客上門，再推銷旗下的企業健康保險仲介服務。發生了種種重大法規事件後，科技產業形成了幾乎是不證自明的共識。套用臉書創辦人祖克柏講過的話，健康照護產業擅長阻擋「快速行動，打破成規」的創新者。見微知著，Zenefits把執行長趕下台後，公司座右銘從「預備、射擊、瞄準」（Ready. Fire. Aim）改成「以誠信經營」（Operate with Integrity）。

健康照護創新即使沒被監管單位殲滅，也很容易冒犯另一股重要性有過之而無不及的勢力：醫生。醫生的確有理由憂心，將院方與保險業者利潤當成優先考量的科技，造成過於大量的數據管理責任落在醫生頭上，除了犧牲看診效率，最糟糕的是摧毀醫病溝通。美國醫學會（American Medical Association）執行長詹姆士・馬達拉（James Madara）在二〇一六年學會年度會議演講中，質疑許多健康照護科技展品的價值——「缺乏效率的電子健康紀錄、大量直接接觸消費者的數位健康產品，以及品質不一的APP。」機器人手術與先進放射治療等真正有用的醫療進展之中，埋藏著「其他所謂的數位進展，有的缺乏醫療實證，有的效果不佳，甚至妨礙照護，造成病患誤解，浪費醫生時間*」。馬達拉表示：「那種東西是二十一世紀初的數位版江湖郎中。」

我們可以想像當馬達拉憂心的事發展到極致：在那樣的一個世界，連結在一起的裝置彼此通訊，量化人類所有的健康數據，但沒人負責從各種嘈雜的統計噪音中，得出有意義的結論，只有日新月異的演算法，以及過勞的醫生。今日的醫生與護士，原本就已經被科技帶來的大量視覺提醒與響個不停的警示音包圍，有時關鍵資訊反而淹沒在汪洋大海之中，造成致命的失誤。[35]馬達拉指出，今日的加護病房「就像一片充滿嗡嗡聲的原始沼澤，鈴聲、警示聲、警笛聲此起彼落；電子健康紀錄也來參一腳，隨時發出提醒。想像一下，在那些

*依據估算，今日醫生平均每天有五十%的工作時間用於輸入五花八門的大量電子健康紀錄系統數據。馬達拉在演講中指出：「美國醫生成為全球最昂貴的資料輸入工，真是浪費人力。」

鋪天蓋地的嗡嗡聲之中，還要再加上來自四面八方的資訊，例如Fitbit智慧手環與智慧型住宅傳來的數據……」

從醫生和監管單位的角度來看，唯一比那種景象糟糕的，就是乾脆完全將醫生排除在外的時髦數據流。前MIT媒體實驗室主持人與實驗室旗下「新媒體醫學小組」創辦人法蘭克・摩斯（Frank Moss），在二〇一一年一篇《紐約時報》社論中總結了那樣的景象：

> 率先登場的是「數位神經系統」（digital nervous system）：穿戴在身上與放置於家中不顯眼角落的無線感測器，持續監測你的生命徵象，追蹤影響健康的日常活動，計算你走過的步數，你攝取的食物分量與品質。手環偵測你的清醒程度、專注程度與焦慮程度。繃帶監控傷口感染。浴室鏡子計算你的心跳、血壓與氧氣濃度。
>
> 此外還有自動裝置。軟體會分析視覺化相關數據，讓你真正了解自己的行為對健康造成的影響，建議你做出可以預防疾病的改變——目前為止，減少健康照護成本最有效的方法，就是預防勝於治療。[36]

然而，《紐約時報》刊出前述景象幾年後，大量證據顯示，把醫生排除在外的做法確實行不通。FDA譴責「23與我」直接提供消費者DNA檢測結果，很容易被誤認為醫療建議，其中最令人關切的是乳癌風險檢測，有可能導致病患尋求不必要的預防性手術。[37]FDA在二〇一七年批准「23與我」的疾病風險基因檢測盒再度上市時，[38]乳癌風險檢測不在核可項目。Theranos陷入法規泥淖之前，也曾試圖提供類似服務，甚至成功讓亞利桑那州修法，允許Theranos直接告知消費者部分驗血結果[39]（老實講，Theranos會在二〇一六年關門大吉，除了該公司採取直接面向消費者的高風險營運模式，更大的原因單純是血液測試結果不精確）。[40]

美國醫學會執行長馬達拉的看法與監管單位一致：「消費者數位健康裝置（僅在合約中以小字說明『檢測結果僅供娛樂用途』）」，再加上「我們的大量電子紀錄」，以及剛才提到的醫院裡此起彼落的醫療儀器警示音，全部加在一起後，「變成我所說的數位反烏托邦」。雪上加霜的是，企業還大力推動令馬達拉困擾的新型產品。一群像摩斯那樣的科技人士「預估數位健康照護的未來，將在不久後完全跳過醫生——病患大都可以自己照顧自己……接著依據演算法，基本上可以自己治療自己。」馬達拉問：「最近有人看報紙嗎？有沒有人追蹤那些持續進行的大量調查？那些大力推銷的新方法顯然是騙局。被誇口到天花亂墜的景象，事實上沒那麼美好，對吧？」[41]

在健康照護的「屠龍」故事裡，「傲慢」取走了一個又一個騎士的性命，倖存者屁滾尿流的逃回消費者科技產業。在小說世界中，善惡到頭終有報，然而在真實世界，這條代表健康照護效率不足的火龍，依舊在燒傷百姓；不論屠龍者有多麼面目可憎，龍必須死，或至少得折翼。

或許照護領域需要不一樣的市場新進者，科技公司必須對原有的各方勢力表現些許尊重。數十年來，科技公司應許要「解決健康照護問題」，然而從最深的層面來講，這類公司的問題是不曾完整考量所有相關消費者想完成的工作。這裡講的是所有的消費者：不只是病患，還有醫生、醫院行政人員、保險業者與FDA，想得到的各方人士都得考量進去。有太多例子是相關改變把院方與保險公司的需求擺在最前面，而新方法通常要不就是加重醫生的工作量，要不就是乾脆降低醫生的重要性，造成監管單位忙著挑科技公司的問題。

摩斯發表社論五年後，態度稍有轉變，他寫下，相較於其他被科技接手的產業，「健康照護是一頭不一樣的野獸。」事實上，即使沒有健康照護獨有的障礙，健康科技產品可能也無法完成它們的使徒承諾的所有事。美國斯克里普斯醫療集團（Scripps Health）二〇一六年的研究顯示，穿戴式與健康醫療類的手機APP似乎並未影響整體的健康照護成本。[42]摩斯今日改成提倡「健康教練」（health coach），成立聯合健康公司（Twine Health）提供相關服務，追蹤病患的科技健康數據，協助主治醫師分析相關數字，並在病患似乎未遵守醫療計畫時加以提醒。

熱情的科技人士或許不想聽到這件事，但至少在近期的未來，以上模式或許是唯一能在健康產業完整運用資訊科技的途徑。目前的健康照護決策回饋循環中，依舊得把「人」這個元素加進去，就算只是為了防呆也一樣。事實上，新型的穿戴式與智慧型住宅技術成熟後，老年人將更有能力獨居，人們將逐漸仰賴此類技術，從可有可無、只不過是錦上添花，變成生活中不可或缺的一環。

接下來，各位可以跟著我一起做一場思想實驗。想像在不久的未來，有一位老奶奶生活在相互連結的裝置與APP之中，每一件事都靠科技幫忙做好，由一台家用電腦當管家，負責買菜與儲存食物、叫車、提醒緊急事故，社會安全福利金自動存入銀行帳戶，支出自動從帳戶扣除。醫療管理系統提醒何時該吃藥，並在醫生開的藥吃完後自動補充，甚至依據穿戴式血壓血糖儀、智慧型馬桶*及其他裝置的讀數，在一定範圍內調整劑量。智慧型體重計每天早晚追蹤體重，留意是否有波動。

現在鏡頭拉近到那台智慧型體重計。在上述科技產品中，體重計是最不像科幻片的一個。早在二〇〇〇年代初期，年齡實驗室就已經和某醫療設備大廠現場測試過一款智慧型體重計，如果使用者出現任何異常體重波動，體重計就會通知客服中心。維持穩定的體重對某些病患來講十分重要，例如為了鬱血性心衰竭服用環利尿劑的病患。鬱血性心衰竭使心臟無法有效讓血液在全身流動，造成肺部與肝臟等器官積水，利尿劑可以促進腎臟排泄作用，減少身體含水量，預防水腫。鬱血性心衰竭患者如果認真按時服用利尿劑，體重將維持平穩，但只要錯過一次服藥，就可能導致重要維生器官積水，體重快速增加。

我們那次合作的廠商很有自信自家體重計一定沒問題——在實驗室裡一切都很完美。然而，任何應用科學家都知道，真實世界老是會冒出想也想不到的變數。為求了解這台體重計在真實世界的表現，我指導的研究生協助廠商把體重計裝在十多名鬱血性心衰竭患者住

＊日本是全球智慧型馬桶最普及的地區，世界各地也正在開始流行。本書寫作當下，坊間某些智慧型馬桶型號可以分析尿流率（urine flow rate）等指標。值得一提的是，許多型號內建清洗臀部的功能，對帕金森氏症患者與行動不便者來講是一大福音。

處。幾位患者全都每天早上服用利尿劑，並每日早晚量體重。我們預期如果有人忘了服藥，體重計晚上就會發現問題，到了隔天早上更是不可能誤認。

出乎意料的是，其中一名老婦人每天晚上體重都增加，而且是增加很多，但早上起床後又恢復正常。這完全說不通：怎麼會一個晚上體重便憑空消失四．五公斤，到了隔天晚上又再度增重？認真負責的學生開始調查究竟發生了什麼事。先是確認體重計沒壞，老婦人身體沒出問題，按時服藥，也沒尿床，於是學生詢問她晚上會做哪些事。

「噢，我每天晚上都做一模一樣的事，」老婦人回答，「煮晚餐，吃飯，餵貓，然後就去量體重。」

等等，最後幾個字是什麼？

「我餵貓，然後量體重。」

詳細追問之下，原來「餵貓」與「量體重」兩件事密切相關。菲菲一吃完貓罐頭，老婦人就會抱起菲菲站上體重計。早上量體重時則只有量自己，沒抱著毛茸茸的玩伴。有貓和沒貓的差異，擾亂了體重計接收到的數據，而這正是廠商擔心會碰上的假警報——實驗室不會發生這種事，實驗室通常沒寵物。

讓我們回到剛才的假設中。住在超級智慧屋中的老奶奶，她住的地方有智慧型體重計、智慧型馬桶，以及其他智慧型居家設備。假設她也犯了同樣跟貓有關的錯誤，最糟的情況會是什麼？

先假設她家中的科技設備沒出問題，服藥管理系統也很可靠，還通過ＦＤＡ的檢驗，不會隨隨便便把劑量調成五倍。當老奶奶抱著貓站上體重計，體重計傳送訊息至智慧屋的各角落，通知她快點去看醫生，還幫忙叫好負責接送的Uber。然而她沒去看醫生，只關掉吵死人的警訊。廚房訊息告訴她，要立刻減少鹽的攝取，因為鈉會造成水腫。家庭電腦下令要送餐服務改送無鈉午餐。午餐淡而無味，太難吃了，於是到了晚上，老奶奶拿起電話叫外賣，打破平日的習慣，晚餐改吃速食，吞下大量高鹽食物，接著不確定是否要服用下一次的利尿劑，因為她知道今天藥好像有點問題，但不曉得問題究竟出在哪。突然間，她的健康真的碰上危機，就只因為沒人詢問她平常晚上做些什麼，或是沒想到要問貓的事。

在這個例子裡，光是一時不慎與運氣不好，就造成一場健康危機。現在再想像一下，還有人存心作惡。系統愈電腦化，可能被惡意侵入的機會也愈多。二〇一三年時，許多科技部落客開懷大笑，因為售價四千美元、可以靠智慧型手機操作多項功能的「My Satis」智慧型馬桶，只要是位於藍牙範圍內，任何人都有辦法讓那個馬桶打開、關閉、朝空中噴水。[43]表面上讓人忍俊不住，然而如果裝置不是連接至水管，而是銀行帳戶，那就有可能被駭入，盜領一空。至少在早期階段，在提升照護功能的智慧型住宅中，還是需要有人負責監控此類問題，找出各式各樣在狀況單純的研發實驗室裡不會出現的困擾。演算法的確可以抓到相當不尋常的問題，例如信用卡公司會懷疑，刷卡買了馬爾他倉庫裡一萬隻橡皮鴨的是不是你本人。然而，智慧型住宅一旦成為維生設備，先關掉機器，問題解決後再開啟，並不是可行步驟。目前為止，最好依舊由人類來判斷系統是否出錯，這個人可能是家人、親友或專業照護人員。

就連在電子健康紀錄的世界，都有人提出最好再次把人導入系統。自動系統擅長提醒藥物相互作用等危險，但由於輸入的資料僅限於醫療紀錄數據，系統提出的治療建議可能不理想或不充足。舉例來說，孩子如果出現氣喘症狀，系統可能建議正確藥物，然而只有人類能發現不曾被輸進健康紀錄的事，例如聞到那個孩子的父母衣服上有菸味，進而勸告他們得戒菸，或至少改到屋外抽。史丹佛醫學院團隊在《美國醫學會雜誌》（*Journal of the American Medical Association*）中指出，這類醫療觀察「會改變診斷的演算法。當診斷重心是電腦而不是病患時，很容易被忽略」。[44]

蓋瑞．卡斯帕洛夫（Garry Kasparov）是首屆一指的西洋棋特級大師，他認為由人類與電腦組成的團隊，將勝過純人類或純電腦的團隊，他稱之為「半人馬」（centaur）。在「半人馬」團隊中，人類負責高階創意決策，機器則靠著運算馬力支援決策過程。放到照護領域來講，結合「高科技」與「高感性」的做法，有可能創造出比單一元素強大的組合，Honor便是採取這樣的策略；在健康照護領域採取相同做法的時機已經成熟。這樣的新途徑能否減少健康照護成本，目前尚不可知，但應該能延長人們健康活著的時間，使年長者隨心所欲活出史上最長壽的人生。

智慧型住宅的照護魔法

各位如果沒聽說過「半人馬」及其他科技解決方案為健康照護打造的明天，也難怪你對於未來的老年生活，依舊抱持著前文麻生太郎與伊曼紐的看法。雖然我們想多活幾年，卻認為老年生活沒什麼價值，而科技發展看來不可能扭轉那樣的評價。照護機器人等新奇科技感覺頂多就像是科幻小說一樣。每當企業將通過驗證的資訊科技應用在健康照護，也似乎總是沒好下場。就連或許的確可行的技術，例如使Honor公司能有效營運的技術，民眾也大都不太熟悉——至少目前是如此。

然而，由於從事基本研究的科學家與工程師持續努力拓展每一個科技領域，必然會帶來令人開心的驚喜（雖然無法預測什麼時候會問世）。部分進展很可能改變我們生活與老去的方式，而且發生速度超過預期。我為了一項這樣的科技發現與相關的新興智慧型住宅技術，在一個溼熱夏日穿越ＭＩＴ校園，前往ＭＩＴ「史塔特科技中心」（Ray and Maria Stata Center）九樓辦公室，拜訪電子工程與電腦科學教授迪娜・卡塔比（Dina Katabi）。我進門前，卡塔比事先警告可別被門檻上的壓克力板絆倒。那塊板子是她特地請樓下的機械工廠幫忙裁的，以擋住出入口，人類很容易就能跨過，但能擋住她的超迷你約克夏㹴犬米卡。看來有的實驗室允許帶寵物。

卡塔比是全球頂尖科技專家，專長是研究無線電波如何與彼此以及周遭世界互動。她曾在白宮這樣告訴歐巴馬總統：「如果你足夠了解無線電波，就會明白這是一種神奇的生物。」卡塔比在辦公室努力向我解釋無線電波能做的各種五花八門的事，顯然她能「看見」無線電波，如同我們能看見狗兒與貓咪。我們談話的同時，米卡無聊的窩在角落，那些話牠以前都聽過了。

我和卡塔比教授討論到，「智慧型住宅系統」有可能具備跨世代的吸引力，成為一種卓越產品，在協助年長者的同時，「順便」提升所有年齡族群的生活。我認為最終能夠連結家中所有裝置的中央介面中，目前首屈一指的原型是亞馬遜的 Echo。Echo 是配備智慧型個人助理 Alexa 的聲控電腦，已經能執行眾多功能，例如播放音樂、讀出維基百科文章、預測通勤時間、控制燈光與暖氣設備。或許最重要的是 Alexa 能做的事不斷增加。其他擁有類似功能的智慧型個人助理，包括微軟的 Cortana，蘋果的 Siri，和 Google 的 Google Assistant。

卡塔比教授讓我說出天馬行空的想法，接著用溫和的微笑打斷我。她說人們的確能叫 Alexa 做各種各樣的事，它的功能每一天都在增加。然而，Alexa 做不到一些表面上很簡單的事，例如我們要是設定鬧鐘，Alexa 知道該讓鬧鐘響起的時間，卻不曉得地點。卡塔比說：「你告訴 Alexa：『早上八點叫醒我。』Alexa 會在早上八點響起鬧鈴，但不會知道你究竟下床沒，或是你還在賴床。」這番話令我目瞪口呆，後來想想的確如此：鬧鐘與時間和人互動，以 Alexa 來講，還與網路互動。然而，鬧鐘不知道自己在屋裡的哪一個位置，也不知道你人在哪裡。真正的無縫智慧型住宅技術成熟時，必須能夠辨識屋內物體與人的所在位置。

說到所在地，我和卡塔比教授談話的地點是全 ＭＩＴ 最令人感到驚奇的建築物。發明家兼科幻小說家亞瑟．C．克拉克（Arthur C. Clarke）曾說過，任何最先進的技術就和魔法沒兩樣，而支撐著史塔特科技中心的力量，的確就像魔法一樣。史塔特科技中心由「普立茲克建築獎」（Pritzker）得主法蘭克．蓋瑞（Frank Gehry）設計，ＭＩＴ 著名的「電腦科學與人工智慧實驗室」便是位於這棟大樓。史塔特科技中心是整個校園中最怪模怪樣的建築物，有人甚至以「一團混亂」來形容。要不是該建築的建材是混凝土和鉻合金，而不是木材與茅草屋頂，你會以為看到放大版的「洞穴屋」（The Burrow），也就是哈利．波特的好友榮恩．衛斯理住的魔法屋。史塔特科技中心的外形就和洞穴屋一樣，一間間形狀不正的房間歪七扭八的相疊著，靠著無形的力量結合在一起，神奇的不會倒塌。

卡塔比研發的科技便是誕生於這樣的一棟魔法大樓，也難怪她最初以哈利波特小說中的魔法物品替那項技術命名。小說中富有魔法的「劫盜地圖」（Marauder's Map）讓哈利得以晚上在學校悄悄走動，魔法會告訴他教授們在走廊上移動的位置。卡塔比研發的科技也差不多：她的追蹤器有辦法在複雜的空間環境裡偵測人們的所在地，甚至完全不需要發射X光，也有辦法穿牆而過。

卡塔比生於敘利亞大馬士革的醫生世家，原本不該成為無線電波巫師，理應跟隨父親、祖父、叔伯阿姨的腳步成為醫生。她中學畢業時聯考拿到高分，排名全敘利亞第六，最初進入大馬士革大學，就讀人人稱羨的醫科，接著又一下子成為全班第一，這也是她突然不念醫科、改念電子工程時令人感到錯愕的緣故。卡塔比說自己的人生需要更多數學，我問她，父母是否被女兒的決定嚇到。

「他們氣壞了。」卡塔比說。父母不高興的部分原因在於，相較於醫學工作，敘利亞政府嚴格控管工程工作。「基本上，唯一能掌控自己人生的職業，就只有醫學。」

卡塔比選擇了第三條路，一畢業就到ＭＩＴ念電腦科學碩士，接著又念博士，她的論文所探討的控制理論，平日被應用在發電廠的效率設計與電腦網路問題，她提出使資訊能更有效的在網路間流動的新理論。卡塔比的指導教授是電腦科學與人工智慧實驗室的資深科學家，他告訴《麻省理工科技評論》（*MIT Technology Review*），卡塔比的研究「改變了在這個領域發表論文的標準」。[45]卡塔比自己很快就成為ＭＩＴ教授，專精研究使資訊在有線與無線網路間流動的新方法。

卡塔比在資訊轉換方面的成就，深深影響著「傅立葉轉換」（Fourier Transform）。傅立葉轉換是現代電子學不可或缺的數學工具，可以拆解複雜訊號，分析個別組成波的模式，用途包括找出哪些特定音調構成了每個人的讀特聲紋。傅立葉轉換的功能包羅萬象，應用範圍包括通訊訊號處理、股票選擇權定價、磁共振影像，但需要高度密集的運算。卡塔比與一群ＭＩＴ電腦科學系同事合作，找到方法讓傅立葉轉換在某些情況下不需要那麼大量的運算[46]——這是自一九六五年以來，這個領域首次出現重大突破。[47]卡塔比很快就開始好奇，如何運用藏在複雜無線電波訊號中的大量數據？她想，如果把這項技術拿來找出人們在家中的位置，不曉得會如何？

當然，透過發射出波至物體上來判斷距離，已是行之有年的技術。然而，不論觀測者希望透過雷達或原理類似的聲納來偵測物體，那項物體必須是在一片寬闊區域中唯一的物體，例如廣闊天空中的一架飛機，或藍色深海中的一艘潛水艇。「透地雷達」（ground-penetrating radar）在一九八〇年代中期成為商用技術，但是可以穿透擁擠公寓的雷達似乎是不可能的事——直到卡塔比進入這個領域。

卡塔比的構想是把 Wi-Fi 式的訊號送進家中，那些頻帶與 Wi-Fi 相同但結構不同、力量較弱的波會從人體回彈，但不會自人體附近的桌椅牆壁回彈，因此可以透過計算回傳時間，判斷人的所在地。然而，這種做法會帶來一種新挑戰：雖然人體主要由會反射無線電波的水組成，桌椅等堅硬表面卻會妨礙反射。

不過，桌子與牆壁不會做的一件事，就是四處移動。還記得有關暴龍的迷思嗎？據說恐龍只看得見會動的東西？（電影《侏羅紀公園》〔*Jurassic Park*〕中，山姆．尼爾〔Sam Neill〕飾演的角色告訴同伴：「別動！只要我們不動，牠就看不見我們。」）卡塔比構想中的系統就像那樣。系統將 Wi-Fi 波段的無線電波訊號送進室內，感測器偵測自各種表面回彈的不和諧混雜反射，但如果有人走到感測器前面，系統理論上可以只注意自人體彈回去的反射，因為人體反彈的訊號將隨時間變化，不同於桌椅的反彈。卡塔比認為這樣的系統可以測量行進間的人體移動方向與距離，或至少人們在家中走動時可以確認位置，只要他們沒坐著看電視就行。

然而，卡塔比和學生開始測試系統時，出現了意料外的事。他們以多種方式把所在地數據視覺化，有的以線圖方式呈現。卡塔比和學生走過感測器時，代表距離、位置或高度的線條會上上下下，這是預期中的結果。他們沒想到的是，人類受試者站著不動時，線條的移動方式呈波浪狀，每五秒鐘左右出現波峰。卡塔比要站在感測器前的學生閉住呼吸，那些神祕的波峰就消失了，這只可能代表一件事：系統的精確度超乎卡塔比的想像，可以偵測到呼吸造成的腹部動作。團隊接著又注意到先前被呼吸動作掩蓋的另一件事。受試者一直閉住呼吸，眼睛都爆出來了，此時線圖上出現一連串小小的、頻率更頻繁的波。那只會是一件事：心跳。換句話說，卡塔比團隊製作出來的裝置極度精確，除了可以偵測到室內另一頭或牆的另一邊呈休息或走動狀態者的所在地，甚至可以偵測到那個人的生命徵象。

問題來了，要怎麼應用？

那個系統顯然可以應用在軍事方面，也可能成為智慧型住宅裝置的介面。卡塔比團隊很快就找出辦法讓人靠手勢控制室內照明，關閉未使用的燈光、減少能源消耗，並且判斷屋主不在家的時刻。卡塔比甚至開始設想全家各角落都能玩的電玩——例如擴增實境（AR）

版的「決勝時刻」（Call of Duty）電玩遊戲。玩家可以在自己家裡跑來跑去躲壞人。卡塔比大約是在研發到了這個階段，考慮用哈利波特的「劫盜地圖」替這個科技命名，但後來又感到太像奇幻小說而作罷。

卡塔比在二〇一三年榮獲麥克阿瑟基金會（John D. and Catherine T. MacArthur Foundation）頒發的「天才獎」。基金會表示，「天才獎」的頒發對象「在創意工作中展現非凡的原創性與努力」。「天才獎」除了頒發高額獎金，還使公眾注意到獲獎的科學家、藝術家及其他專業人士。卡塔比在接下來的媒體瘋狂追逐中提到，不僅想把研究運用在智慧型住宅，也想運用在醫院。

接下來，天有不測風雲，人有旦夕禍福。卡塔比獲知祖父摔了很重一跤。同一個月，她的研究所學生的祖母也發生同樣的事。幸好兩位老人家跌倒時，很快就被家人發現，救回一命。然而，卡塔比自此心心念念居家生活可能發生最糟的狀況，也因此她替自己的Wi-Fi追蹤器開公司時，最初的使命就是監測與防止跌倒。卡塔比將公司命名為「祖母綠」（Emerald）。

二〇一五年時，白宮首度舉辦「白宮展覽日」（White House Demo Day），表揚「包容性創業」（inclusive entrepreneurship），也就是由非年輕男性白人創立的事業，卡塔比因此有機會在歐巴馬總統面前展示祖母綠科技。我個人認為那次的展覽日影片，除了可以讓人完整了解祖母綠系統的能耐，也是一段很好玩的影片。影片中，總統在大批媒體簇擁之下，和卡塔比、卡塔比的研究所學生札克·卡比拉克（Zach Kabelac）與費德爾·亞底比（Fadel Adib）握手。卡塔比告訴總統：「我們代表祖母綠公司，祖母綠是年長者的健康夥伴，協助人們在家中過安全健康的生活。」

我們不可能知道歐巴馬總統當下是怎麼想的，不過如果他和多數熟悉老年健康科技的人一樣，他大概無聊到打呵欠看手錶。那個世界有一籮筐可以偵測跌倒的原型感測器系統，並且千篇一律，通常是鋪在地板上的感壓墊，要不然就是戴在身上的加速規*，幾乎沒有任何相關發明進入生產階段，更別提成功打進市場。那類東西似乎效用不大，不符合使用者或照護者的需求，而且太貴，或是令人感到侵犯隱私和幼稚。不過，就算總統真的這麼想，他也沒表現出來，畢竟卡塔比是他的客人。接下來，卡塔比示範她的裝置如何能偵測跌倒（學生亞底比當白老鼠，故意跌倒），接著解釋為什麼就算隔著牆壁也有辦法偵測，總統

*譯注：accelerometer，可以測量加速度的儀器，用來測量運動。

顯然突然間興趣大增。

卡塔比解釋，剛才「祖母綠」一直在追蹤亞底比的生命徵象，她給歐巴馬總統看呈現亞底比呼吸狀況的圖示，接著要亞底比閉住呼吸後，說明代表心率的曲線。總統愣住，接著「哇」了一聲。

卡塔比不疾不徐的解釋心率功能，另一名學生提醒她，亞底比還在閉住呼吸。歐巴馬大笑：「可憐的傢伙……他臉色發青！」

總統接著表示：「我懂跌倒那部分，那是很大的動作，但沒想到你們的感測器就算隔那麼遠的距離，依舊非常靈敏。」

事實上，祖母綠系統高度靈敏，但偵測的項目也模糊到不會令人感到隱私被侵犯。祖母綠偵測複雜環境中精細動作的能力，遠超過影片中的介紹，但幾乎無法形成任何影像——那是特色，而不是缺點。

祖母綠只能夠進行大略的測量，例如某個人是高是矮、坐著或站著，但無法形成面部或身體影像。相關的功能限制可以減少侵犯隱私的疑慮，即使祖母綠實際上可以偵測年長者不會想和別人分享的事，例如星期六晚上臥室裡的動靜。

祖母綠只有一處使用者可能挑毛病的地方：如同本書第一章提到的「急救警報」等個

人緊急救援系統，沒人想要用「給老年人的科技」。卡塔比告訴歐巴馬總統：「我相信您一定看過那個廣告：『我跌倒了……』」

歐巴馬總統跟著一搭一唱：「戴上項鍊……沒錯，我祖母自己一個人住，我們老是擔心她的安全。」

卡塔比表示：「我們知道年長者經常忘記戴上安全項鍊，就算他們真的戴在身上，發生事情時，也不記得要按下按鈕。」

歐巴馬說：「沒錯，要不然就是在那邊發脾氣，說『我不想戴這種東西』。」總統模仿脾氣暴躁的人發出不屑的聲音：「哼。」

總統是在開玩笑，但他的話一針見血——我唯一要補充的是，當科技不符合人們如何在心中看待自己時，他們的確有權發脾氣。祖母緣因為不需要戴東西在身上，避開了「急救警報」會失敗的主因：有呼救項鍊的人，早上還得決定要不要戴在身上，最後可能乾脆不戴。不過，祖母綠如果被視為「老人在用的東西」，依舊可能影響未來的發展性。

我和卡塔比自從那次會面過後，後續又討論如何逃過被視為「老人科技」的命運：也就是讓祖母綠那類系統被視為各種年齡都適用，只是剛好也能救年長者一命。不論卡塔比最後選擇要讓自己了不起的發明走哪條路，此類系統如何跨越年齡的藩籬，成為家家戶戶都裝設的設備，是值得思考的議題。

有幾種方法可以讓相關系統不限於老人使用，一個方法是整合進智慧型住宅，讓屋內的人靠「手勢」與「聲音」的組合控制相連的裝置。人們在學習操作全新介面時，如果以較為複雜的方式下令，可以讓人類（與系統）有兩個機會得出正確指令。例如，要是指著燈泡說：「燈，打開」，智慧型住宅電腦就會知道：（一）你想開哪盞燈，（二）不要開那盞燈後方的電視。

也或者未來有一天，我們將無法想像家裡沒辦法叫出劫盜地圖，列出每個人在哪裡，點選上頭的物品。只要利用祖母綠與小小的無線射頻辨識（RFID）追蹤標籤，便能定位人與物品的地點。GPS地圖問世後，我們已經不太記得過去得攤開紙本地圖的日子，今日使用GPS是再自然不過的事。住家會不會也發生一樣的事？突然之間，不必再找鑰匙，也不必擔心青春期的孩子不曉得人在哪裡，也不必裝設只有單一功能的昂貴安全警報器。卡塔比指導的研究生已經在自己家中測試數種祖母綠的原型。卡比拉克告訴我，全家外出時，祖母綠可以當成防盜器。

祖母綠系統除了可以提供各種年齡都適用的功能，依舊能達成原始目的：保障老年人在家中的安全，將許多重要安全資訊傳送到照護者手中。不可避免的隱私權疑慮的解決辦法是，讓被照護者自行決定要分享多少資訊，而不是由照護者來決定。可以得知最多資訊、又最不涉及隱私的例子，是成年子女可以隨時知道父母人在哪裡、吃飯沒、步伐是否正常、是否偏離平日的習慣。光譜上另一端最侵犯隱私的資訊，則有如哈利波特小說中的另一項魔法科技，做到哈利波特小說的洞穴屋中的設備所做的事。榮恩的媽媽衛斯理太太有一個時鐘，每一根指針都代表著一位家人（他們家一共有九個人），看鐘面上的位置就知道家人在哪裡，包括「工作」、「家中」、「學校」、「外出」、「失蹤」、「監獄」與「致命危險」。如果是最顧慮隱私問題的使用者，可以只使用 Wi-Fi 追蹤系統最基本的功能，只告知「致命危險」或「全部人都平安」。許多上有老、下有小的照護者會喜歡這個選項，全家大小若是有人碰上危及性命的危險（倒在地上動彈不得），其他家人將收到警訊。這種全家人都能用的功能，也會使相關技術增添不限年齡的特色，畢竟年輕人與中年人獨自在家時，也同樣可能跌倒撞到頭、橄欖卡在喉嚨裡、吃東西過敏，或是……各位可以自行舉例。重點是高科技產品就算是在處理健康安全等重要項目時，依舊能避免把老年人汙名化。

如同科幻小說家克拉克所言，科技應該要好玩，也的確能做到好玩，甚至「和魔法沒兩樣」。卓越科技的到來將增加老年人獨立生活的能力，改善人們的健康——除了晚年生活將更美好，也能將長壽天平上「危機」那一端的砝碼，改放在「機會」那一端。

不過，各位依舊可能指出一個合理的疑問。祖母綠那樣的科技，就算只用於偵測最少量的資料，終究還是會在一定程度上妨礙隱私。希望維持獨立自主的人士，會不會認為這點不合格？

事實上，祖母綠等系統帶來的隱私問題，銀髮族沒有各位想像中的氣憤。二〇一一年時，年齡實驗室在日本電信業者龍頭NTT（Nippon Telephone and Telegraph）協助下，打造出「e-Home」服藥提醒系統。此一系統可以辨認藥罐主人的身分，還能藉由罐子重量，判斷正確數量的藥丸是否在正確時間被取出。e-Home可以單獨使用，也可以整合到連結成年子女與年長父母住宅的雙向視訊簡訊系統，使用方式非常清楚直接。父母要是忘了吃藥，系統會提醒子女。此外，地理上相隔遙遠的親子，輕鬆就能通訊。整體而言，參與研究的年長者高度滿意此一系統。更重要的是，選擇親子共享模式的民眾喜歡的程度，勝過僅自己單獨使用的人。父母不在意讓子女知道自己忘了吃藥。[48]

聽來矛盾的是，如果你是感到照護科技入侵生活的年長人士，很可能會因為希望保有隱私而想要那些科技，因為在未來，許多人面臨的選擇，將不是是否要取得科技支援系統，而是在「使用科技系統」或「搬家」中做選擇——搬進孩子家中，不然就是住進輔助生活住宅或養老院。相較於許多養老機構採取全面監控的做法，不採人工監視方式的電子系統，反而令人感到沒那麼侵犯隱私。放眼更遠的未來，照護機器人也是一樣。如果得二擇一，一個是協助我們做尷尬私密行為的機器人，一個是有可能批評我們與散播八卦的人類照護者，很多人一定會選機器人。就連在今日，各位可能已經在無意之中做出這樣的決定。如果你在藥局買了會尷尬的東西，你會選擇人工結帳櫃台，還是自動結帳櫃台？我知道我個人會選機器人。

在機器全面接掌居家照護的那一天來臨之前，科技將提供不同於傳統監視方式的做法，保護接受人類照顧的人。舉例來說，卡塔比指出，祖母綠使用者可以確定保母盡忠職守：「你會想知道來照顧孩子的人，沒把嬰兒丟在房間裡，自己從頭到尾都在看電視。」各位上班時，會想確認水電工到你家修繕的實際情形。卡塔比說，你可能想確認水電工只待在廚房，沒跑進臥室。「你不想裝監視器，那是侵犯隱私」，而且許多國家規定，如果要拍攝他人，你得告知對方。然而，其他類型的科技能以更有效的方式達成監視器的效果，又（至少某種程度上）沒那麼令人不舒服。史坦伯格提到 Honor 如何翻轉一般的監視關係：「我們創立 Honor 時，已經知道這個領域有多到不可思議的欺騙行為。」我對此毫不訝異。居家或機構照護出問題的事例層出不窮，欺騙還算是小事。

史坦伯格表示，Honor 的應徵者一律得通過數道安全篩選，甚至留下指紋，但儘管有重重防護機制，在公司創立初期，依舊有某個照護專家開車到顧客的家，在Honor的APP上打卡，接著就離開了，沒留下來照顧老人。那名老人有嚴重失智症，不可能自行通報沒人來照顧她，但GPS追蹤功能立刻就抓到那名照護專家怠忽職守。史坦伯格表示：「我們能以可靠度百分之百的方式抓到開小差的人，立即將他們自系統中除名。」另一方面，系統也可以保護照護專家。「比起我們的人員不誠實，更常見的情形是家屬打電話過來抱怨：『我母親說沒人去照顧她。』我們查看GPS紀錄，告訴對方：『照護專家的確去了您母親家，時間是幾點到幾點。只是令堂不記得了。』」

只要是商業模式會在線上與年長人士互動的公司，一定都得採行安全與預防詐騙的偵測措施。近日一份研究報告估算，美國銀髮族每年被詐騙三百六十五億美元，也就是平均每人大約被詐騙七百五十美元，但不是人人被騙的金額都一樣，七%的受害者損失一萬美元以上。[49]多數詐騙發生在電話上，然而就和其他每件事一樣，一度發生在家用電話的詐騙，現在移轉到網路上。

從Honor公司走出去轉個彎，就是Stitch約會網站總部。創辦人羅果表示，線上約會世界也有遇上騙子的困擾。她的顧客在其他約會網站碰過各式各樣的詐騙人士，就連只服務熟齡族群的網站也一樣。Stitch某場舊金山灣活動的參加者證實了這樣的指控，曾有人假冒年輕有魅力的異性傳送露骨訊息。羅果轉述 Stitch 使用者在另一個約會網站的遭遇，「就像是在紅燈區一樣」。有人佯裝年輕男性對她示好，「她不是三十歲，而是六十歲。對方是詐騙集團。」

羅果替 Stitch 使用者設置多層驗證程序，那些程序和 Airbnb 替屋主做的防範很像。雖然無法百分之百剔除詐騙人士，但可以確認人們未謊報身分，使用者得以安心使用平台。羅果表示，使用者在她的網站上放心交談的程度，遠遠超乎預期。她原先沒計劃提供社群論壇，但有一天一時興起，替 Stitch 某場定期聚會開放評論功能。成員顯然相當喜愛在論壇中自由交談。

由於 Stitch 採取身分驗證措施，論壇是公開的，上站的很多是陌生人，成員仍願意以真實姓名發表意見。也因為不是匿名發言，不會出現酸言酸語。羅果因此受到鼓舞，替網站增設聊天室，一推出就大受歡迎。羅果在電腦螢幕上打開「維吉麥」（Vegemite）這個聊天主題的討論區。維吉麥是一種源自酵母萃取物的澳洲食物，喜歡的人很喜歡，討厭的人很討厭。羅果說：「天啊，這是有史以來最熱門的討論。」維吉麥算不算調味料？能不能單吃？這兩個問題引起熱烈討論。由於羅果採取嚴密的安全措施，網站使用者（許多是澳洲人）便可以暢所欲言。

只要樂趣，不要恐懼

要「樂趣」，不要「恐懼」；要「嚮往」，不要「憂慮」——樂趣、恐懼、嚮往、憂慮幾種情緒是刺激消費者的因素，即使是專門瞄準基本生理需求與個人安全的高科技產品也一樣。我們目前最關鍵的問題，是找出如何能解決相關基本需求，又能增加年長者自由行動、達成個人目標與享受樂趣的能力。舉例來說，提升網路安全措施，不該處處嚴密監視，而是提供可以放心討論維吉麥優點的園地（有人想知道的話，維吉麥比較像抹醬，不像調味料）。偵測跌倒的系統，用起來應該要很有趣，讓各種年齡的人都想擁有一台。居家照護公司提供的照護者，應該要會說你的語言、提供你需要的技能，不需要自己開口要求。

不論是重視樂趣的產品，也或者是愉悅的使用者體驗，或是年長消費者想達成的事，不一定需要充滿未來感或牽涉高科技。舉例來說，許多從醫院移轉到零售環境的健康照護服務，讓病患不再感到自己生活的主要目標就是當個病人。例如人們想要在去洗腎途中，順便和朋友在星巴克見面，而不是一天之中唯一要做的事，只有到某個交通不便的地方接受治療。另一個以健康產品支持顧客正面自我形象的方法，是以強調產品性能的方式行銷，而不是強調治病療效。Soylent 和亞培安素，雖然一個是沒時間吃飯的網路工作者的奶昔代餐，一個是老年人的奶昔營養補充品，但兩者最大的不同點只在行銷，本質上沒什麼兩樣。

最高層次的老年照護甚至可以專注於年長者想要什麼，不是只關注基本需求，不像輔助生活住宅或養老院等機構，向來重視健康統計數字勝過重視快樂。葛文德（Atul Gawande）醫師在探討人生終點的權威著作《凝視死亡》（*Being Mortal*）中寫道：「我們沒有好的指標可以評量一個協助人們活下去的機構是否成功，卻有非常精確的健康安全評量指標，也因此安養院人員會關注哪些事，也就不難猜想：人們關注老爸爸是否體重輕了、沒吃藥，或是跌倒，而不在乎他是否寂寞。」[50]不過，的確開始出現注重年長者欲望的地方，例如第三章提過的燈塔山村就是一個非正統但相當精采的例子。此外，如果曉得門路，也能找到願意採取新式做法的傳統機構。那樣的機構不像葛文德醫師所說的那樣，「可以保障安全，卻缺乏所有年長者在乎的事」。[51]

這類獲得好評的機構，等候名單通常落落長，市場想要這樣的東西；理論上，供給會上升以滿足需求，但供給依舊遲遲未能增加，主要原因是現行老年論述依舊影響力強大。若是只把老人當成待解決的問題，那麼這類產品便只會試圖減少生活中的負面事物，卻未能提供樂趣、開心與魔法等正面事物。年長者使用此類產品時，頂多只能從糟糕的生活品質，提升到普通的生活品質，不可能再上升到更高階的層次——在晚年活出意義，充滿熱情，獲得滿足感。我們如果只接觸到主流說法，很容易就以為老年沒什麼價值，不曉得事情其實可以扭轉。

幸好，嬰兒潮世代正在大聲說出自己的需求，大量新產品將積極替老年生活增添價值。雖然這種潮流將有益於老年生活，相關經濟因素的影響卻尚不明朗。以個人財務來講，我和理財顧問談難以預料的老年成本時，就連最有遠見的顧問都告訴我，他們的產業採取的行動不多，並未準備好迎接有科技輔助的活躍老年。舉例來說，靠線上單選服務取代傳統照護模式、減少照護需求，的確可以省錢，然而尚未有人替大量使用此類服務的人士設計出容易變現的儲蓄類金融產品。過去，母親或許一星期需要有人載她去買菜和看醫生一、兩次，現在她可以自己叫 Uber 來接她。不久的將來，母親還可以靠自動駕駛的 Uber，每天出門逛街。然而，方便的叫車服務或許可以大幅改善生活品質，卻將帶來從沒想到要事先規劃的支出，因為當年母親開始存退休金時，Uber 與 Lyft 等叫車服務只存在於科幻小說。

老年健康照護創新頂級產品問世，也將是另一個影響財務但鮮少有人提及的事。這裡所說的頂級產品，不只是外形時髦或電動輪椅那種現有產品的改良版本，而是全新產品。與年齡實驗室有關的例子是海豹型機器人「Paro」。Paro 由年齡實驗室成員柴田崇德所發明，尺寸大約等同一個大嬰兒或幼兒，頭部和鰭部會動，還能發出叫聲，對你眨眼。Paro 配備感測器，可以偵測到觸摸、光線、聲音、溫度和牠自己的姿勢。你拍拍 Paro 和讚美它時，Paro 會記住那次自己做了什麼，以後再次做出相同行為。另一方面，如果你打它，它也會記住相關行為，以後不再做。事實上，你可以訓練 Paro——如果給的關注不夠多，Paro 就會變得非常煩人。年齡實驗室裡有兩隻 Paro，我們不得不一直關掉開關，因為沒人有時間教它們不要整天哀鳴。

Paro 被設計成海豹，而不是貓咪或狗兒，是因為我們很熟悉貓狗的動作與行為，但多數人對海豹不熟，也因此 Paro 很容易被當成真海豹，不會露出馬腳。Paro 通常可以對失智症患者產生很大效果，例如減少焦躁情緒，[52] 據說還能改善「日落症候群」（阿茲海默症患者常見症狀，他們會在晚間時刻躁動不安）。Paro 和其他許多原型機器人一樣，目前已問世超過十年，但與豐田、本田的類人型機器人不一樣的是，一般人也能購買 Paro。日本、美國，以及包括義大利與法國在內的歐洲各國，已有部分機構與私人家庭採用 Paro，不過一隻售價達數千美元，也因此為數不多的個人用戶通常採取租借方式。

下一代的 Paro 及其他陪伴型機器人上市後，平均價格可望持續下降，只不過最新、最優良的型號大概依舊要價不菲。無論如何，陪伴型機器人是人們在存退休金時沒料到的支出。直到不久以前，陪伴型機器人不曾存在於任何人的健康照護支出之中。現在它們出現了，雖然不是維持生命的必需品，但如果能給父母親帶來歡樂，你大概會很想幫他們買一隻*。如果研究最終證實，陪伴型機器人有助於延年益壽，或是在其他方面顯著改善生活品質，政府與保險業者也很難拒絕給你的母親一隻。除了 Paro 及其他類似的機器人，還有許多產品也符合以上描述。市面上很快就會出現全新類型的產品，這些產品雖然在今日還不是必需品或尚不存在，但它們將發揮實用功能，成為我們老年生活中不可或缺的一環；不讓人擁有它們，將顯得奇怪或殘酷。健康照護以外的領域，已經發生過類似的進展，例如聯合國人權理事會譴責封鎖網路的國家，此舉可說是將網路視為一種「人權」。53

這股潮流或許自己本身會「帶財」。我們不知道，一旦科技帶給年長人士更長壽命、

*陪伴型機器人引發嚴肅的道德議題，特克的《在一起孤獨》一書是這方面的翹楚。主要論點是，陪伴型機器人的存在，實際上是為了混淆失智症患者。

特克指出，即使使用者知道機器人其實是機器、不是真的嬰兒或海豹，通常也會幫機器人取名字、和機器人說話。這種親密行為，難道不該保留給真正的人類，例如孫子？此外，機器人難道不是為了減輕缺席成年子女的罪惡感？機器人真正服務的人是誰？是子女還是父母？

究竟該不該提供陪伴型機器人（或是電影《雲端情人》（*Her*）中沒有身體的人工智慧聲音），在許多方面都很類似家庭在考慮尋求付費照護或安養院協助時所面對的抉擇。老實講，或許不是每一個人都適合機器人陪伴，但機器人可以增加選項，選擇多總是好事。最後要指出的一點則是，如果子女提供父母的物品可以增添生活樂趣，或許子女有理由擺脫幾分罪惡感。

並且享有安全與自主權，他們將如何安排自己的生活，但許多人會想要繼續工作。

再過不了多久，被過時的老年論述束縛的年長者，前方將變得一片開闊。更出色、更具有同理心、感覺像是哈利波特小說走出來的魔法科技產品，將協助年長人士探索生活。相關產品除了可以保障健康與安全，還能協助他們過著獨立、滿足、追求意義的生活。那一天來臨時，老了就該「快點死一死」的想法會令人感到荒謬。老年有太多事可以體驗，我們今日多出許多時間可以好好探索一番。

生活在這樣的未來時，最重要的問題將不是「HOW」，而是「WHAT」——多出那麼多的時間和自由後，我們究竟會選擇做什麼？

第六章

追求幸福

創新的健康安全產品有望帶來更長壽、更獨立的老年，麻煩的是「長壽」沒有說明書，我們得想想多出來的歲月要做什麼。依據現行的老年論述，健康年長者只能從事一些社會認可的打發時間的活動，包括休閒、消費、當義工、與家人相聚。然而，在不久的將來，由嬰兒潮世代領軍的老年大軍，將要求更多發洩精力的方法。他們將爭取工作權、談戀愛、交朋友、對文化做出貢獻——那還只是開端而已。隨著銀髮生活的可能性開始拓展，成功的銀光經濟產業將搶先預測中高齡消費者想怎麼過生活、他們需要的工具又有哪些。

出色的銀光經濟產品將協助年長者上升至更高的馬斯洛需求層次。我們可以依據「美國獨立宣言」記載的神聖使命，將馬斯洛需求層次分成三大基本權利：生命權、自由權、追求幸福的權利。目前為年長者設計的創新，大都集中在底部的需求（例如食、住、健康、安全），這部分可劃分到「生命權」的領域。許多人追求的老年權利從生命權始，也僅以生命權終，然而，更好的健康照護產品可以提供健康與安全，又不會犧牲年長者的自我形象與抱負。這樣的產品很快就能協助我們更上一層樓，從只追求生命權，上升至追求自由權。也因此當我們老去時，不只能擺脫臥病在床的命運，就算慢性病纏身，依舊能做許多想做的事。為了方便討論，假設各位已經存了一些錢（老實講，這是機率不高的假設），那麼問題變成：你要如何運用美國獨立宣言中第三項不可剝奪的權利？你要如何利用得到的自由追求幸福？如何留給後世遺澤？如何追求有意義的人生？

協助客戶打理退休生活的理專經常會問以上問題，他們不會講得如此複雜，只會簡單問客戶一句：「您的退休目標是什麼？」

「嗯，有錢吃飯。」

「嗯哼。」

「還有盡量讓身體健康。」

「好。」

「還有……我想休息放鬆一下。」*

「您的資產讓您可以休息一下沒問題。」

「還有……我不知道。」

各位要是也答不出來，別擔心，沒人知道答案。

我個人把一生想成好幾個八千天。從出生到大學畢業，大約是八千天。大學畢業到中年危機，是另一個八千天，接著到退休前是另一個八千天。

接下來，還有另一個八千天，或是如果你和現代人一樣愈來愈長壽，活到九十歲一百歲，甚至會有一萬兩千或一萬六千天。這最後的日子，不同於先前的日子。在最初的三個八千天，我們該做些什麼很清楚；尚未抵達人生後半段的人，則無法想像老年人是為了什麼而活。人們進入這個人生精采新階段的前一天晚上，通常上床時不曉得明天太陽升起後有什麼在等著自己，也不曉得自己想做什麼。沒錯，他們會開始整理從辦公室帶回家的箱子，或許還度個假，但蜜月期結束後要做什麼？

---

*年齡實驗室訪查人們如何描述「職涯結束後的生活」，「放鬆」（relax）是最常出現的答案。

我們集體對老年感到不知所措的原因，包含前文已經詳細探討過的老年論述。其中一項重要原因是，退休的常態化無形中剝奪中高齡者的工作權——在求學階段與黃金事業期，為工作做準備是刺激我們動起來的力量，少了工作之後，卻沒有太多東西可以填補空缺。問題出在退休的概念一百多年前就出現了，健康的長壽歲月卻是相當晚近的現象，其中又以女性為主要的長壽受惠者，整體而言在晚年享有健康的人也是女性。一九九〇年時，全球僅日本與西南歐小國安道爾的女性健康預期壽命超過七十歲，今日則有四十國的女性超過當年那個相當了不起的歲數（還包括日本與新加坡的男性）。[1]

延長的健康晚年歲月是一片未知的開闊領域，沒有什麼文化路標告知前方的人生路途該怎麼走。我們年輕時，永遠在等待抵達下一個路標：畢業、結婚，或許生幾個孩子、換新工作、加薪。然而，走到老年時，除了牽著女兒的手踏上紅毯，或是出席孫子的洗禮，沒有什麼大家都知道老年要做的事。老年人參加的最後一個以他們、而不是以後代為主角的儀式是告別儀式，目前沒有那種「嘿，這個人的老年很精采，讓我們來表揚他」的典禮。

事實上，除了近親之外，年輕人很少有機會與老人互動，通常只有在婚禮、洗禮，還有……是的，喪禮，才會碰到面。在年輕人接觸到老人的情境中，老人的功能似乎是替年輕人鼓掌。在電視上，老人的用途通常是逗樂年輕人。年輕人看不見老人設定與達成個人目標，但原因不是因為老人沒目標，而是因為老人被藏起來看不到。老人處於與年輕人隔離的空間，不再進出工作地點，或是住在不允許年輕人定居的養老社區。此外，由於老人不用工作，他們在工作日出門購物用餐，與年輕人出門的日子錯開。還有，從前的各種宗教與民間機構使不同年齡的人齊聚一堂，如今此類機構式微，不同世代的人各自生活在不同的世界之中。

在現代生活的大規模溼化學實驗*中，老人彷彿從整體溶液中脫離出來，沉澱在試管底部——即使上方溶液仍在出現不斷冒泡的化學反應。當你還處於化學反應之中，理財顧問要是問你，等你脫離溶液後想做什麼，大部分的人都答不出來。坦白講，理專居然會問這個問題，本身就說出很多事。要是換作其他任何產業，有八千天的人生要過的話，企業會直接說出你該擁有哪些目標。由別人來給目標，不一定是好事，但你買車時，其實是在購買那款車替車主塑造的形象——如果車商的行銷做得很不錯，你會想成為他們說的那種車主。房子、汽水、衣服，甚至是職涯也一樣。老實告訴各位，我當年之所以會進ＭＩＴ，是因

---

*譯注：wet chemical experiment，通常使用燒杯等玻璃器材，在液態下進行的化學實驗。

為我覺得當一個在MIT做研究和教書的人，好像還不錯。

不論是理專，也或者是任何身處所謂退休產業的人士，沒人能告訴我們，在老年應該渴望些什麼。這種現象恰恰證實了，我們深信老年人是一群無所事事的人。沒人有辦法立下成功老年的地標，因為甚至沒人知道什麼事稱得上老年的成就。新增的壽命所帶來的自由因此讓我們惶惶不安，不曉得何去何從，而那正是問題所在。如同世上沒人比太空漫步中的太空人自由，整個宇宙任他們遨遊，然而要是他們身上和太空站連結的繩索斷了，有再多自由都沒用。

二〇一四年二月，我身處全世界最自由的一群人之中：一群退休的執行長。這群從前呼風喚雨的人士無法代表大多數老年人，但他們的確是做某種自然實驗的好對象：如果想知道最自由自在、不受現實條件束縛的老年人會做些什麼，這群退休執行長是最合適的觀察對象——他們教育程度高、不為金錢煩惱、享受金錢能買到的最佳醫療照護，而且沒有工作的義務。

當時我身旁圍繞著「想像解決方案大會」（Imagine Solutions Conference）的與會人士。那個大會每年在佛羅里達的納普勒斯（Naples）舉行，也就是據說聚集了全美最多退休執行長的城市。大會共同創辦人表示，這群前執行長「擔任無數非營利與盈利機構董事，認識參眾議員，有能力解決問題，也習慣做點事」。[2]也因此大會創辦人沒把這些過去的重要人士聚集在亞斯本（Aspen）或達沃斯（Davos）等滑雪度假勝地，而是直接把創新展帶到他們面前。

我被安排在星期六下午演講，也因此早上有幾小時空檔。我當時抱持幻想，以為只要願意嘗試，打高爾夫球不難，因此起了個大早，跑去高爾夫球練習場。我開著租來的車，駛進停車場，停在一排昂貴的德國與義大利名車之中，隨手抓了一籃小白球、幾根高爾夫球桿，走向練習場，接著看見……我發誓沒有誇大，只見一排大約二十個和電影《瘋狂高爾夫》（*Caddyshack*）裡泰德・奈特（Ted Knight）飾演的法官長得一模一樣的男人。他們全都年約七十歲、一頭白髮、穿 POLO 衫和卡其褲、戴白色高爾夫球手套。要是再以一致的動作揮桿，看起來就是一群複製人。不過，真正嚇我一跳的是每一個打高爾夫球的男人後頭，都有一個坐在草坪躺椅上、戴著遮陽帽的老婆。夫人大都比先生年輕十歲，全都在閱讀，大部分人拿著亞馬遜的電子書閱讀器 Kindle。

從停車場的車來看，顯然這是一群有錢人。我怎麼揮桿都只有別人一半距離，便坐了下來，拿起紙杯裝的咖啡，開始和躺椅上的夫人攀談。一位夫人告訴我，在我們前方打球的她先生是一名退休執行長。哐！球飛了出去。其實這座練習場上，幾乎所有男性都是以前擔任某某長的退休高級主管。哐！我問：這裡是一個俱樂部嗎？他們每週來這裡一次嗎？夫人回答：不是，他們每天都來這裡做一樣的事。哐！

沒錯：地球上最自由的人類——健康、高學歷、有錢有閒、哪兒都能去、什麼都能做的人，他們打發時間的方法，就是對著空無一物的方向擊出愚蠢的小白球。更糟糕的是，太太們無疑也全是精明幹練的高級知識份子，卻只能每天被老公拖來球場，真是浪費潛能。問題甚至不是銀髮族缺乏想像力，或是不願意成長。事實上，我會跑到納普勒斯，就是為了參加由一群依舊想參與社會、想學習的前高階主管所創辦的「想像解決方案大會」。共同創辦人說過：「高爾夫球有打膩的時候，酒也有喝到不想喝的時候，然後你就會開始想辦法做點事。」然而，幾位創辦人居然會覺得有必要特別成立組織來找事做，顯然他們的選項不多。很不幸，就連最富有的年長者也感到一股強大的社會壓力，認為自己該做的事就是淡出生活，沉澱到佛羅里達這根美國試管的底端。如果就連超級有錢人都不曉得該拿時間來做什麼，我們這種凡夫俗子又該怎麼辦？

數十年來，研究人員試圖解釋為什麼我們的世界似乎會隨年齡縮小，例如在許多文化，老年人的社交網絡（真實生活的社交，不只是網路上的）比年輕人小。[3] 類似現象是隨著年紀增長，我們不再去做自己認為沒意義的活動。[4] 我的朋友蘿拉・卡斯騰森（Laura

Carstensen）做了這方面最重要的研究，她是老年心理學家（也是老年學研究圈中的超級巨星），負責主持「史丹佛長壽中心」，最出名的研究是社會情緒選擇理論（socioemotional selectivity theory），以「正向效應」（positivity effect）解釋為什麼我們的世界會隨著年紀逐漸縮小：相較於年輕人，老年人關注正面資訊的程度超過負面資訊，也比較容易回想正面資訊。[5]超過一百篇經過同儕審查的研究也支持此一說法，經常被引用來解釋為什麼隨著年齡漸長，大部分人會感到更快樂、生活滿意度上升[6]——「老化」是被高度低估的過程，而人老了會更幸福，又是最被忽視的好處。

簡單來講，社會情緒選擇理論指出，年長者之所以會出現正向效應，減少與外界互動，背後有一個基本原因：隨著年紀增長，我們最想體驗與從事的活動是有意義的事。[7]在人生早期，我們還年輕，隱約知道前面大概還要活七十幾年，重視未來的程度勝過重視當下，什麼事都嘗試一下，努力認識這個世界。卡斯騰森說：「年輕人是受各種動機影響的蒐集者；蒐集經驗、蒐集知識、拓展地平線，一路上一直蒐集東西，把東西放進桶子，因為前面還有好多年要活，永遠不曉得哪些東西以後會很重要。」

然而，當我們剩下的時間不多，目標會產生變化，不再那麼重視尋找新事物，而把比較多的力氣投入已知重要的事，例如我們所愛的人與帶來滿足感的活動。卡斯騰森表示：

「桶子已經滿了，現在是時候利用你蒐集到的好東西。」

此一現象與人生剩多少時間比較有關，而不一定是實際年齡多大。如同葛文德醫師在《凝視死亡》一書中指出，知道自己可能罹患絕症的人士，即使是年輕人，也會出現社交篩選現象，[8]例如一九九〇年代罹患ＨＩＶ／愛滋病的年輕族群。此外又如九一一恐怖攻擊事件過後與SARS事件期間，不分年齡的紐約市民與香港人，也出現相同的現象。[9]我們若是感到前方不一定會有長遠的未來，不會冒險踏上發現之旅，而是把注意力集中在已知有意義的事物上。

其他理論也試圖解釋為什麼年紀大以後社交圈會縮小，其中最具說服力的理論指出，我們變得精挑細選的原因很簡單：人到晚年時，做每一件事所花的力氣與精神都變多。我們把抱負縮小到自己有能力達成的事，生活中也只想留住有意義的人際關係。此一理論與卡斯騰森的研究互相呼應，兩種觀點都認為，把時間花在有意義的事物上會帶來美好感受，整體而言讓年長者感到快樂滿足。

然而，部分人士指出，專注於此時此刻得付出代價。社會情緒選擇理論有一個常見的詮釋：年紀大會使人缺乏走出去的意願與能力，無法在廣大世界一展身手。葛文德醫師寫道，我們年輕的時候，「放眼前方還有數十年光陰。對人類來講，數十年有如無限的光陰，你最想要的是馬斯洛需求層次中最高階的東西，包括成就、創意，以及其他與『自我實現』有關的特質。然而，當地平線縮小後——你感到時間有限又充滿不確定性——你會改為專注於此時此地，看重日常享樂，在乎身旁最親近的人。」[10]在這樣的思考模式下，高階的馬斯洛需求，例如自尊、自重與他人的敬意，隨著年齡增長而重要性下降，不再那麼令人渴望。這種現象令人想起美國發明家湯瑪斯．米基利（Thomas Midgley）的詩句，他在人生走向盡頭時寫道：「視線矇矓，頭髮花白／夜晚漫遊，豪情不再。」[11]

此一詮釋的關鍵核心在於當人們年齡漸長，開始把情感上有意義的活動排在前面，那些活動總是一些「日常生活的小樂趣」，不是什麼遠大抱負。然而，沒人規定個人感到有意義的事一定得是小事，甚至不需要是快樂的事。一項香港華人居民的正向效應研究，[12]給受試者看流露各種情緒的臉孔照片，利用眼動追蹤儀，判定受試者將多少視覺注意力擺在每一張照片上。在類似的其他研究中，西方成人一般花比較多時間看快樂的面孔——套用研究人員的術語，他們「對正向刺激呈現注意力偏好」。香港年長華人則相反，關注流露負面情緒面孔的時間較長。研究報告作者寫道：「恐懼與憤怒表現出來時會破壞和諧，來自集體主義文化的人士會特別關注這樣的情緒。他們對於美好感受與成功的定義是：有能力融入團體，避免成為他人負擔。」

這麼說來，人人都追求意義，但年長者覺得什麼事有意義則受文化影響，而這也衍生一個問題：意義的定義能否改變？同樣重要的問題是，社會是否允許人們以新方法在老年階段追求意義？

想像一下，如果有一位七十多歲的連續創業者，她非常喜歡和親人待在一塊，但也有做生意的好點子，想成立新創公司。如果你問她，哪一個目標有意義，她會說與家人相處和開公司都有意義。然而，哪一個比較可行？回答跟家人相處的人，大約會多上百萬倍。

對許多人來講，這樣的人生就已足夠。許多人滿足了基本需求後，除了希望親友在旁，沒有太多高階欲望；對他們來講，「有意義」的衡量指標是一起吃飯、有共同的回憶、講故事、做肉丸。這群人很幸運，現行論述就能滿足他們渴望的意義。只要全家人和樂融融聚在一起（這種事愈來愈困難，不過那是另一個議題），就能達到他們期望獲得、社會也接受的意義。

然而，還有很多人雖然感到親密的家庭關係有意義，但如果有機會的話，他們也期待從其他活動、人際關係與成就中尋得意義。

可惜，那樣的機會並非近在眼前。

這群人依舊需要親密的人際關係，生活在孤立之中是痛苦的事，甚至對健康有害。然而，那樣對他們來講還不夠，但其他可能通往幸福與意義的道路，包括工作、專業抱負、提升社會地位、進修學習、運動表現、留下遺澤，甚至是性愛，他們都不得其門而入。

年長者參與這些事的時候，人們會感到奇怪，或是覺得滑稽。除了改善高爾夫球的差點成績外，我們唯一不覺得老人抱持野心很奇怪的領域是政治。二〇一六年美國總統大選，參選人希拉蕊・柯林頓（Hillary Clinton）六十九歲，唐納・川普（Donald Trump）七十歲。在世人眼中，七十歲的人想掌管一個國家是稀鬆平常的事，然而七十歲的人要是申請念昆蟲學博士班卻很詭異，可以登上地方報紙版面。年長者因為缺乏社會認可的選項，全世界最有錢有閒的老人，為了不無聊到用頭去撞牆，只能去高爾夫球練習場，把一顆又一顆的小白球擊向地平線。

不過，通往意義與幸福的條條道路，也不一定永遠都是封閉的。老年論述正在轉變，年長者正在開始讓世人知道，當企業、科學、科技聯合起來協助他們完成目標，他們將可做到哪些事；那個過程一旦開展，協助老年人達成目標的產品，將使產業得以爆炸性成長。很快的，企業無法光只是提供數十年來社會允許老年人享有的幸福模式。企業若要維持競爭力，就得提供銀髮願景，以全新方式使人們獲得意義。新道路開闢出來後，年長人士將有如碰上特價大拍賣一樣蜂擁而至，搶著買下自己的未來。

明日的職場

年長者將在近期的未來替自己爭取一項目標：愈來愈多人想在「退休歲月」從事有意義的工作。也因此不只是消費者產業會受到衝擊，所有的產業都將受到影響。

許多關心國家財政的人士談到老人時，提出的主要問題是老人工作得不夠多。按照這個邏輯，相關解決辦法大都是提高領取美國社會安全福利金或各地類似年金的年齡。這種做法符合情理：美國在一九三五年通過社會安全法時，六十五歲以上人士所占人口比例僅是今日的一半。[13]許多國家制定退休金制度的年代甚至早於美國，尤其是歐洲，也因此現行制度與實際人口樣貌呈現出極大落差。

然而，各位要是瞇起眼看著那個退休年齡妖怪，就會發現退休年齡其實是混淆視聽的話題。首先，從國庫角度來看，提高領取福利金年齡門檻的急迫性，遠遠不如降低醫療支出。更重要的是，用這種方法強迫年長者工作是在走回頭路。要人們工作，比起砍掉數百萬六十歲人士賴以為生的支票，有更好的方法（順道一提，刪減福利金衝擊最嚴重的民眾，是預期壽命最低的人口，尤其是非裔美國人、美國原住民，以及低收入、低教育水準的白人，使他們的不幸雪上加霜）。採取如此極端的手段之前，何不先幫很想有工作的五十歲、六十歲、七十歲，甚至是八十歲人士找工作？這群人不必靠取消福利金強制他們進入職場。事實上，人們不缺工作的意願，只缺合適的工作。

中高齡求職者被迫比年輕人花更多時間找工作。[14]二〇一一至一六年間，美國五十歲以上求職者中，三分之一表示由於職場太難進入，乾脆放棄。[15]想工作卻找不到工作的熟齡人士會號稱自己退休了，尤其是六十歲以上的族群。傳統就業指標並未納入這群願意工作但找不到工作的人。嚴格來講，他們應該被歸進失業，而非退休，而且這群人為數眾多：某一大型調查指出，說自己已經退休的人士中，有四十%表示寧願繼續工作；三十%說如果有合適的工作開缺，他們會立刻返回職場。[16]

無業或失業中高齡人士的窘境是一齣兩幕悲劇中的第一幕；第二幕則是陷入危機的產業迅速增加，各家產業每天都因為退休制度的緣故，失去旗下最優秀的工作者。日本以及西歐高齡化國家包括德國、義大利、芬蘭、丹麥等尤其憂心此一趨勢。美國因退休潮而產生危機的產業不勝枚舉，包括電子、石油化學、國防、健康照護、混凝土、農業、金融、商業製造、鐵路等等，更別提各州雇員——他們是很重要的一群公務員，別忘了航空管制員也是其中之一。[17]此外——這不是我瞎掰的，美國甚至有全國性的小丑荒。《紐約每日新聞》（*New York Daily News*）報導：「全美最大小丑協會『世界小丑協會』（World Clown

Association）的會員數量自二〇〇四年起，自三千五百人跌至兩千五百人。協會會長狄恩娜（蒂蒂）．哈特米耶（Deanna〔Dee Dee〕Hartmier）表示：『我們遇上的挑戰是如何讓年輕人加入小丑這一行。』哈特米耶指出，多數會員年齡超過四十歲。」

我個人不特別愛看小丑表演，然而其他行業的人力短缺問題，的確替各大產業與整體經濟帶來很大的問題——雖然老早就有人提出相關預測，人們卻一直要到二〇一六年年底才發現事態嚴重。

經濟學家長久以來一直認為，光是勞動力所占的整體人口比例下降，人口老化就將影響人均經濟生產。的確是那樣沒錯，但那只點出不到一半的問題。美國全國經濟研究局（NBER）二〇一六年發表的重大研究顛覆先前的預測，提出老化對GDP的影響，僅三分之一與老化對整體勞動人數造成的影響有關，整整三分之二則牽涉到隨著人口老化，整體生產力（年輕與中高齡工作者都一樣）似乎有下降趨勢。

很關鍵的一點是此一報告不同於先前的研究，研究方法並非預測未來，而是調查實際發生的事，分析美國自一九八〇年以來的各種老化情形。控制跨州遷徙等因素後，報告作者的結論是，六十歲以上人口每增加十％，每年人均GDP成長就會下降驚人的五．五％。算一算，一九八〇年至二〇一〇年之間，美國的人均GDP平均成長一．八％，但人口沒老化的話原本可達二・一%。

今日的人口老化速度遠比從前快。該項研究作者估算到了二〇二〇年，二〇一〇年代的GDP成長數字，將只有人口沒老化情況下的三分之一多一點。二〇二〇至三〇年間，此一效應將稍微減緩，但人口老化預估依舊將使GDP成長僅為無人口老化情況下的三分之二。此外，不只是美國如此，在其他老化速度快過美國的許多國家，受到的衝擊大概會更為嚴重。

人口老化導致勞動生產力下降的原因，媒體有兩種說法。一種是想當然耳的可悲解釋：怪罪到中高齡工作者頭上。經濟學作家麥特・伊格萊西亞斯（Matt Yglesias）在新創媒體Vox的熱門播客《野草》（*The Weeds*）節目中提到：「用膝蓋想也知道，一個到處都是老人的國家，活力當然會衰退，變得沒創意——到處都是脾氣暴躁、墨守成規的人……工作效率差，不學新東西，健康很糟。」伊格萊西亞斯表示，全國經濟研究局提出的報告「最重要的結論」是，「我們知道美國勞動力將愈來愈遲緩，但忘了還會變得又老又沒用*。」[18]

---

*伊格萊西亞斯的獨白進入尾聲時，我眼眶溼了。我感到心緒不寧的最大原因，或許是伊格萊西亞斯在討論其他議題時，大都相當公正持平，然而老年這個話題顯然使他失去準頭。別的不說，這番說法反映出就連相當開明的人，也被灌輸了滿腦子的主流老年論述。

然而，要是仔細探索，全國經濟研究局的研究結果還有另一種可能的詮釋：老人妨礙企業進步的原因，不是因為他們「老了就沒用了」，而是因為最優秀的工作者之中，許多都加入了熟齡一族的行列；中高齡工作者退休才是人口老化時產業受衝擊的真正原因。該研究的第一作者妮可．馬艾絲塔（Nicole Maestas）表示，雖然研究設計未能區分以上兩種解釋，但兩種大概都是對的。「我推估整體而言，大概兩種效應都有。我無法告訴你究竟是哪一個。」

我個人雖然不喜歡伊格萊西亞斯的說法，但在某些產業、對某些員工而言，老化的確會降低生產力。以手工業與製造業等體力密集的工作而言，年齡的確會造成影響。然而，中高齡工作者實務經驗豐富，有辦法當場解決問題。

此外，最新研究正在駁斥「年紀大腦筋會愈來愈不靈光」的刻板印象。許久以前進行調查時，研究人員判定認知能力的某些面向似乎會隨年齡自然下降，即使是沒有失智問題的年長者也一樣。然而，二〇一一年刊出的一項破天荒大型追蹤研究，除了進行人口剖面取樣，還在先前十六年間追蹤兩千人的老化情形，最後發現初老時便出現認知受損的人，通常也是日後診斷出失智症的同一批人。其他許多人的認知功能則從初老一直到後期基本上都相當良好。

此一結果有著深遠意涵：數十年來，希望了解健康年長者認知情形的研究人員，不小心將罹患早期失智症的人也計算進去；也就是說，未出現失智症的正常老化者認知下降的程度，並沒有一般認為的嚴重。[19]

如果說與年齡相關的認知受損，並非人口老化導致生產力下降的主因，退休則的確造成影響。如同割草機一定會割到長得最快的草，退休絕對會剔除最優秀的員工。高學歷熟齡員工（也就是最具生產力的員工）往往表示，願意在過了退休年齡後繼續工作，[20]然而馬艾絲塔及其團隊卻發現，生產力高的員工比生產力低的員工更可能退休。看來，最優秀的員工雖然口頭上表示希望在銀髮歲月繼續工作，卻大步離開職場。這是怎麼一回事？

唔，體力是一個原因。如果你有一份做起來愉快、但相當耗費體力的工作，你可能想要永遠工作下去，但疼痛的膝蓋行使了最終否決權。馬艾絲塔表示，在此類例子中，「收入高的人比較有能力退休，因此一有機會就退休。」其他人的退休帳戶裡則沒多少錢，就算身體不舒服，也得硬撐著繼續工作，所以效率才會變差。即使是坐辦公桌的人，生理因素依舊會使人萌生退意。

我們都被勸告過不要整天坐著，然而許多工作場所並未提供符合人體工學的選項，總是給我們老式的桌子。年輕時，坐姿不良導致脊椎側彎、血液循環不良、肌肉萎縮、椎間盤突出、肩頸痠痛、提高慢性病風險，或許沒什麼大不了，但等到年紀大了、好幾個問題同時出現後，可能使我們感到力不從心。有能力退休的人就去退休了（許多人退休後立刻跑去打高爾夫球或爬山，因為他們想做的第一件事就是站起來動一動），其他人則繼續忍受職場帶來的痛苦，因為他們別無選擇。

除了體能無法承受的問題，職場要是讓人心裡不舒服，人們也會選擇離開。馬艾絲塔表示：「如果工作讓你不開心，或是有很多辦公室政治與人事糾紛，你想繼續待下去的意願就會降低。」此外，員工若是需要挪出時間照顧家人，或是「健康雖然有狀況，只要公司允許一點點的彈性工時，就有辦法繼續工作」，公司卻不肯通融，這種情形也會迫使員工不得不離開。經濟上有能力負擔退休、工作又做起來不愉快時，「年長者可能認為離開工作是好事」。

令人不愉快的工作導致手中握有資產、生產力通常也較高的員工退休，生產力較低的熟齡工作者則留下。他們生產力下降，或許是因為得忍著疼痛或好幾種身體症狀而工作，也或者是因為他們得在上班時偷偷照顧家中長輩。

另一種同樣可能發生的狀況則是就「平均」的定義而言，五成工作者的效率自然屬於低標。這群人因為在職涯中收入較低，無力負擔六十多歲就退休。不論是哪種情況，當勞動力中最有生產力的一批人離開，整體生產力自然下降，GDP成長也就跟著減緩。此外，留在職場上的中高齡工作者，由於工作環境的實體與社會架構都是為了年輕的身體所設計，使他們未能拿出最好的表現，造成「老人都是冗員」的印象，再加上整個社會行之有年的年齡歧視，原本在職場上可以有高生產力的大批中高齡人士，難以說服任何人雇用他們擔任重要職位。

雖然退休制度似乎使具有生產力的熟齡員工選擇離開，好消息是有一個通用的解決辦法：讓最優秀的熟齡員工開心滿意，他們就會留下。馬艾絲塔表示：「我認為努力留下『老』員工只有好處沒壞處。」馬艾絲塔舉出幾個尤其能受惠的公司與產業。設法解決背痛、過勞、缺乏彈性等工作環境痛點，不但可以使優秀員工待久一點，甚至還能提升他們的生產力——就連原本生產力較低的「老」員工也一樣。

各位看到這可能會想，這是在紙上談兵。「讓年紀大的人可以開心工作」聽起來沒什麼，但在真實世界，各式老化問題不斷在工作上挑戰著個人，這種目標聽起來似乎是不可能的任務，而且對公司的利潤來講絕對不划算。舉例來說，年紀大了之後做不來高度耗費體力的工作，這種問題已經存在數千年，總經理或執行長不可能輕易解決這個難題。

真的是這樣嗎？

新膝蓋與隱形椅

德國眾家車廠碰上一個問題。他們需要熟齡族群買下最貴的車，也仰賴正在快速老化的工廠老手製造那些頂級車。製造所需的技術與知識遠遠超出一般認知，高度複雜或要求精準度的產品尤其如此。有的車廠工作需要豐富專業知識，員工被尊稱為博士都不為過，但這樣的知識無法用教的，只能從工作中摸索琢磨；例如如何避免犯下導致生產線停工的錯誤，或是如何確認某個零件有沒有裝好。以BMW高科技油電混合車i8為例，某些零件可能需要數十年製造經驗才有辦法成為專家，也因此不可能隨便找來沒經驗的西班牙年輕小夥子取代BMW德國工廠老手。此外，即使是重複性最高的生產線工作，雖然通常高度耗費體力，需要的訓練相對而言也少，生產力並未隨著年齡增長而下降。戴姆勒公司的大型生產線研究顯示，中高齡工作者犯錯的機率雖然高過年輕同仁，但他們犯下嚴重失誤的次數卻少了許多。[21]結論很簡單：BMW、福斯、戴姆勒及其他企業（絕對包括西門子與博世〔Bosch〕等汽車零件製造商）需要盡其所能留住「老」員工。

德國車廠碰上的困境，其實也是整個國家面臨的問題。德國的經濟主要是靠先進製造在支撐，然而德國的勞動力正在快速減少，預估到了二〇二〇年代初，萎縮速度將快過日本。德國的預期壽命節節攀高，出生率則委靡不振，是全歐洲最低。此外，德國的嬰兒潮世代比美國晚十年出現；二〇一七年時，德國才剛進入老化社會。此外，德國的嬰兒潮世代生的孩子原本就少，嬰兒潮世代最重大的影響才剛開始顯現。德國聯邦銀行（German Federal Bank）總裁在二〇一四年法蘭克福經濟論壇上表示：「德國的出生率已經下降數十年，想生孩子的人可能自己都沒出生。」[22]他引用德國人口學家畢爾克（Herwig Birg）的說法：「我們的國家就像一艘船，划船的人愈來愈少，上頭坐著的老人卻愈來愈多。」[23]

德國車廠為了讓那艘船能繼續航行，已經開始採行不尋常的新式做法，力求留住熟齡員工。二〇〇七年，BMW工廠勞工平均年齡已達三十九歲，開始在自家的德國丁戈爾芬（Dingolfing）廠房，安排一條帶有未來感的生產線，模擬十年後的勞動力實況——正好是本書英文版出版的二〇一七年。BMW集合一群平均年齡四十七歲的員工，從各種角度調查他們希望工作環境出現哪些改變，最後一共更改生產線七十個小地方，把混凝土地板改成可吸震的木質地板，定期輪調任務以減少重複使力傷害，提供符合人體工學的工作台與椅子，鼓勵規律運動。此一實驗耗費的資本與員工工作坊薪水一共是四萬歐元，生產力提升七%，缺勤率下降至低於平均值，生產線的不良率則降至零。更重要的是，此一實驗性的生產線達成生產目標後，沒有任何員工請辭，就連最初抱持懷疑態度的人也一樣。BMW

很快就在德國與奧地利廠房也執行類似的計畫，[24]並於二〇一一年應用於丁戈爾芬更大型的新廠房，把工作完全交給五十歲以上員工。該廠房被暱稱為「老城」（Altstadt），占地一．五英畝，耗資兩千萬歐元。[25]

BMW做到照顧年長員工，不是口頭喊喊而已，但顯然具備生產力的銀光未來並不是免費的。令人興奮但所費不貲的勞動力解決方案中，最令人眼睛為之一亮的，大概是威力強大、外形有如漫威（Marvel）超級英雄鋼鐵人（Iron Man）的外骨骼機器人。理論上，此類穿戴式機器人可以讓人的力量增強數倍，替磨損的關節省下很多力氣。此一領域研發出的機器人，不只是製造業與建築業搶著用，醫療與軍事產業也十分感興趣，至少自二〇〇五年以來，媒體便鋪天蓋地的報導。

如果各位覺得聽起來很耳熟，很像那些喊了很久但技術依舊不成熟的家庭機器人助理，的確沒錯。外骨骼機器人成本高昂，又有功能與技術方面的限制，加上使用者會碰上陡峭的學習曲線，尚未應用於日常工作環境之中。其實，有跡象顯示情況正在轉變，例如至少已經有一家日本營建業者開始實驗此類裝置，[26]然而目前多數工作者想穿上鋼鐵人裝，還得再等一陣子。在等待期間，年輕工作者將在不知不覺中磨損自己的關節，中高齡工作者則將一邊忍著疼痛工作，一邊考慮是否該退休。

不過，有一種低成本技術，千百年來一直支撐著中高齡工作者的身體：那種東西叫「椅子」。要是工程師不必忙著設計出從漫畫裡走出來的高科技解決方案，讓老關節可以如同年輕關節一樣運轉，或許只要好好利用一下椅子的概念就好？

凱斯．古努拉（Keith Gunura）生於辛巴威，十八歲搬到倫敦，在一家人力派遣公司找到工作。第一天的工作是把東西裝進信封，第二天則是到另一間工廠的生產線包裝香氛產品——「包括體香劑、鬚後水，以及其他詭異的噴霧。」古努拉聽起來像是包裝了太多盒子，盒子已經印在他的視網膜上。那份工作只是臨時工，但古努拉和其他已經在那條生產線待了多年的員工並肩工作。老員工有兩件事最令人印象深刻，比較明顯的是他們忍著全身病痛工作。古努拉雖然一開始就被派到最吃力的位置——站在尾端，把已經用專業手法包裝好的香氛盒子放上棧板——但他很快就被調到生產線中段，負責蓋上盒蓋。古努拉說：「我們從頭到尾都得站著，我旁邊是兩位老女士。她們已經在那裡工作很久。午休時，她們一直哀嚎：『真是累死人了。回到家的時候，腳在痛，腿在痛，膝蓋也在痛。』你懂的，我們每天都會聽到同樣的抱怨。

「我問自己：『為什麼裝配線上沒有椅子？』」

古努拉後來在英國蘭開斯特大學念書，他問教授為什麼裝配線上沒有椅子。教授說，答案很簡單：因為廠房空間被充分利用，要是給每位員工一張椅子，這樣太占地方。古努拉後來到蘇黎世的瑞士聯邦理工學院念機器人博士，心中隱約有個概念，想解決工作環境沒椅子的問題，以及其他許許多多可以靠「任何人都能使用的全身外骨骼機器人」解決的問題。然而，古努拉加入的實驗室和許多實驗室一樣，尚處於研發動力外骨骼小細節的階段，例如腿部如何能從髖關節處旋轉。還要很久很久以後，這個領域才可能製造他夢想中的鋼鐵人裝。

外骨骼機器人的另一個問題，同樣也可以回溯至古努拉在工廠工作的日子。他之所以會從生產線尾端置放貨物的費力任務被調到中間，是因為另一名資深工人想靠著堆盒子，趁機運動一下。說到將外骨骼機器人運用於工作環境，我們有時會忘掉人體需要定期運動才能維持健康。偶爾穿戴著可以增加力氣的裝備沒什麼問題，但如果是每天八小時都靠裝備來支撐身體重量，情況就很不同了。古努拉表示：「如果你一天使用外骨骼機器人八小時，等於是不再使用自己的肌肉。」

古努拉想出了解決方案，博士班也不念了，開始製造「隱形椅」（Chairless Chair）。他所發想的「下半身的無動力外骨骼架構」概念，和許多先驅使用者創新很像，完全符合使用者真正的需求，不是我這種象牙塔蛋頭學者想像出來的需求。此外，古努拉的發明去除所有造價高昂的元件，也因此有望在動力外骨骼甚至尚未上市前，就成為它們的低階顛覆者。隱形椅雖然支撐使用者六十%至八十%的體重，但主要目的不是增強穿戴者的肌力，而是透過設定成可以用特定角度彎曲的「膝關節」，讓他們隨時隨地都能坐下。使用者想站起來時，這個彈簧膝蓋還能協助他們起身。當我在演唱會或遊樂園排隊排到天荒地老，下背部和腳很痛的時候，如果能使用那種發明就好了。古努拉表示，與其使用天價感測器與制動器，他的蘇黎士團隊將外骨骼的概念「降到最精簡的程度，只求完成一個簡單任務：讓人可以坐著」。

古努拉以共同創辦人與執行長的身分成立「Noonee 公司」，開始製造隱形椅。我原本以為，Noonee 在德文或辛巴威的主要語言修納語（Shona）中有什麼特別的意思，但古努拉大笑：「那其實是文字遊戲。『Noonee』聽起來像『new knee』（新膝蓋）——就像你有了新膝蓋一樣，還有，你不會有膝蓋問題（no knee）。」

我寫下這段話時，已有五間 BMW、三間奧迪、兩間福斯工廠相繼採用 Noonee 的測試版。Noonee 在二〇一七年正式推出時，大量採購的公司能以大約三千美元的單價取得隱形椅——就連和目前初期市場上最便宜的動力外骨骼比起來，也只是零頭而已。外骨骼目前通常用於醫療方面，操作不便，價格約達五、六萬至八、九萬美元。[27] BMW 目前也正在實驗無動力的上半身外骨骼。28

古努拉立刻解釋，隱形椅不只是年長者的專利，「企業不只提供隱形椅給年紀大的員工，而是每一個人都有」。他表示，應該趁早使用隱形椅，不要等到膝蓋開始痛了才用，這樣進入職涯後期時，依舊能保有健康的關節。當然，推廣提早開始使用的額外好處，是讓 Noonee 免於冠上「老人產品」的汙名。

儘管如此，古努拉也指出：「我們所有的客戶都把重點擺在年長員工身上。」如同馬艾絲塔所言，企業若能因此成功留住年長員工，「有好處，沒壞處」：除了可以保住最具生產力的員工，又不會為了增加生產力而帶來病痛與不適，順便還保住其他東西，包括社會資本、人力資本與組織知識。

社會資本與人力資本

我上課有時為了讓學生醒一醒，故意問商科研究所學生一個笨問題：什麼是通用汽車？當然，通用汽車是一間公司，市值大約五百億美元。然而，那五百億究竟來自哪裡？通用汽車旗下的確有許多製造廠，還擁有高科技機器、扳手與抹布，但那些東西賣不到五百億的一半。二〇一五年的研究指出，史坦普五百*的公司中，八十七%的市值來自無形資產，包括智慧財產權、品牌辨識度、商譽，以及人力與社會資本——也就是存在員工腦中的技術、經驗與知識，以及員工在公私領域的人際關係與人脈。[29]員工開始退休時，企業最該擔心的就是失去人力與社會資本。通用汽車或福特汽車如果解雇全部現任員工，換成接受過同等級訓練的新員工，公司將一團混亂，甚至不能被視為同一間公司。

如同喜劇演員傑瑞・賽恩菲爾德（Jerry Seinfeld）評論職業美式足球時所說：「我愛巨人隊，但仔細想想，誰是巨人隊？你懂我的意思嗎？」賽恩菲爾德指出，球隊每年都在換球員，而且常常搬到不同城市，就連管理階層偶爾都會被炒魷魚。人員不停變動，球迷究竟是在支持什麼？賽恩菲爾德說：「追根究柢，你是在支持那身隊服。」

員工退休時會帶走公司真正的要素：組成公司的人員、解決問題的辦法、與外界互動的方式。退休帶來代價最高昂、也是最看不見的損失是：發生特定問題時知道該如何處理的人、和客戶關係特別好的人、需要組成團隊時知道各部門誰是合適人選的人，這些人是

*譯注：S&P 500，一共納入美國五百家上市公司的指數，可從中觀察美國整體企業表現。

公司的潤滑劑。有他們在，公司就會順利運轉，但很難察覺他們扮演的功能。這些人離開公司後，事情就是卡卡的，但沒人講得出究竟是怎麼一回事。正如擔任過Visa、EDS公司（Electronic Data systems）、波音（Boeing）、美國國稅局最高技術長的泰瑞．米荷蘭（Terry Milholland），在倫敦一場高齡勞動力論壇上告訴我的：「我們不會知道自己不知道什麼。」

不只是私部門碰上退休危機。二〇一五年時，美國二十五%的專職聯邦雇員符合退休資格，二〇一七年九月預計所占比例將達近三分之一。政府審計辦公室在二〇一四年指出：「若未能妥善因應，這波退休潮將造成技能缺口，影響公共事務。」[30]乍看之下，市場機制可以解決此類問題：工作者會流向有需求的地方。然而，如果是需要數年甚至是數十年經驗的工作，例如航空管制員與部門管理人員，不可能隨便從街上拉一個人頂替。美國國會為求留住潤滑政府行政齒輪的機構知識，二〇一二年通過立法，允許符合退休資格的聯邦文職人員「分段退休」。半退休員工可以每週工作二十小時，薪水減半，外加二分之一退休金，然而一直到了二〇一六年年初，此項方案沒有發揮太大用處：《政府行政》（*Government Executive*）雜誌報導，全聯邦政府一共也就三十一人加入這個方案（雖然有的機構尚未擬定自己的分段退休方案），史密森尼學會（Smithsonian Institution）是第一名，一共有十一人加入，核能管理委員會則只有一人加入保存機構知識的行列。

退休造成的人才流失問題，少數私部門有成功的因應方式，例如禮來製藥（Eli Lilly）與P&G公司二〇〇三年成立「你的安可職涯公司」（YourEncore），算是半退休顧問組成的高階人力銀行，服務消費者產品產業、食品業、生命科學產業，還有超過一百二十家航空業公司。你的安可職涯九千五百名專家中，超過一千人先前是P&G主管。[31]

然而，老化勞動力帶來的真正挑戰，不在於能否配對「受夠自己的工作環境與行程表（而不是討厭工作本身）的優秀工作者」與「非常希望他們重返職場的雇主」。最大的問題在於，儘管所有產業都面臨退休潮的威脅，沒工作的中高齡者依舊苦惱於找不到有意義的工作。如何才能說服企業雇用這些熟齡員工，熟齡員工又要如何在瞬息萬變的勞動市場上，持續學習維持競爭力所需的技能？這兩個問題的背後是最難解決的問題：職場長久以來不動如山的規則。

改變規則

探討職場一定得改變哪些事才留得住中高齡工作者時，有幾個答案每次都會出現，包括減少工時、增加彈性、多給病假天數、增加在家工作的選項，以及更合乎人體工學的辦公室。如果企業真的有意處理，這些事其實都很好解決，只要人資部門發幾封電子郵件就能搞定。然而，另外還有一些議題比較難處理，無法靠公司簡單採行某種做法就能扭轉大眾的想法。相關成見包括：年紀愈大薪水就得愈高，或是年輕人不應該當中高齡者的主管等等。其中，影響最大的觀念是我們一輩子只需要念一次書，念書是年輕學生在做的事。這類想法無所不在，而且不同於其他明顯的職場年齡歧視，甚至無法從道德角度加以譴責，職場一直都是這樣。那些觀念剝奪了中高齡者的機會，使他們無從追尋意義、得到收入、對整體經濟做出貢獻，然而社會通常對這一類的事視而不見。

在此同時，被視作理所當然的職場規則所帶來的可悲效應，又被其他因素增強，其中最重要的一項是科技加速進展，造成中高齡工作者感到自己身處《愛麗絲鏡中奇遇》（*Through the Looking-Glass*）中紅皇后所統治的國度。紅皇后說：「你得用盡全力狂奔，才能待在原地。如果想抵達其他地方，速度至少還得再快一倍！」[32]在職場上，不論你奔跑的目的，是否只為了待在同一個地方（讓自己的知識或技能不至於過時），也或者你用兩倍速奔跑，為了新工作學習尖端技術，你所做的事大概超出了分內的工作。如果你真的想學習新知，得用私底下的時間做。有的公司提供員工進修機會，但即使有這樣的福利，員工也通常很難找到時間利用。再說了，即使你真的學到新技能，甚至是取得證書，證明自己的知識有所成長，也不保證就能升遷，或是人資主管會對你豎大拇指。這個問題要回溯到長壽世界沒有明確的成功指標，甚至到了我們三十歲以後，就已經沒有像大學學歷那樣的專業路標可以證明：嘿！我在這。我具備合適的資格，準備好要工作了。多數人是憑直覺來決定要雇用與提拔哪個員工：這個人感覺像是這個職位需要的人嗎？

此外，同樣重要的考量是：這個職位的價值只有這樣，這個人會不會期待更高的薪水？太常發生的情況是開缺的是初階工作，或是如果錄用了會變成年輕主管帶年長下屬。人資主管為了省事，最後錄取感覺對的人選——意思是通常他們會挑年輕人。我不怪人們不願打破常規，我自己第一次當主管時，因為有一個下屬大我二十五歲，最初也感到很彆扭，我猜對方也一樣，只不過我們兩個人都努力克服心結，最後皆大歡喜。我要問的是：我們如何能夠改變這種怪異而不合理的文化期待？

職場的一個主要問題是，人們期待薪水會隨年齡成長。在員工可以打算一輩子只待一間公司的年代，薪水和年齡成正比或許有道理，然而那樣的年代已經過去了：美國勞工統計局指出，二〇一五年時，年輕一輩的嬰兒潮世代平均在十八歲至四十八歲之間有過十二份工作，也就是說每二．五年就會換一次工作。[33]現代人不僅頻繁換工作，甚至還轉換跑道，認為四、五十歲的人不適合低薪初階工作的觀念因此造成問題。幾乎所有在職涯後期需要轉換跑道，或是退休後需要新工作的人都會告訴你，他們願意接受比以前低的薪水、重新開始，但你很難在面試時這樣講，又不讓自己顯得走投無路，可想而知最後的結果就是，能力強的中高齡求職者沒被錄取。

此類雇傭問題背後還有一個更重要的原因：許多求職者擁有的技能不符合職缺需求。這個問題很複雜，其中一個主要原因是，人們誤以為接受教育是年輕人才要做的事，隨之而來的是「年紀大學不了新東西」的刻板印象。上述兩種觀念導致社會文化並不期待中高齡者持續學習，也沒有學習的慶祝儀式。的確有夜校與碩士在職專班，然而那是例外，不是常態。近年來平均壽命延長成為人們經常掛在嘴邊的話題，但沒人談脫離正式的求學階段很久之後，我們該如何把生活過得充實。

不過，有未滿足的需求時，科技與市場通常會想辦法填補空缺。當各個年齡層的人都需要某種證明，好讓外界知道自己準備好在工作生涯嘗試新事物時，或許答案終將出現。

桑賈伊．薩爾瑪（Sanjay Sarma）的ＭＩＴ辦公室架上擺著各式內燃機，充當咖啡桌的玻璃墊也由一個漆成黑色的六汽缸引擎撐著，那顆引擎來自他的學生從垃圾場撿回來的一台別克。薩爾瑪是工程師的工程師，說他是物聯網的共同發明人絕不是誇大，他的ＲＦＩＤ技術研究產生眾大影響，改變企業追蹤存貨的方式。不過，薩爾瑪還扮演另一種角色——一個或許比以上豐功偉業都還重要的角色：他也是個教育家。薩爾瑪表示：「教授永遠要做兩件事，一是研究，二是教育，而從教育的活力可以看出研究的活力，對吧？那是ＭＩＴ的公式。」

二〇〇〇年時，ＭＩＴ前教務長、亦即現任校長拉菲爾．萊夫（L. Rafael Reif）請薩爾瑪協助ＭＩＴ在新加坡成立新大學，校名是「新加坡—麻省理工學院研究與科技聯盟」（Singapore-MIT Alliance for Research and Technology），簡稱SMART。薩爾瑪團隊在SMART採取改變學習方式的新策略。薩爾瑪說：「我們讓課程朝設計的方向走——你學到東西後，幾乎立刻就知道如何應用。」舉例來說，「如果你學到『熵』的抽象概念，立刻能應用在引擎這些東西上，不是很好嗎？」SMART進展順利，如今迅速成長，ＭＩＴ教授紛紛搶著在休假年前往SMART。此外，ＭＩＴ一系列線上學習計畫也一飛沖天，包括打頭陣的「ＭＩＴ開放式課程」（OpenCourseWare）。ＭＩＴ開放式課程始於二〇〇二年，提供全球學習者與教育者超過兩千兩百種ＭＩＴ課程；此外，ＭＩＴ的線上第一教育平台MITx，後來拓展成全球第一的線上教育提供者edX*的技術架構（以及大量內容）。二〇一二年，萊夫任命薩爾瑪為ＭＩＴ第一任數位學習長，負責監督全ＭＩＴ的數位教育。薩爾瑪因而得知哪些人加入了線上學習，背後的原因又是哪些。他表示：「首先，MITx課程學員的年齡中位數是二十七歲。中位數，對吧？也就是說，一半的學員超過二十七歲。」

我問，是哪些人在做線上學習？

「有一種是退休後想去希臘度假的人。他們想學點希臘文，好讓自己玩得更盡興。這種民眾想要豐富知識。

「第二種人我稱為微專業人士：他們在一九七○年代學過資訊科學，想知道最新的教學法與科技進展。

「第三種是想深入學習的人士。這是他們第一次學程式，認為對工作有用。

「第四種是……我需要一個更好的詞彙來形容，這個詞彙看似有負面意涵，但其實是很有意義的一件事：促進人類幸福的功利主義。」[34]

例如，來自加拿大曼尼托巴省（Manitoba）的農夫麥特．雷蒙（Matt Reimer）進修了MIT的免費課程後，靠著自學寫程式，把一台開了八年的曳引機，利用一台平板、開源軟體和無人機零件，改裝成機器人自駕農用車。[35]

＊譯注：MIT與哈佛大學合作的大規模開放線上課程。

對第一種與第四種學習者來講，有沒有證書不是很重要，他們的主要目標是取得與運用知識，而不是對外宣揚自己的知識。然而，對第二種和第三種學習者來講，學習的目的與工作有關，他們需要有東西證明自己擁有的知識。線上課程目前已經提供各式各樣的證明，例如edX等組織及其他「大規模開放線上課程」（MOOCs）的提供者頒發非學位修課證明，有的大學則提供線上碩士課程。相關證書如果能證明就業技能，例如精通某種程式語言，產業有可能高度重視。

儘管如此，我們依舊缺乏清晰明確的路標——那種人人一看就知道，某某人達成某件事、準備好迎接新挑戰的象徵。MIT雖然不提供線上碩士學位，但可能的答案正在成形。薩爾瑪的團隊（成員包括我在MIT運輸物流中心的同事克里斯．卡普萊斯〔Chris Caplice〕，他的辦公室就在我旁邊）提出一種新型線上證書：微碩士（MicroMaster）。此項計畫目前提供供應鏈管理課程，很快也會提供其他領域的課程。學生完成一學期的線上課程後，可以取得微碩士證書。微碩士類似其他的線上證書，不同之處在於線上課程表現特別優秀的學生，有機會實地到MIT就讀一學期，取得MIT的完整碩士學位（薩爾瑪表示，全球合作的大學很快也會接受這些學生，例如那些住在澳洲、不想離家到美國念書的人）。這種入學管道是非常有希望的指標。其他許多碩士課程或許會為了表示年齡不是問題，象徵性的收一、兩名中高齡者，但學生的年齡層主要還是二十歲與三十歲。微碩士的入學制度則採菁英制，如果能證明自己很優秀，不論幾歲都能進去。

參加微碩士課程的人士，多數都是在職專業人士。如果接下來繼續到MIT拿到完整碩士學歷，可以持有享譽國際的文憑——這是MIT特別替中年學習者設計的課程。這樣的教育證明如果能普及，甚至讓人們認為在一生的職涯中應該持續取得，「中高齡者技能過時」的刻板印象將逐漸破解。然而，那樣的美好未來不會自動從天而降，得有人替終身學習買單，當愈來愈多人投身開拓新老年前景時，未來將出現龐大需求。

熟齡時尚

除了追求理想工作與新知識，從各種途徑追求意義的銀髮族還可能做一件重要的事：買東西，買很多很多的東西。然而，企業卻一直到了最近，才開始去想如何滿足以女性為大宗的熟齡消費者心中各式渴望。

企業不把銀髮族當一回事，並非近日才出現的問題。創業家茱蒂・盧柏（Jodie Luber）深知，要說服裹足不前的企業迎合這群不受重視、被貼上恐懼科技標籤的銀髮消費者有多困難。一九九六年，盧柏和另一位共同創辦人成立WomensForum.com（女性論壇），在第一波網路時代與Women.com、iVillage.com合稱三大女性生活風格網站。二十多年後，三大巨頭只剩下WomensForum還屹立不搖，二〇一〇至一五年間的每月瀏覽人次大約是四千五百萬。盧柏表示那是相當了不起的數字。WomensForum無庸置疑是備受推崇的網站，也絕對是「女性生活風格」領域中的老前輩。

自從WomensForum上線以來，盧柏便持續在做時尚行銷工作。「從公司的初步構想一直到募資時期，我都是一個人校長兼撞鐘。」WomensForum在一九九九年進行第一輪募資，當時盧柏是唯一的全職員工，同時身兼總編輯、熱門部落格「女孩話題」（Girl Talk）撰稿人（盧柏的兒子出生後改為「媽咪話題」〔Mom Talk〕）、新聞長、公司門面、唯一的廣告業務員，以及合作網站的聯絡人。盧柏說：「現在回頭看覺得很不可思議，『怎麼會這樣蠻幹』。」她說自己「瘋狂工作到愚蠢的境界」。

WomensForum自創立以來，營收就不倚賴Google Adwords等依據點擊次數收費的「每點擊付費」（cost-per-click, CPC），直接和廣告主洽談（事實上，WomensForum的成立還早於二〇〇〇年誕生的Google Adwords）。盧柏提到：「我們與大批廣告主合作，包括多數藥廠、所有的車廠、克萊斯勒、梅西百貨（Macy's）、多芬（Dove）、西爾斯（Sears）百貨、普瑞納（Purina）寵物食品公司、卡夫（Kraft）食品公司，所有你想得到的大公司都是我們的合作夥伴。」她想了想：還有星琪（StarKist）海產。「我們向來直接打電話給品牌，也直接打電話給廣告公司，問他們：『您想與女性有什麼樣的對話？』」

眾家企業最初反應冷淡。盧柏表示：「一九九六到九七年時，沒人想和我們談。許多贊助商告訴我，女性永遠不可能上網，網路是男性的天下。現在回想起來真是太可笑了，但我們一直試，只要你看著人口統計數字，就很難相信網路容不下女性。」

盧柏大約就是在那段期間，在底特律和美國三大車廠之一的行銷長開廣告行銷會議。對方完全理解女性買主的重要性：「那位行銷長告訴我，在展示場賣掉的車，背後做決定的大都是女性，就算是先生要開的車也一樣。」儘管如此，「他們不願意花錢做主打女性的廣告。」

盧柏回憶，在P&G的帶領下，到了一九九〇年代尾聲，事情終於開始轉變。P&G是第一家在網路上主打女性的民生消費用品大品牌，把網路當作自成一格的媒介，就和電視、廣播、平面廣告一樣。盧柏說：「P&G朝網路發展後，其他民生消費品公司與藥廠紛紛跟進——也就是所有瞄準女性與家庭的品牌——自此之後，每一件事都不一樣了。」那是令人開心的新發展，然而居然曾經有一段時期，企業不認為女性會用網路，不肯將之納入行銷策略，真是令人訝異。最初拒絕盧柏的那家車廠後來回頭找她。「我們替多功能休旅車做了大動作行銷，然而車廠會接受，是因為多功能休旅車聽起來很『女性』，實在太可笑*，」盧柏說：「人們依舊有雙重標準。」

WomensForum 成熟後，網站訪客也逐漸進入熟齡。「我們的受眾年紀較大，我很慶幸出現這樣的新發展，有更多成熟女性參與對話，上網分享經驗。」

如同企業後來才明白年輕女性會上網，企業也花了很長時間才了解，原來世上存在會使用科技的熟齡女性。盧柏說：「有人認為，熟齡女性上網只是為了寄 email。」「真是有夠荒謬，我感覺好像在講歐洲黑暗時代的故事。天啊，email。很多人認為，女性用網路只是為了寄照片給家人。」

不過，一旦行銷人員逐漸發現，在網路上也能接觸到熟齡女性——以及她們的錢——他們就像是看到搖錢樹一樣。盧柏說：「從美國退休協會到金融、信用卡、保險、健康、藥廠等各領域，所有的廣告主都到齊了。」有的行銷人員了解，熟齡女性上網的目的，不只是

---

*譯注：多功能休旅車是美國許多家庭選擇的車款，許多母親用來接送家人。

為了成天寄孫子的照片。盧柏列舉她認為做得不錯、沒把熟齡女性描繪成刻板印象的企業，例如有幾家金融業者讓顧客看到，退休後除了高爾夫球場和郵輪，人生還可以有其他目標。美國運通（American Express）問熟齡女性：「您要如何替事業取得資金？」微軟則問：「您要如何讓家庭辦公室運作？」

盧柏說：「那些企業真的在和女性對話。」

她說，替銀髮生活提出完整願景的企業中，以服飾品牌零售商 Chico's 最為出色。如同車廠不賣「老人車」，女性時尚產業特別不願意賣「老人時尚商品」——要是主攻熟齡女性，很可能嚇跑年輕消費者，就連年長消費者也會避之唯恐不及。盧柏提到，如果她是賣化妝品的，一定會高度重視熟齡女性顧客，因為「熟齡女性是很重要的回頭客，營收要靠她們」。然而，相關企業的行銷策略依舊一律瞄準十八歲至二十五歲的消費者，因為沒有哪個時尚品牌希望被當成「老人在用的東西」。盧柏說，企業把熟齡女性當成次要受眾，然而主要營收卻來自她們。

一般時尚品牌只瞄準年輕女性，期望產品會自己長腳，間接接觸到熟齡市場，Chico's 則不一樣，直接瞄準重要營收來源。盧柏指著桌上的電腦螢幕，上頭是一張張明豔動人的女性照片。「Chico's 是相當值得關注的產品線，她們找來年紀大的模特兒，全都超過五十歲，依然很美。」盧柏把網頁往下拉，螢幕上出現一個又一個優雅的女性。「她們打扮自己，她們活著。」盧柏停在其中一張令人眼睛為之一亮的城市景象：「這個女子看起來像是要去吃晚餐，也或者要去開會。」或是大概兩者都有。照片的說明文字寫著：「紐約的週末。手提包。她們外出，四處活躍。」

現年五十一歲的盧柏說，幾年前Chico's的衣服呈現的氣質沒那麼優雅端莊，「比較像遮掩身材的長袍，或是寬鬆的罩衫……下半身簡單搭個彈性褲。現在時尚多了。」當然，只要肯掏出大筆鈔票，熟齡女性也能買到時尚感十足的現代服飾，但成衣零售大品牌顯然並未提供這樣的選項，品牌主打廣告中也不見熟齡女性身影。如同盧柏所言，對於成長過程和她一樣的人，優雅時尚的銀髮生活並非常態，「你看看那些雜誌擺出來的東西」。熟齡女性偶爾會在廣告中露面，但很難稱得上替產品帶來高雅的感覺。年長模特兒一向被拿來傳遞文化中的老年論述，以及有著各種負面意涵的老態。

盧柏認為，這種長久以來的行銷手法，忽略一件重要的事：「從未讓熟齡人士傳遞性感迷人的氛圍。」讓老年人性感，尤其是讓年長女性有魅力，令人感到有些不正經，甚至引發反感。好幾個世紀以來，這種觀念侷限了年長者能追求的快樂。在時尚產業，性感魅力幾乎是每一個模特兒的必備條件，熟齡模特兒被當成無性之人的現象也特別明顯。

這裡要講的意思，不是年長者或任何人應該穿什麼或不穿什麼，或是行為舉止一定得如何。真正的自由老年，是讓人隨心所欲展現自己，不去管別人怎麼說，我個人絕對是這麼認為的（盧柏也一樣）。然而，各大品牌一直在限制這樣的自由，不肯以對待其他每一個人的方式對待熟齡族群，從而把銀髮族的「性」這項許多人生活中的基本活動，塑造成怪異、好笑、不尋常的事。停下來想一想，就會發現這有多不可思議：年長者通常不討厭性，他們的經驗事實上比年輕人豐富，然而性愛對老人有好處的概念，令人感到無法想像，甚至各位在讀這一段的時候，心裡可能在偷笑！問一問自己為什麼會想笑。從生物學的角度來看，沒什麼好笑的，真正的始作俑者是社會文化長期以來灌輸我們的事。Chico's打破成見，讓熟齡模特兒呈現出四處活躍、令人嚮往的生活方式（沒錯，要加上性感），其實相當破天荒，不認為女人老了就該縮小自己的地平線。

儘管如此，我依然好奇Chico's強調光鮮亮麗的外表，是否會無形中帶給消費者壓力，畢竟如同盧柏所言，女性必須看起來漂漂亮亮的壓力，「大概從十歲就開始了」。行銷與娛樂產業不斷告訴女性：「你不夠好，你不夠瘦，你不夠美，要像誰誰那樣才對……你做錯了。」Chico's販賣時尚，免不了要鼓勵顧客花錢把自己打扮成某種樣子，不過盧柏指出Chico's照顧到高矮胖瘦，自有一套尺碼系統，比傳統尺寸少一點批評身材的意涵。她說：

「Chico's不會指著你的鼻子說：『不對，這樣穿大錯特錯。』它對各種身材的人來講都相當時尚。」

遇見未來的自己

Chico's與BMW等企業只是開了一個頭。在接下來的歲月，隨著人們以愈來愈多元的新方式在老年活出意義，大家在談這個議題時，將談到年長者想做的事令人訝異、甚至是驚世駭俗。不懂經濟學的批評者，自然會指控中高齡工作者搶走年輕人的工作，其他人則會被迅速成長的老年情色產業（日本已經欣欣向榮）[36]嚇到——而且是嚇了很大一跳！還有其他許多人會感到奇怪，為什麼阿媽穿得再也不像阿媽，還在網路和現實生活中大聲發言。

在一片訝異與譁然的聲浪中，有一個問題會被蓋過：年輕人將如何看待人類史上首度富有吸引力的老年生活。年輕人不太相信美好晚年有可能成真，值得為那樣的未來努力。他們在真實生活與媒體上，看見受傳統論述所囿限的老年生活。社會認可的老年幸福，似乎就只有家庭和樂，親友在旁。然而，那一點點世俗認可的快樂，令人感到還不夠。除非學過社會情緒選擇理論，要不然中年以下的年輕人不曉得有一天自己的目標將不一樣，人生只要有小小的朋友圈就夠了。此外，傳統論述使人們誤以為老人只取用資源而不事生產，對文化毫無貢獻，也難怪年紀大令人感覺很悲慘。

年輕人不肯為自己的老年存錢，可以想見人們心目中的老年有多不吸引人。年輕人的儲蓄率其實高過一般想像，二〇一三至一六年間，二十歲族群存下的薪水比例自五．八％上升至七．五％。[37]然而，照最保守的計算方式來看，年輕人依舊完全沒做好迎接未來的準備，要存下十五％的收入才夠。老實講，儲蓄率不足的風險可能有點被誇大。如同今日的生活和一九七二年相當不同，如果二〇六二年的生活也和二〇一七年不一樣，目前二十歲的人未來所面臨的「退休」，可能和我們今日的退休全然迥異，或許會有不同的生活費來源。然而，替不確定的未來做準備最好的方法，就是做準備，也因此年輕人不太存錢依舊是一大隱憂。

年輕人存不了錢的原因包括許多他們控制不了的因素：令人翻不了身的學貸和高居住成本全都難辭其咎，景氣復甦對年輕求職者似乎沒有多大幫助。然而，年輕人不替未來做準備，其實也是因為未來感覺很遙遠，令人弄不清楚老年生活究竟是怎麼一回事，或是有概念反而更糟。如同卡斯騰森教授告訴我的：「我們耳提面命告訴大家，你一定得存錢、存錢、存錢——這樣才住得起安養院。」她大笑：「哇，不曉得為什麼，大家都不心動。」負面的未來展望深深影響著現在。舉例來說，目前的現象是雇主愈來愈不肯提供退休金方案（沒有退休帳戶的千禧世代中，僅四十三%定期存錢）。[38]此外，退休計畫通常第一個被犧牲的原因，在於對年輕工作者而言，長期儲蓄的重要性，遠不如薪資高低、病假給付、健康保險等近在眼前的煩惱來得急迫。

此外，年輕人選擇體驗此時此刻，而不是霧裡看花的未來，很難因此責備他們。雖然長輩批評年輕人把錢花在手機、電動、平板電視、餐廳（千禧世代的外食費用高過其他世代），[39]但也難怪年輕人選擇這個星期六就去吃早午餐，沒選四十年後再去吃。替似乎永遠不會到來的未來某一餐存錢，只對未來那個陌生的自己有好處；而現在就吃到熱騰騰的比利時鬆餅，感覺是更為實在的投資報酬。

不幸的是，要是我們繼續重視現在勝過未來，結果將不溫馨，也不愉快。如果從一般的青少年，一直到希望自己不要活到超過七十五歲的公共知識份子，每一個人都認為老年沒價值，不值得犧牲短期的快樂、替老去做準備，結果將不堪設想：不久就會出現一大群渾身是病、完全靠政府養的老人。

隨著晚年生活逐漸開展新的意義，人們對於未來的期待會改變。年輕人將看見自己的父母與祖父母從事有意義的工作或擔任義工、透過時尚表達自我、持續進修拓展心智、體驗豐富多樣的休閒活動、熱情參與公民生活。年輕人看到大人們的示範後，將發現今日與未來的自己並非迥然不同。

在長輩的身教之中，年輕人將跨越世代隔閡，了解人生最後的八千天是怎麼一回事。破解了「老年」這個一度未知的謎團後，將可減少世代之間的疏離感，讓年輕人願意在財務、情感以及健康等各方面，投資自己的未來。如果在青壯年時期就該開始儲蓄以及保養身體的概念，不再感覺像是討厭的功課，而是具備迫切的重要性，所有人最終必須負擔的人口老化成本，大概會少於今日憂心之士所預測的天文數字。

好了，年輕人的事講太多了。更美好的老年最重要的一件事，就是老了真好。多了壽命、自由，以及各種通往幸福的明確途徑後，老年生活將前所未有的豐富。老年將不是縮減版的中年或第二次童年，而是值得好好活著的一段獨特時光。長壽是人類的聰明頭腦帶來的史上最大成就，長壽的新疆界將朝氣蓬勃、欣欣向榮，樹立一座座文化路標，標示著生活中充滿意義的時刻、成就與新方向。我們在老年追求自己的期望與目標時，是否也將參加從大房子搬到小房子的派對、空巢期慶祝活動、微碩士畢業典禮，甚至是離婚派對？葬禮常被稱為「生命的禮讚」，我認為我們正在開始學著讚美老年生活——趁還活著的時候。

自一九五〇與六〇年代起，中高齡者因退休與年齡而失去身分地位與發展機會後，他們得到的安慰獎是「黃金歲月」的概念。其後數十年間，人們依據「黃金歲月」提供的願景，認為放鬆享樂的休閒生活是老年人應得的權利。今日前方更美好的老年似乎很類似，的確聽起來很黃金、很珍貴，但實際上非常不同。科技的進展，再加上企業願意承認熟齡族群的重要性，精確瞄準他們的欲望與需求；以及最重要的是，嬰兒潮世代的龐大人數，還有他們抱持的心態以及他們對於科技的高接受度，將使老年本身發生轉變。變老不再需要安慰獎，而是倒過來：你會很想要變老。

第七章

意義與遺澤

從降血壓藥物，一直到高科技與時尚，對於身處銀光經濟的企業而言，馬斯洛需求層次的每一個層級無處不是機會。企業不論服務哪一種需求，商機都源自傳統老年論述認定中高齡者需要什麼，以及他們身為消費者的實際需求；而兩者間的差距愈拉愈大。前面各章已經分別從生理需求與高階欲望介紹相關機會。照顧生理需求的企業必須揚棄迷思，不再把銀髮族當成醫療問題，應該優先考量他們的目標與想達成的事，希望照顧到高階欲望的企業，則可以透過令人驚豔的方式，協助年長者在生活中找到意義，建立起企業與銀髮族之間豐富的新關係。

馬斯洛金字塔上層也存在類似的機會，但如果各位的思考卡在目前的老年論述，很容易就錯失。消費者想辦法滿足自己的需求與欲望時，就是在持續的生活與消費。即使是那些過著安全健康的生活、人際關係美滿、社會地位崇高的幸運兒，他們心中依舊存在深層的驅動力。馬斯洛認為，這種擁有一切的幸運人士，自然會渴望達成「自我實現」：馬斯洛在一九四三年寫道：「自我實現的形式，可能是當個好母親，也可能是在運動方面取得成就，或是希望透過繪畫等創新方式表達自我。可說是一個人希望不斷超越自我、實現全部潛能的欲望。」[1]

馬斯洛提出自我實現概念後的數十年間，企業界極力透過管理與行銷推廣這個概念，例如艾爾（N.W. Ayer）廣告公司替美國陸軍設計的徵兵口號「盡你所能」（Be All You Can Be）。[2]這句口號觸動了年輕人的心——如果你希望找到人生方向，美國陸軍提供通往金字塔頂端的門票。不過，在馬斯洛的設想中，不是人人都能自我實現，只有極少數幸運兒才有辦法達到這個崇高境界，可能是千中挑一，[3]而且要中年以後才有辦法做到，[4]也因此真正的自我實現者並不常見，他們往往遠離「普遍被接受的偽善、謊言、矛盾」，也因此「有時感到自己是間諜或異鄉人」。[5]

這下子麻煩了。如果能身為鳳毛麟角的自我實現者，洞察力高人一等，極度自制，的確令人羨慕，但我們這些普通人怎麼辦？難道說當我們馬齒徒增，就只能活在失望帶來的悔恨之中，這輩子就這樣了？陰暗的前景除了令個人感到沮喪，也使企業對於協助消費者站上馬斯洛金字塔頂端興趣缺缺，因為理論上很少有人成功。

幸好，我們還能以另一種方式看待最高層次的欲望，尤其是把年齡加進方程式時。卡斯騰森的研究顯示，就算不是所有人都能自每一分潛能達到最大成就，我們仍然能透過自己的目標、活動與人際關係追求意義。卡斯騰森的研究結果在兩方面振奮人心。首先，即使不是多數人都能做到自我實現，但許多人依舊能找到生活的意義。第二，和企業比較相關的是，有一個鮮為人知的市場，那群人不重視傳統需求，但他們的人生沒有意義不行——並且願意掏錢購買帶來意義的產品。

人生想要有意義的這股驅動力，以及密切相關的想留下正面影響的欲望，帶給銀光經濟或許是最出乎意料的邊疆地帶。不過，那個領域不會永遠未知，已經有拓荒者開始畫上標記、觀察四周、畫出新地界，把一度荒涼的地區視為自己的家。

第六章提到的盧柏，就是一個開疆拓土的例子。她除了經營 WomensForum，也主動指導波士頓大學正在起步的創業者。二〇一六年十二月的第一個晚上，盧柏負責主持薯餅節（Latkepalooza）的評審小組。薯餅節是一年一度的波士頓大學猶太光明節慶典，活動地點是校園內的西勒爾宿舍（Hillel House），三樓的餐廳正對著MIT西校區即將結冰的查爾斯河，大學生身穿傳統服飾，大口吞下搭配奶油乳酪與蘋果醬的薯餅。一位系上老師把自己打扮成方形的光明節陀螺，他走到哪，用紙盤端著食物山的學生就會急轉彎避開。

除了所有人都能同享的薯餅，評審小組還替三名學生的創意薯餅食譜評分：第一種是無麩質版本，第二種加了蘋果塊，第三種則是油炸做法。當天晚上不只是評比食譜，盧柏還非正式的發表自己的新網路事業「猶太廚房」（TheJewishKitchen.com）。

盧柏出生在烹飪世家，父親是布魯克林自治市公園（Borough Park）猶太教正統派社區的貝果師傅，盧柏許多週末都在店裡幫忙。她說：「我父親很了解客人，做出令人垂涎的美食，排隊人潮一路延伸到門外。父親幫所有客人都取了綽號，例如有一個人有口臭，鬍子裡夾著蒜頭種子……那位客人來店裡的時候，父親就會發出警告：『快閉氣，北風，十點鐘方向』。」盧柏說著環顧四周，「我就是很喜歡這種瘋狂的民族活力。」

盧柏大學畢業後第一次搬出去，發現自己得學做菜。理論上應該很容易才對，但她的家族中從來沒有人寫下食譜。每次她打給親戚（例如住佛羅里達的祖母擅長孫女最愛的酸甜醬肉丸），都問不出清楚的步驟。盧柏在「猶太廚房」網站寫下：「要祖母告訴我怎麼做肉丸，就好像沒念過醫學院的我在開刀房，打電話問人怎麼切除闌尾。」[6]盧柏的親人老是提供很難依樣畫葫蘆的做菜指示：「怎麼知道洋蔥好了？」「噢，你自然會知道！」除此之外，每一份食譜背後都是一則家族故事：歷代祖先烹煮與享用過盧柏正在學的菜。

時光飛逝，盧柏日後成立WomensForum。公司募得第一輪主要資金時，盧柏等不及要告訴父親，打電話叫父親開傳真機。「我把電匯收據傳真過去，你懂的，七後面有好多〇。父親說：『等等。』我聽到父親喃喃自語『七百萬』，接著說：『我在算要賣多少貝果才賺得到七百萬！』」

盧柏的父親在四年前過世，盧柏說：「我感到心碎，得做點什麼，留下陪伴自己成長的東西，留住我的瘋狂家族回憶與父親的食譜。」然而，盧柏不曉得那個「做點什麼」是什麼，直到二〇一六年夏天，她參觀曼哈頓遠西區的賈維茨會議中心（Jacob K. Javits Convention Center），尋找可以放上WomensForum的題材。她閒晃到某個攤位，攤主販售美麗織物和餐巾束環等各式猶太物品。盧柏閒聊自己看過的猶太新年餐桌擺設，接著身旁突然冒出另一位女士加入討論。三人愈聊愈開心，接著又有其他女性靠過去，一共五人。大家拿出手機，互相觀看各式節慶菜餚與桌上擺設。

「你們想看餐桌擺設？看看這個！」「不對，看這個！」「這才不是猶太新年，等一下，我給你們看真正的猶太新年。」其中一人秀出十幾張有如國宴的豪華餐桌照片，大家討論自己家的猶太哈拉麵包（challah）、庫格爾布丁（kugel）、石榴塔食譜，講起自己的母親與祖母是怎麼做的。聊著聊著，盧柏發現在場的人沒人推銷東西，大家純粹是以熱情的心（是的，還有一較高下的心態），想要分享「我家的做法」。

盧柏說：「這一切顯然不只是食物而已。」她那天碰到的人不只想分享食譜，也不只想分享餐桌擺設的訣竅。她們想要分享的是故事。

此外，她們為了分享故事，無意間做了一件值得留意的事：此時手機不是用來傳遞資訊，手機螢幕變成一種布景，方便她們分享家族傳統與美食背後的點點滴滴。那是隱而不顯的先驅使用者創新：如果你不懂熟齡女性的渴望，那個線索小到很容易錯過，但盧柏沒錯過。她說：「那種感覺，和二十年前我開始談 WomensForum 時一模一樣，令人渾身起雞皮疙瘩。」就她所知，當時還沒有哪個網站提供她剛才目睹的意見交流管道。

既然沒有，那就來成立一個，「猶太廚房」就此問世。這個網站一開始就以「說故事」為目的：使用者可以提供食譜，但比起一般的食譜網頁，猶太廚房傳遞的背景故事遠多過做菜方法。更特別的是，使用者可以放上自己或親友做菜的影片，一邊爆香蒜頭，一邊對著鏡頭講話。

盧柏模仿想像中的投稿人：「我正在做光明節薯餅。」「我和女兒正在做果醬甜甜圈。

我們在做猶太布丁。噢，你不懂麵條布丁（noodle kugel）。我們教你做真正的好東西。」

盧柏談起自己那次和路人閒聊家族傳統與食譜的意外收穫：「我知道我找對方向了，因為人們想記錄這些東西，但從來沒寫下來。她們沒問母親，沒問祖母，沒問阿姨。她們只會在需要食譜的時候打電話過去，順手寫在紙片上，接著就隨手一塞，沒有親人正式留下的食譜，而他們很多人已經過世。」

食譜、習俗、軼事與家族史是分不開的，猶太廚房在網路上提供這個混合體一個永久的家，如同一座充滿美食回憶的公共圖書館。猶太廚房今日存放琳琅滿目、令人口水直流的照片，看太久肚子會餓。這個網站成為守護意義的記憶博物館，替銀光經濟開創新市場。前文提過的BMW與Chico's等公司也正在開闢為老年創造意義的新道路。就連猶太廚房投稿者所使用的手機與電腦本身，也可以當成某種途徑：也就是本身不帶有特定意義、卻能讓消費者藉此得到有意義的事物的科技產品。採行此類經營模式的事業，有如在一條吸引目光、四通八達、承諾終點有好東西的公路上成立收費站。不過，此類公路數量增加後，另一種類型的產品會應運而生。那樣的產品提供的不是通往創造意義的道路，而是它本身就是有意義的體驗；猶太廚房是其中一個早期的例子。

也或者該說，猶太廚房是其中一種版本。盧柏的公司雖然富前瞻性，依舊一腳穩穩踏在家庭領域——也就是在現行論述下，少數幾個允許年長者追求人生意義的領域（在該領域販售意義的公司，還有更知名的「Ancestry.com」，用戶可以透過此一祖譜網站公司得知自己的家族史，串起家族樹，還能提交DNA樣本做血緣測試）。

整體而言，一跨出家庭領域，就只能在創造意義的新途徑被開拓出來後，才會出現可以追求意義的產品，但有一個亮眼的例外。自開天闢地以來，年長者經常會想要留下遺澤。目前已經有許多產品讓人們有機會留下名字與事跡，好讓後代子孫認識自己。舉例來說，自助出版產業近年來一路長紅，除了亞馬遜等科技龍頭提供工具並廣設平台，也是因為年長者想寫下自己的想法與回憶。據說大型隨選列印（POD）網站「Lulu.com」十七%的顧客是中高齡者；[7]此外，全美最大自助出版社「AuthorSolutions」的使用者有五十%是中高齡者。[8]除了自助出版外，此一領域還有另一種更昂貴的產品，幾乎可保證自己的名字會留存在世人記憶中，例如大學尤其擅長以人名替教職、紀念館、大樓命名的形式，販售留下遺澤的管道。

然而，想在身後留下書籍或大樓等實體事物的欲望，只是遺澤驅動力發威的其中一種方式。更常見的情況是人們打算回饋曾經幫助自己的社群，靠著讓社群進步留下遺澤。這種概念相當符合卡斯騰森的社會情緒選擇理論。卡斯騰森指出，在人生上半場，我們靠著知識、技能與社會提供的資源，充實自己的頭腦與錢包：「你從文化銀行提領社會資產——包括醫療、教育，以及我們尚未出生時前人就已學習、儲存、建構的每一件事。」接下來到了人生下半場，我們有機會再度投資那些事物。「你在人生的第二個五十年回饋，投資給未來世代的銀行……你改變文化，做出貢獻，讓世界成為更美好的地方。」

那樣的回饋投資令人感受到豐富的意義。此外，和其他非家庭領域創造意義的方式不同的是，慈善與義工活動是一種直接且社會認可的獲得滿足感的方式。提供此類機會的組織，若是了解社會情緒選擇如何影響中高齡者決定回饋群體的時機與方式，將可欣欣向榮。假設各位經營一間建造低收入住宅的非營利組織，你可能以為自己的產品是房屋，但你真正賣的東西，其實是讓義工因為做了有意義的事而感到自豪，他們付的「錢」是時間與心力。研究顯示，年輕時就開始做善事的人，年紀大了之後比較願意做這樣的交換。[9]從卡斯騰森的理論來看，這樣的現象很合理。我們在年輕時找到有意義的事，接著老了之後的行為依據是心中認定有意義的事。各位的組織如果正在找年長的義工與慈善人士，自然應該直接向中高齡者推銷，但也應該在人們還年輕、尚在決定哪些事物有意義時，試著提早接觸。等日後他們年紀到了，想找回饋投資的方法時，自然會想到要回過頭找你。

然而，明日的年長者有許多方法可以找到生命的意義，回饋社會只是其中一種。位於需求層次頂點的最大商機，依舊猶抱琵琶半遮面，原因是我們尚不知道明日的銀髮族將以哪些方式、在哪些領域追尋意義。從這個角度來看，追求意義的產品就和其他每一階需求層次中尚待出現的產品一樣，前景不明。不論各位的公司是支持獨立宣言中的生命權、自由權、追求幸福的權利，也或者是使消費者生活過得有意義、幸福滿足，很難說最大需求將在未來歲月以什麼樣的面貌出現。

然而，也不是完全無法探知答案。預先掌握最高層次的需求的方法，就和掌握最低層次是一樣的：拿出積極同理心，把消費者想完成的工作擺第一，跟著先驅使用者走。

一整個世代留下的東西

打從我成立年齡實驗室的一開始，就讓它與企業界結盟，原因很簡單：不論你喜不喜歡，企業深深影響多數人的生活方式。你住什麼地方、穿什麼衣服、吃哪些東西——相關決定全都受企業提供的選項所定義與限制，此外也受政府與非營利組織影響。在本書結尾，各位應該已經知道，老年生活目前明顯缺乏選項。

企業尤其有能力改變現況。本書從頭到尾一直在提，銀光經濟代表著新前線，也提供了機會，讓我們有望突破目前的社會規範所立下的限縮行動的界限。新世界自然充滿無限商機，但也可能馬失前蹄，主要問題在於我們不曉得前方有什麼。明日的消費者想要什麼，尚是無人知曉的領域；更麻煩的是，每個人的羅盤指針都被吸往錯誤的方向。

社會建構的老年論述使每個人相信，自己知道如何在前方找到路，也因此少數幾個自信人士把自家產品帶到荒地，勇敢開路，但一下子便在處處是陷阱的環境中迷途。前文已經提過各式各樣的風險；產品若是讓年長者難以使用，或是不符合他們的心智模式，就像拓荒者碰上無法通行的湍流而不得不回頭，通常不會有太多進展。產品若是呈現邏輯說不通的老年生活景象，或是不夠誘人，可能晚一點才失敗，但如同一路深入沼澤、最後在爛泥中丟了靴子的探險家一樣，依舊免不了狼狽出場。產品若是侮辱中高齡消費者，或是無法滿足他們的渴望，把年長者當成有待解決的問題——那樣的產品或許能穩穩走上幾哩路，直到被傳染瘧疾的蚊子叮到。

企業會犯的最麻煩的錯誤，或許是抱持傳統退休社區的願景勇闖高齡社會前線：那樣的願景看似誘人，卻會導致世代間的戰爭。這就像是找到可以形成聚落、蓋起小木屋的山谷，但適合耕作的土地面積不夠大，無法養活每一個人。突然間，每一個人自私自利起來，搶奪地盤，天堂變地獄。

種種陷阱加在一起，如果要給任何考慮前進高齡社會戰線的企業一個建議，我會說：「不要相信你的直覺。」我們的方向感似乎很可靠，但其實被數十年來的錯誤論述深深扭曲。最好還是聘請嚮導或熟悉已知地帶的人士，對未知區域做出可靠的假設。方法有幾種，有的大型企業讓內部組成團隊，全力研究銀光市場與自身定位，例如哈特福公司的「成熟市場卓越中心」與泛美公司（Transamerica）的「退休研究中心」，靠著社會學家組成的團隊，提出假設並進行測試，以求了解保險業與金融業的年長客戶行為模式。美林（Merrill Lynch）證券內部則有專職老年學家。如果沒有找人（內部員工或外部顧問）專門仔細盯著銀光經濟在現實中發生的變化，等同蒙住眼睛走路。不過，社會學家執行的焦點團體與民意調查，只能帶你走一小段路；倘若想要更深入的理解，可能得實際體驗目標顧客的日常生活，例如第四章提到的「艾格妮絲」等增進同理心的道具，可以幫上很大的忙。「艾格妮絲」目前不提供出租或販售服務，但市場上有不少類似的老化模擬裝，企業組織可以試用看看。那類輔助工具就算無法完美複製年長者會出現的生理症狀，依舊能大致感受一下，知道用年老的身體待在某個空間或使用特定產品是什麼感覺。

不過，企業能採取的最佳方式是研究先驅使用者。先驅使用者為了滿足自身不斷變化的需求，自行改造產品，或是以原始設計師從未想過的方式使用產品。先驅使用者甚至比嚮導更能引領企業走進銀光經濟的陌生領域，不但能告訴你今日的消費者真正想完成的工作，甚至還能一併指出未來。找出這些人，請他們提供意見，觀察他們，提出問題。如果他們是先驅使用創新者，可以聘請他們或贊助他們的計畫。就算他們不符合刻板印象中的「創業者」——不是年輕男性——也別擔心。事實上，熟齡女性先驅使用者的觀點，比其他任何族群可能更有價值。如同OXO廚房工具的例子，熟齡女性的洞見，可以讓主要瞄準銀髮族的產品更上一層樓，在更大的市場成功。此外，熟齡女性也可能靠著原先不限定年齡層的產品，解決銀光經濟的特定問題，幫產品找到有價值的使用方式，例如第二章提到不願搬進老人社區的林多佛替Airbnb與Instacart找到新用途。在這類例子中，當大批新使用者發現出乎意料的產品用途，就非常可能出現低階破壞與新市場破壞。

說到這，剛好可以提醒開拓銀光經濟時的最後一項風險：破壞同時有利有弊。唯一比在銀光經濟的林子裡迷路還糟糕的事，就是待在家什麼都不做。如果你不外出探索，很可能被拋在後頭，成為破壞的受害者——即使你不認為高齡社會與你的公司有關聯。

不認為自己的公司和高齡社會有關的念頭尤其危險。看一看你的四周，一個更美好的高齡社會，將不只改變中高齡者的生活，各年齡層的人都會受到影響。從童年開始，我們很快就懂得依據各式各樣的「正常人生該怎麼過」說法，追求人生目標。企業今日碰上的機會是定義那個新常態。這除了是抓住銀光經濟的機會（今日已是產業最不可忽視的機會），還能透過在文化、社會、經濟等各方面賦予中高齡者力量，提升他們的生活品質，讓老年變得更美好，使銀光經濟得以成長。

各位的企業有可能在這個過程之中，協助嬰兒潮世代將自己數十年來的過人影響力，化為一個轟轟烈烈的大結尾，永存於世世代代的回憶之中。

不論人們的意見是褒是貶，美國與全球各地的嬰兒潮世代，將是接下來數十年的重點議題。投入全球變遷研究的跨領域「國際地圈生物圈計畫」（International Geosphere-Biosphere Programme, IGPP）的科學家團隊寫道：嬰兒潮世代的一生，「無疑碰上了人類史上與大自然的關係變化最劇烈的時期。」[10]此一IGPP稱為「大加速」（Great Acceleration）的轉變之所以發生在嬰兒潮世代全盛時期，背後有無數原因，不過就我看來，有一個因素的力量特別強大：從四處鋪設的柏油路到核子反應爐、從超大休旅車到迷你口袋電腦，嬰兒潮在過去七十年間呼風喚雨，他們要求什麼，就會得到什麼。

此外，如果說嬰兒潮世代隨心所欲的形塑與打造周遭世界，他們同時也摧毀他們認定多餘的事物——這裡不只是指大自然而已。嬰兒潮世代用極端偏見摧毀的事物之一，是機構制度在我們生活中扮演的角色。

自從蓋洛普（Gallup）民調公司首度在一九七〇年代初調查相關指標起，民眾對於制度性宗教的信心下降二十五％。類似的信心下降現象還發生在美國的最高法院（八％）、公立學校（二十八％）、銀行（三十三％）、工會（七％）、報紙（十九％）、大企業（八％）、國會（三十三％）。蓋洛普自一九七〇年代初開始追蹤的美國機構中，只有軍方讓民眾增加信任感，上升十五％。[11]

在此同時，美國人民參與各式機構的情況，自二十世紀中期以來便大幅減少。哈佛社會科學家羅伯特・普特南（Robert Putnam）在二〇〇〇年出版的現代社會學著作《獨自打保齡》（*Bowling Alone*）中做過詳細探討。

一九五〇年代以來的數十年間，我們不僅不再參與家長會等民間制度，以及國際扶輪社等服務性組織，也減少信教的虔誠度與宗教參與。除了雙親制的小家庭式微，大家庭的聚會也消失，人們不再時常拜訪親友。社區酒吧、小型餐館及地方上其他聚會場所，如今成為遙遠的懷舊回憶。終身制的職涯與私部門的工會也消失不見。我想替普特南的消失名單，再加上兩樣嬰兒潮世代揚棄的制度：除了「確定給付制」的退休方案＊減少，嬰兒潮世代現在更是放棄文化意涵上的退休。[12]

這股潮流不一定都是壞的；事實上，嬰兒潮世代破壞舊秩序的行動，絕對可說是功大於過。如同普特南所言，美國自一九五〇年代以來能夠對抗種族歧視、性別歧視及其他各種偏見，原因在於嬰兒潮世代「是高度寬容的世代——對於種族、性別與政治上的少數者抱持開放的態度，不會把自身道德觀強加在他人身上」。然而，也是因為嬰兒潮世代比起上一代是更為個人主義的世代，他們傾向於破壞、趕走或拒絕參與任何自己不喜歡的制度。

嬰兒潮世代破壞制度的浪潮幾乎發生在每一個領域，然而這是有代價的——中高齡者首當其衝。嬰兒潮世代自己在一九六〇與七〇年代當年輕人的時候，老人福利不是他們心中最重要的事。然而，在二十世紀的開頭至中葉期間，中高齡者靠機構制度維生是毫不誇張的說法。最初的時候，當中高齡者被迫放棄社會中最重要的制度——個人職涯——他們至少還能仰賴宗教組織、互助會、服務性機構、退伍軍人團體、大家庭等制度。

然而，隨著機構制度的力量減弱，老年生活安全網出現兩大破洞，而且逐年愈破愈大。首先，食、住、健康照護等基本需求開始出現問題。在多數高收入國家，許多老年人僅靠著國家的養老金方案免於陷入貧窮。要是少了強大的家族、公民與宗教組織，他們沒有多

＊譯注：defined-benefit retirement plan，雇主承諾員工於退休時，按約定辦法給付退休金。

少可以求助的對象，容易淪為下流老人。開發中國家的老人則原本就拿不到太多政府補助，家人與多代同堂是唯一真正的安全網。在墨西哥與泰國等地，從傳統經濟過渡到現代經濟，原本多代同堂變成全家族散居各地。[13]此類國家的家庭制度崩解後，老年人付出的代價最大，有可能孤獨與貧病交加，甚至無家可歸。

老年生活的第二個破洞是制度。制度一度提供老年人社群意識、身分與目標。從宗教組織到保齡球聯盟，從榮譽職到家庭聚餐，各式各樣的組織制度織成的網，一度提供了老年人能待在社會裡的機會。就連「退休」這個文化制度都能滿足這個低標：雖然被視為退休人士，將造成中高齡者和其他置身於職場的人被區隔開來，但至少他們得到了某種身分。

今日則什麼都沒有：只有我們背後過時的論述，以及前方荒涼的無人之境。嬰兒潮世代花了數十年打破組織、傳統與期待，然而諷刺的是，延長的壽命使他們亟需機構制度。

嬰兒潮世代將再度親手打造自己要的東西。這一次，他們將建立可以讓老年生活更美好的新組織。這樣的組織將以獨特新鮮、由科技輔助的社交機構形式出現，例如凱西在Stitch.net 交到的一大群朋友。此外還有經濟制度，例如贊助中高齡創業者的創投組織，以及燈塔山村等社區組織。同一時間，社會安全福利金、聯邦醫療保險、「美國老人法」所規定的保護措施等政府制度，將前所未有的重要。以上只不過是略舉數例，因為除了可預測的制度，大概還會出現前所未見的新型制度，尤其是每當碰上「人」與「連結科技」交會的時刻。

然而，最重要的新制度將與文化有關：一套指引我們「活到」與「活在」老年的全新論述。新故事最重要的基礎，將是銀光經濟產品提供的證據。以口頭或文字，在沒人相信的情況下，說老人是社會上具有生產力的重要成員、老人提供資源而不是消耗資源，是一回事；當企業以產品證明年長者能做到的事，又是非常不同的另一件事。在明日銀光經濟中能夠成功的產品，不把年長消費者當成需要分類處理的醫療危機，而是社會中有著特殊欲望、需求與目標的完整個體。此類產品成功後，年齡帶有的意涵再也不同了——我們不再需要把獨特的自我，硬塞進一概而論的狹隘老年概念；我們身為消費者想完成的工作，自然會帶來符合需求的全新老年論述，感覺像是量身定做。

此外，全新老年論述同時也可解決另一個問題，嬰兒潮世代將得以完成他們最重大的世代工作：留下遺澤。從個人層面來講，盧柏成立的那種類型的企業，將可協助嬰兒潮世代滿足正在出現的個人需求，然而整體來講，嬰兒潮世代也希望成為後代子孫津津樂道的前輩。如果他們想在歷史上留下功大於過的貢獻，最萬無一失的方法，就是替未來世代建立起更美好的晚年典範。

你留下的事物

研究企業的學者是務實派，試著將龐雜的經濟與行為體系，濃縮成幾個可以控制與採取行動的小塊。然而，為了精確模擬現實，有時那些小塊變得太小、太分散，例如以經濟層面的生產者與消費者的概念來講，在過去的歲月，把「生產者」和「消費者」當成截然不同的兩群人，是一種相當實用的討論方式，甚至難以做出其他想像。我們把生產者當成幫聖誕老公公製作禮物的小矮人，辛勤工作，永遠不會停下來享受自己打造的東西。此外，我們把消費者想像成乖孩子，永遠都在收禮物，從來不製作。然而，真實世界其實並沒有那樣的分野。每一個生產者在下班後或週末會出門買東西（或是偷偷在辦公室網購），在此同時，幾乎每一個人在生命中的某個階段都會為了賺錢而工作。生產者永遠也是消費者，消費者通常也是生產者。

企業如果要在銀光經濟中成功，一定得打破這種一個人只會是「生產者」或「消費者」的分類方式，想一想自己的消費者可以創造什麼，例如創造答案：他們可以告訴你自己想要完成的工作，先驅使用者（通常是熟齡女性）則知道明日將出現的消費者工作。更重要的是，中高齡消費者將要求能協助他們發揮生產力的產品：他們除了會取，也有能力給，可以投資自己的豐富經驗與資源。

各位可能很難以這樣的方式看待年長消費者，因為許多人自出生後所接收到的訊息，就是年紀大的人是貪得無厭的吸血鬼，毫無能力提供商品與服務，對文化沒貢獻，不努力工作，不賺錢，甚至連想法都沒有。

然而，再過不了多久，我們將可擺脫這種過時論述，擁抱新觀點，讓走過老年的體驗變得更美好。此外，對於美好未來的承諾也對年輕人有好處。這樣的論述轉移一旦開始發生，就不會停止，因為威力十足的中高齡消費者，將讓能真正解決消費者工作的產品更上一層樓，未能滿足那個標準的產品則會遭到淘汰。那一天來臨時，各位的企業如果不能提出解決方案，很可能成為無情自由市場的犧牲者。然而，在這個過程的早期階段，只有最靈活的企業人士有辦法穿越迷霧，看見年長消費者真正的需求，有機會推動論述轉移，征服高齡新疆界。

除了無窮的機會、對於市場破壞的恐懼，甚至是利他主義，還有一個你和你的企業一定得趕上眼下第一波銀光浪潮的原因。消費者與生產者的重疊之處是雙向的；不只是中高齡消費者可以擔任生產者，要是幸運的話，今日各個年齡的生產者，有一天終將成為銀髮消費者，而那個人就是各位。不論你目前幾歲，未來都會變老——而且依舊是消費者。

我們要問的問題是，我們將度過什麼樣的老年？全世界目前正面臨陰暗的選項。雖然我在本書樂觀期待璀璨的老年，但現行論述永遠有可能把我們送上黑暗的道路，不斷向下沉淪，捲入由貧困、遺棄與世代間的仇恨構成的漩渦。不論各位的公司是大是小，如何看待熟齡族群將影響事態的進展方向。此外，不論我們做出什麼選擇，那個選擇將持續發生影響，因為世界不再年輕。

各位也一樣，人永遠只會變老，不可能返老還童。現在正是進入銀光經濟的時候，以便在銀光經濟中獲勝。銷售可能增加，你或許因此成為破壞的受益者，替自己打造可以好好享受的美好晚年，不會被剝奪自由與幸福。最棒的是，如果各位現在就做出正確選擇，未來的世代將因此感激你。用心打造年長者可以追求夢想、享受樂趣、貢獻自我、獲得意義的明日——以及是的，在世上留下一點痕跡——你將不只是協助年長者留下遺澤，那也將是你留下的遺澤。

謝辭

本書集結了歷史、醫療、經濟學等各方領域的概念，我最要感謝的是眾多研究人員與思想家，他們是本書的基礎，包括歷史學家 Dora L. Costa、Carolyn Thomas de la Peña、埃斯特斯、William Graebner、Bryan Greene、Carole Haber 與普特南；管理專家克里斯汀生與馮希培；科技思想家考恩、艾夫里斯與舍伯；我的學術導師 Roger W. Cobb；我的老化研究與創新同仁，包括高齡浪潮（Age Wave）的戴可沃、Encore.org 的 Marc Freedman、米爾肯智庫（Milken Institute）的 Paul Irving、全球高齡聯盟（Global Coalition on Aging）的 Michael Hodin、美國老年學會的 Greg O'Neill、活躍老年（ActiveAge）的 Gregor Rae、伊甸園模式

（Eden Alternative）的 Bill Thomas。在此特別感謝史丹佛大學的卡斯騰森和葛文德醫師，以及美國退休協會執行長 Jo Ann Jenkins，感謝他們耐心提供洞見與支持。

我也要誠心感謝好心答應接受本書採訪的眾多人士，為了保護隱私，書中略去了部分人士的姓氏。此外，還有多場十分重要但最終不適合納入本書範圍的訪談，在此感謝戴可沃夫婦、葛雷格一家人、希金曼（老大）、杜瑟特、哈斯克爾、庫伯、霍普克，以及「村莊」與「村落聯盟」的每一個人；無與倫比的 Stitch 使用者凱西、薛因曼、巴比艾瑞、羅果、Jonathan Gruber、David Mindell、古努拉、史坦伯格、貝克、葛瑞普、馬瑟曼、卡塔比、薩爾瑪、馬艾絲塔、盧柏。

本書不但是我首度接觸廣大讀者，也是MIT年齡實驗室的研究、理念與特殊觀點首度大規模集結出版。年齡實驗室自創立以來，與許多學生、研究人員一起合作，他們以數不清的方式影響了實驗室的走向與我的思考。這群優秀成員包括但不限於：Daisuke Asai、Arielle Burstein、Sarah Bush、Meredith Coley、Olivia DaDalt、Ali Davis、Jon Dobres、Angelina Gennis、Cédric Hutchings、Michal Isaacson、Daekeun Kim、Katerina Konig、Birgit Kramer、Dennis Lally、Jasmine Lau、Charles Lin、Hale McAnulty、Joachim Meyer、Dan Munger、Dick Myrick、Alex Narvaez、Michelle Pratt、Roz Puleo、Jessica Vargas Astaíza。傑

出的年齡實驗室合作者包括我的好友 Michael Kafrissen、羅德島設計學院的卓提與艾克曼，以及他們才華洋溢的學生、Paro 海豹機器人發明人柴田崇德。我目前合作最密切的團隊也應該得到感謝，此外還要特別謝謝他們替本書做出的貢獻，包括在本書寫作過程讓所有事務保持在正軌，偶爾也協助研究。這群優秀同仁包括但不限於 Dana Ellis、Adam Felts（協助整理本書注釋）、李彩舞、我隨時待命的助理 Adam Lovett、Jenna Ping、Marika Psyhojos、Verena Speth、Martina Raue、Carly Ward。我要特別感謝引導我們的社會科學研究的實驗室重要學者與老友 Lisa D'Ambrosio，也要感謝引導年齡實驗室汽車研究的 Bryan Reimer 與 Bruce Mehler，他們的重要人車元素研究背後有陣容龐大的團隊，成員包括 Hillary Abramson、Dan Brown、Lex Fridman、Tom McWilliams、Alea Mehler，以及其他許許多多人，在此一併致謝。我也要感謝數千名受試者與研究參與者，他們來到我們的實驗室（還在線上被我們的研究人員百般打擾），其中包括勇敢的科技達人林多佛。這些年來，所有曾經參與年齡實驗室的成員教會我的事，遠多過我能給他們的東西。

我與年齡實驗室在ＭＩＴ得到全校友人的大量協助。除了前述提到的人士，我們的支持者還包括 Cindy Barnhart、Eran Ben-Joseph、Martha Gray、Hugh Herr、Hiroshi Ishii、Kent Larson、Bill Long、Dava Newman、Frank Moss、Sandy Pentland、Rosalind Picard、

Christine Reif、David Rose、Nick Roy、Frederick Salvucci、Tom Sheridan、Joseph Sussman、Peter Szolovits、Olivier de Weck、Maria Yang、Chris Zegras。我要誠心感謝年齡實驗室的直屬部門「MIT運輸物流中心」同仁卡普蓋斯、Eric Greimann、Mary Mahoney、Nancy Martin、Karen Van Nederpelt、Jim Rice，以及我的長期助理 Paula Magliozzi，他們之中許多人從我加入MIT就一路協助我。對了，年齡實驗室的誕生要感謝薛飛教授，是他把我帶到MIT，大膽支持高齡化的跨領域系統科學中心概念，我一輩子深深感謝他。曾經協助我與年齡實驗室完成任務的校外思想家、教育家、研究人員包括 Giuseppe Anerdi、Jon Pynoos、Richard Marottoli、Bob Stern。麻省總醫院已過世的 Ken Minaker 教會我太多事，他是世人懷念的老年學巨擘，也是我終身記住的摯友。

除了學院友人，年齡實驗室能成立也要歸功給 Bob McDonald 與 Horace Deets，以及我親愛的好友 Vicki Shepard。由 Chris Swift 領導的哈特福公司提供了重要研究經費，年齡實驗室的哈特福產物保險團隊友人包括 Mary Boyd、Bev Hynes-Grace、Cindy Hellyar、Maureen Mohyde、Jodi Olshevski、Ray Sprague、Beth Tracton-Bishop。我們的哈特福基金友人包括 John Brennan、Jim Davey、Don Diehl、Bill Doherty、Eric Levinson、Jac McLean、Marty Swanson，以及當然還包括我不屈不撓的朋友 John Diehl。此外，我也要感謝美林證

券的Surya Kolluri與Andy Sieg；利寶互助的Ted Courtney與Adam L'Italien；美國教師退休基金會（TIAA）的Roger Ferguson、Betsy Palmer、Connie Weaver；蒂夫帝健康（Tivity Health）的Donato Tramuto；豐田汽車的Chuck Gulash、慕尼黑工業大學的Klaus Bengler、泛美公司的Dave Paulsen。

除了以上提及的人士，我還要感謝我在EG&G公司與美國聯邦政府的同事，尤其是沃爾普國家交通系統中心（Volpe National Transportation Systems Center）的同仁。當初是他們指引我走向高齡化這個研究領域。進一步推廣研究的重要團隊來自可口可樂（Coca-Cola）、CVS健康（CVS Health）、戴姆勒、電裝公司（Denso）、EDS公司、飛雅特（Fiat）、福特、Google、葛蘭素史克、本田汽車、摩根大通（JPMorgan Chase）、嬌生公司（Johnson & Johnson）、美國萬通（MassMutual）、瑪氏食品（MasterFoods）、蒙納公司、New Balance、日產汽車、Panasonic、百事公司、P&G、保德信（The Prudential）、雷蒙詹姆斯金融公司、速霸陸汽車（Subaru）、太陽信託（SunTrust）、豐田汽車、泛美公司與美國交通部。

我要特別感謝美國退休協會自一開始便支持年齡實驗室。我誠心感謝此一優秀組織的許多朋友，包括但絕對不限於：Jo Ann Jenkins、Martha Boudreau、Kevin Donnellan、Larry

Flanagan、Scott Frisch、Nancy LeaMond、Cindy Lewin、Sarah Mika、Lisa Marsh Ryerson、Nancy Smith、Debra Whitman，還要感謝美國退休協會董事成員，以及其他所有協助年齡實驗室計畫成真的好朋友。

深深感謝我的經紀人Susan Rabiner，她耗費很大的心力讓本書從只有一個點子，一步步成真，還要感謝她一路上提供眾多重要想法。或許最關鍵的一件事是她將本書推薦給John Mahaney，John Mahaney後來成為我在PublicAffairs的編輯，在本書寫作過程中，他替本書的架構與論點提供密切的指引與寶貴見解。此外，我要再次感謝本書的合作者尤金多。

雖然一般慣例是感謝人，而不是組織，我絕對應該特別感謝MIT。MIT的社群與創新精神提供了新點子（通常天馬行空）得以成長的肥沃土壤，以及接受嚴格考驗的環境。MIT的特殊生態讓研究人員、學生，以及「真實世界」的人士之間產生激盪，讓我與我的團隊得以探索明日的生活。

不論是MIT或出了MIT的校門，一定還有本書應該感謝的其他眾多人士與組織，包括研究人員、訪客、同仁、朋友、各行各業的組織等等。如果您也是其中的一員，但這裡並未列出您的大名，請接受我最深的歉意與謝意。

最後我要感謝家人瑪麗與凱薩琳，她們帶給我生命中最大的自豪與喜悅；Yiayia 教我如何優雅老去，永不放棄；O'Dea示範了照護提供的遠遠不只是協助而已，而是深深關心著自己所愛之人。最後，我最感謝的人是艾蜜莉，她是我最要好的朋友與親愛的妻子，忍受我無數次的出差與熬夜，給了我數十年的支持與建議。我等不及要和她一起變老。

參考資料

前言

1. National Center for Health Statistics, "Health, United States, 2015: With Special Feature on Racial and Ethnic Health Disparities," *NCHS*, 2016, https://www.cdc.gov/nchs/data/hus/hus15.pdf.

2. The World Bank, "Life Expectancy at Birth, Total (Years)," *World Bank*, 2014, http://data.worldbank.org/indicator/SP.DYN.LE00.IN.

3. 一九九〇年死亡統計數據：Felicitie C. Bell and Michael L. Miller, "Life Tables for the United States Social Security Area," *Social Security Administration*, 2005, https://www.ssa.gov/oact/NOTES/pdf_studies/study120.pdf; 二〇一三年死亡統計數據："Actuarial Life Tables," *Social Security Administration*, 2013, https://www.ssa.gov/oact/STATS/table4c6.html.

4. F. B. Hobbs and B. L. Damon, "65+ in the United States" (Washington, DC: US Government Printing Office, 1996), https://www.census.gov/prod/1/pop/p23-190/p23-190.pdf.

5. Elizabeth Arias, "Changes in Life Expectancy by Race and Hispanic Origin in the United States, 2013–2014," NCHS Data Brief 244 (2016): 1–8.

6. Organisation for Economic Co-operation and Development, "Life Expectancy at 65," doi:10.1787/0e9a3f00-en.

7. 「下降的生育力是人口老化的主要推力，各地與各國的生育率下降情形不一。目前所有地區的總生育率除了非洲之外，接近或低於二．一人的人口替代。」請見：Wan He, Daniel Goodkind, and Paul Kowal, "An Aging World: 2015," *International Population Reports*, March 2016, https://www.census.gov/content/dam/Census/library/publications/2016/demo/p95-16-1.pdf.

8. Keiko Ujikane, "Japan's Fertility Rate Inches to Highest Level Since Mid-1990s," *Bloomberg*, May 23, 2016, http://www.bloomberg.com/news/articles/2016-05-23/japan-s-fertility-rate-inches-to-highest-level-since-mid-1990s.

9. Valentina Romei, "Eastern Europe Has the Largest Population Loss in Modern History," *Financial Times*, May 27, 2016, https://www.ft.com/content/70813826-0c64-33d3-8a0c-72059ae1b5e3.

10. United Nations Department of Economic and Social Affairs (UN DESA), "World Population Prospects: The 2015 Revision, Key Findings and Advance Tables," Working Paper no. ESA/P/WP.241 (New York: UN DESA, Population Division, 2015), https://esa.un.org/unpd/wpp/Publications/Files/Key_Findings_WPP_2015.pdf.

11. The World Bank, "Fertility Rate, Total (Births per Woman)," *World Bank*, 2014, http://data.worldbank.org/indicator/SP.DYN.TFRT.IN?

12. Robert A. Hummer and Mark D. Hayward, "Hispanic Older Adult Health & Longevity in the United States: Current Patterns & Concerns for the Future," *Daedalus* 144, no. 2 (2015): 20–30.

13. UN DESA, "World Population Prospects," 4：「二〇一五年至五〇年間，世界一半的人口成長預期將集中於九國：印度、奈及利亞、巴基斯坦、剛果、衣索比亞、坦尚尼亞、美國、印尼、烏干達。以上依據各國對於總成長的貢獻多寡排序。」

14. UN DESA, "World Population Ageing 2015" (New York: United Nations, 2015), http://www.un.org/en/development/desa/population/publications/pdf/ageing/WPA2015_Report.pdf.

15. He et al., "An Aging World: 2015."

16. The World Bank, "Population Ages 65 and Above (% of Total)," *World Bank*, 2015, http://data.worldbank.org/indicator/SP.POP.65UP.TO.ZS?locations=JP-US-BG-FI-DE-GR-IT-PT-SE.

17. Jennifer M. Ortman, Victoria A. Velkoff, and Howard Hogan, "An Aging Nation: The Older Population in the United States" (Washington, DC: US Census Bureau, 2014), 25–1140.

18. 出處同上。

19. Asako Sawanishi, "Karaoke Shops Offer Hobby Space to Win Back Business," *Japan Times*, November 22, 2012, http://www.japantimes.co.jp/culture/2012/11/22/music/karaoke-shops-offer-hobby-space-to-win-back-business/.

20. "Graying of Japan's Population Puts Older Set in Marketing Driver's Seat," *Nikkei Weekly*, November 2, 2009, 25.

21. Yuki Yamaguchi, "Elderly at Record Spurs Japan Stores Chase $1.4 Trillion," *Bloomberg News*, May 9, 2012, http://www.bloomberg.com/news/articles/2012-05-09/elderly-at-record-spurs-japan-stores-chase-1-4-trillion.

22. Carol Hymowitz and Lauren Coleman-Lochner, "Sales of Adult Incontinence Garments in the U.S. Could Equal Those of Baby Diapers in a Decade," *Bloomberg Businessweek*, February 11, 2016, http://www.bloomberg.com/news/articles/2016-02-11/the-adult-diaper-market-is-about-to-take-off.
23. "The Grey Market," *The Economist*, April 9, 2016, http://www.economist.com/news/business/21696539-older-consumers-will-reshape-business-landscape-grey-market.
24. Oxford Economics and AARP, "The Longevity Economy: Generating Economic Growth and New Opportunities for Business," September 2016, http://www.aarp.org/content/dam/aarp/home-and-family/personal-technology/2016/09/2016-Longevity-Economy-AARP.pdf.
25. Matthew Boyle, "Aging Boomers Stump Marketers Eyeing $15 Trillion Prize," September 17, 2013, https://www.bloomberg.com/news/articles/2013-09-17/aging-boomers-befuddle-marketers-eying-15-trillion-prize.
26. J. W. Kuenen et al., "Global Aging, How Companies Can Adapt to the New Reality," *Boston Consulting Group*, 2011, https://www.bcg.com/documents/file93352.pdf.
27. Oxford Economics and AARP, "The Longevity Economy."
28. "2014 U.S. Trust Insights on Wealth and Worth Survey," *Bank of America Private Wealth Management*, 2014, http://www.ustrust.com/publish/content/application/pdf/GWMOL/USTp_AR4GWF53F_2015-06.pdf.
29. "The Grey Market," *The Economist*.
30. David Wallis, "Selling Older Consumers Short," *AARP Bulletin*, October 2014, http://www.aarp.org/money/budgeting-saving/info-2014/advertising-to-baby-boomers.html.

31. Braden Phillips, "Marketers Take Second Look at Over-50 Consumers," *New York Times*, March 4, 2016, http://www.nytimes.com/2016/03/06/business/retirementspecial/marketers-take-second-look-at-over-50-consumers.html.
32. Marty Swant, "Infographic: Marketers Are Spending 500% More on Millennials Than All Others: Combined Data from Turn Breaks Down Gen Y into 4 Groups," *Adweek*, November 17, 2015, http://www.adweek.com/news/technology/infographic-marketers-are-spending-500-more-millennials-all-others-combined-168176.
33. "Global Consumers Highlight Opportunities for Retailers, Brand Marketers and Service Providers to Better Meet Needs of Aging Consumers," *Nielsen Press Room*, February 25, 2014, http://www.nielsen.com/gh/en/press-room/2014/nielsen-global-consumers-highlight-opportunities-for-retailers-brand-marketers-and-service-providers-to-better-meet-needs-of-aging-consumers.html.
34. Helen Davis, "Successful Aging: Advertising Finally Recognizing the 'Gray Dollar,'" *Los Angeles Daily News*, February 23, 2015, http://www.dailynews.com/health/20150223/successful-aging-advertising-finally-recognizing-the-gray-dollar.
35. "Advertising Targeting Older Adults: How the Audience Perceives the Message," *GlynnDevins*, August 2014, http://www.glynndevins.com/wp-content/uploads/2014/08/olderadults_brief.pdf.
36. "The Age Gap: As Global Population Skews Older, Its Needs Are Not Being Met," *Nielsen*, February 2014, http://www.nielsen.com/content/dam/nielsenglobal/kr/docs/global-report/2014/Nielsen%20Global% 20Aging%20Report%20February%202014.pdf.
37. 哈雷在二〇〇九年購車客戶平均年齡達四十八歲後，便不再公布相關資料。

38. 「〔某產業分析師〕指出，哈雷為了反映出隨時間推進所出現的不可避免之事，前所未有的在傳統產品上做出設計讓步。『哈雷甚至開始調整某些摩托車型號，好讓年長者感到更舒適，但並未大張旗鼓表示自己是為了配合年長者的需求。』」請見：Steve Penhollow, "Harley-Davidson and the Quest for Female Customers," *Britton*, June 4, 2015, http://www.brittonmdg.com/the-britton-blog/Harley-Davidson-targeting-women-and-young-customers-in-marketing.

「哈雷努力讓自己的車更好騎，讓罹患關節炎的手指也能輕鬆操作。低座墊讓騎士跨上車時不會對磨損的膝蓋與臀部施加過多壓力。」請見："A Harley-Davidson That's Born to Be Mild," *Stuff*, March 22, 2015, http://www.stuff.co.nz/motoring/bikes/67446988/a-harleydavidson-thats-born-to-be-mild.

「不只是高度而已……新手把的設計讓控制器離騎士的距離近了兩英寸。更小的手把『減少手指需要去握離合器與剎車握把的程度』。新型的『延長的腳趾墊』讓腳架更好踢。」請見：Charles Fleming, "Harley-Davidson Reveals Electra Glide Ultra Classic Low, and More," *Los Angeles Times*, August 27, 2014, http://www.latimes.com/business/autos/la-fi-hy-harley-davidson-reveals-20140826-story.html.

39. "Is the Aging of the Developed World A Ticking Time Bomb?" *International Economy* 18, no. 1 (Winter 2004): 6–19, http://www.international-economy.com/TIE_W04_Aging.pdf.

40. 「依據我的計算，『財政缺口』（fiscal gap，我與經濟學家艾倫・J・奧爾巴哈〔Alan J. Auerbach〕、賈加德什・戈赫海勒〔Jagadeesh Gokhale〕用來估算總政府負債的指標），自前年的兩百零五兆上升至去年的兩百一十兆美元，也因此五兆是真正的赤字。」請見：Laurence J. Kotlikoff, "America's Hidden Credit Card Bill," *New York Times*, July 31, 2014, http://www.nytimes.com/2014/08/01/opinion/laurence-kotlikoff-on-fiscal-gap-

accounting.html.

41. Dean Baker, "Larry Kotlikoff Tells Us Why We Should Not Use Infinite Horizon Budget Accounting," *Center for Economic and Policy Research*, July 31, 2014, http://cepr.net/blogs/beat-the-press/larry-kotlikoff-tells-us-why-we-should-not-use-infinite-horizon-budget-accounting; and Paul Krugman, "Quadrillions and Quadrillions," *New York Times*, August 2, 2014, http://krugman.blogs.nytimes.com/2014/08/02/quadrillions-and-quadrillions/.

42. Arthur A. Stone et al., "A Snapshot of the Age Distribution of Psychological Well-Being in the United States," *Proceedings of the National Academy of Sciences* 107, no. 22 (2010): 9985–9990.

43. 「尤其是相較於年長成人的照片，不論是年輕與年長的測驗參與者都比較容易將『開心』的字詞，與年輕成人的照片連結在一起。」請見：Jennifer A. Richeson and J. Nicole Shelton, "A Social Psychological Perspective on the Stigmatization of Older Adults," in National Research Council (US) Committee on Aging Frontiers in Social Psychology, Personality, and Adult Developmental Psychology: *When I'm 64*, ed. L. L. Carstensen and C. R. Hartel (Washington, DC: National Academies Press, 2006), 174–208, https://www.ncbi.nlm.nih.gov/books/NBK83758/.

44. The World Bank, "Survival to Age 65, Male (% of Cohort)," *World Bank*, 2014, http://data.worldbank.org/indicator/SP.DYN.TO65.MA.ZS.

45. Will Steffen et al., "The Trajectory of the Anthropocene: The Great Acceleration," *Anthropocene Review* 2, no. 1 (2015): 81–98.

46. 全球柏油路鋪設長度自一九七五年的一千兩百萬英里，二〇一三年增加至超過四千萬英里。請見：Dale S. Rothman et al., *Building Global Infrastructure*, vol. 4 (Milton Park, Abingdon, UK: Routledge, 2015); and *The*

World Factbook (Washington, DC: Central Intelligence Agency, continually updated), https://www.cia.gov/library/publications/the-world-factbook/fields/2085.html.

47. Raj Chetty et al., "The Association Between Income and Life Expectancy in the United States, 2001–2014," *Journal of the American Medical Association* 315, no. 16 (2016): 1750–1766.

48. Kenneth D. Kochanek et al., "Deaths: Final Data for 2014," *National Vital Statistics Reports* 65, no. 4 (2016): 1; 亦請見：Anne Case and Angus Deaton, "Rising Morbidity and Mortality in Midlife Among White non-Hispanic Americans in the 21st Century," *Proceedings of the National Academy of Sciences* 112, no. 49 (2015): 15078–15083.

49. National Academies of Sciences, Engineering, and Medicine, "The Growing Gap in Life Expectancy by Income: Implications for Federal Programs and Policy Responses" (Washington, DC: The National Academies Press, 2015).

50. S. Jay Olshansky, "The Demographic Transformation of America," *Daedalus* 144, no. 2 (2015): 13–19.

第一章

1. Daren Fonda, "Home Smart Home," *Boston Globe Magazine*, December 5, 1999, http://web.media.mit.edu/~kll/AA_Boston_Globe_HomeSmartHome.pdf.

2. Tom Simonite, "Sleep Sensor Hides Beneath the Mattress," *MIT Technology Review*, November 9, 2011, http://www.technologyreview.com/news/426073/sleep-sensor-hides-beneath-the-matress/.

3. 世界銀行（World Bank）二〇一五年的數據顯示，義大利二十二．四%人口超過六十五歲，日本為二十六．三%。

4. A. H. Maslow, "A Theory of Human Motivation," *Psychological Review* 50 (1943): 370–396, http://psychclassics.yorku.ca/Maslow/motivation.htm.
5. "Hearing Aids," *NIH Research Portfolio Online Reporting Tools*, https://report.nih.gov/nihfactsheets/viewfactsheet.aspx?csid=95.
6. Abby McCormack and Heather Fortnum, "Why Do People Fitted with Hearing Aids Not Wear Them?," *International Journal of Audiology* 52, no. 5 (2013): 360–368.
7. US Søren Hougaard and Stefan Ruf, "EuroTrak I: A Consumer Survey About Hearing Aids in Germany, France, and the UK," *Hearing Review* 18, no. 2 (2011): 12–28.
8. Frank Swain, "This Is Why Apple Got Rid of the Headphone Jack on the iPhone 7," *New Scientist*, https://www.newscientist.com/article/2105229-this-is-why-apple-got-rid-of-the-headphone-jack-on-the-iphone-7.
9. Food for the Aged," *Time* 65, no. 24 (June 13, 1955): 94.
10. The Borden Company, "1946 Annual Report," University of Rochester Libraries, http://www.lib.rochester.edu:84/Mergent_AR_Collection/Archive/10999.pdf.
11. "Bulletin Board," *North Carolina Medical Journal* 8 (1947): 190, https://archive.org/stream/northcarolinamed81947medi/northcarolinamed81947medi_djvu.txt.
12. "The Technical Exhibit," *Journal of the Florida Medical Association* 34, no. 4 (1947): 550, https://archive.org/stream/journalofflorida34unse/journalofflorida34unse_djvu.txt.
13. "What Aid for the Lean Purse?," *Texas State Journal of Medicine* 44, no. 3 (1948): 30, http://texashistory.unt.edu/

ark:/67531/metapth599853/m1/30/.

14. "Geriatric Foods Are Tested Here," *St. Petersburg Times*, September 22, 1955, https://news.google.com/newspapers?nid=888&dat=19550922&id=kWJSAAAAIBAJ&sjid=eHoDAAAAIBAJ&pg=7287,3130346&hl=en.
15. 出處同上。
16. Dina Spector, "11 Biggest Food Flops of All Time," *Business Insider*, January 12, 2012, http://www.businessinsider.com/food-failures-2012-1?op=1.
17. 1958 DeSoto TV Presentation with Groucho Marx," YouTube, https://www.youtube.com/watch?v=f53BJ_zZ17c.
18. Jerry M. Flint, "Chrysler's Beat Goes On and On and On," *New York Times*, August 10, 1968, L33.
19. 羅伯特・萊許（Robert B. Reich）與哈佛政策專家約翰・唐納休（John Donahue）寫道：譚森「更加隨心所欲設計車款，品質也更佳」。請見：*New Deals: The Chrysler Revival and the American System* (London: Penguin Books, 1986), 18. 克萊斯勒就此「脫胎換骨，從提供『務實』笨重的交通工具，變成全方位提供現代設計，形象一新」。
20. Terry Parkhurst, "Lynn A. Townsend, President of Chrysler Corporation in the 1960s and 1970s," *Allpar*, http://www.allpar.com/corporate/bios/townsend.html.
21. Joel Cutcher-Gershenfeld, Dan Brooks, and Martin Mulloy, "The Decline and Resurgence of the US Auto Industry," *Economic Policy Institute*, http://www.epi.org/publication/the-decline-and-resurgence-of-the-u-s-auto-industry/.
22. Charles K. Hyde, *Riding the Roller Coaster: A History of the Chrysler Corporation* (Detroit, MI: Wayne State University Press, 2003), 196.

23. Jasmine Lau, "Building a National Technology and Innovation Infrastructure for an Aging Society" (master's thesis, Technology and Public Policy Program, MIT, 2006).
24. "Growing Old in America: Expectations vs. Reality," *Pew Research Center*, June 29, 2009, http://www.pewsocialtrends.org/2009/06/29/growing-old-in-america-expectations-vs-reality/.
25. B. Heinbüchner et al., "Satisfaction and Use of Personal Emergency Response Systems," *Zeitschrift für Gerontologie und Geriatrie* 43, no. 4 (2010): 219–223.
26. Aaron Smith, "Older Adults and Technology Use: Adoption Is Increasing, But Many Seniors Remain Isolated from Digital Life," *Pew Research Center*, April 3, 2014, http://www.pewinternet.org/2014/04/03/older-adults-and-technology-use/.
27. "Katharina das Große: Auf die Größe kommt es an," *Online Focus*, http://www.focus.de/digital/handy/handyvergleich/tid-11525/senioren-handys-katharina-das-grosse-auf-die-groesse-kommt-es-an_aid_325898.html.
28. "Fitage Seniorenhandys," *Senioren-handy.info*, http://www.senioren-handy.info/seniorenhandy/fitage/.
29. Kathryn Zickuhr and Mary Madden, "Older Adults and Internet Use," *Pew Research Center*, June 6, 2012, 4, http://www.pewinternet.org/files/old-media/Files/Reports/2012/PIP_Older_adults_and_internet_use.pdf.
30. Aaron Smith, "Older Adults and Technology Use," *Pew Research Center*, April 3, 2014, http://www.pewinternet.org/2014/04/03/older-adults-and-technology-use/.
31. Monica Anderson, "The Demographics of Device Ownership," Pew Research Center, October 29, 2015, http://www.pewinternet.org/2015/10/29/the-demographics-of-device-ownership/.

32. Aaron Smith, "35% of American Adults Own a Smartphone," *Pew Research Center*, July 11, 2011, http://www.pewinternet.org/files/old-media/Files/Reports/2011/PIP_Smartphones.pd.

33. Monica Anderson, "For Vast Majority of Seniors Who Own One, a Smartphone Equals Freedom," *Pew Research Center*, April 29, 2015, http://www.pewresearch.org/fact-tank/2015/04/29/seniors-smartphones/

34. "Alzheimer's News 6/19/2014," *Alzheimer's Association*, http://www.alz.org/news_and_events_60_percent_incorrectly_believe.asp.

35. 八份大型流行病學研究估算，八十五歲以上者罹患失智症的比例為十八%至三十八%之間。請見：Racquel C. Gardner, Victor Valcour, and Kristine Yaffe, "Dementia in the Oldest Old: A Multi-factorial and Growing Public Health Issue," A*lzheimer's Research and Therapy* 5, no. 27 (2013), doi:10.1186/alzrt181; and "2015 Alzheimer's Disease Facts and Figures," Alzheimer's Association, 16, http://www.alz.org/facts/downloads/facts_figures_2015.pdf.

36. "PayScale Compares Top Tech Companies," *Payscale.com*, http://www.payscale.com/data-packages/top-tech-companies-compared. Data were collected between January 2014 and December 2015.

37. "Labor Force Statistics from the Current Population Survey," *Bureau of Labor Statistics*, last modified February 10, 2016, https://www.bls.gov/cps/cpsaat11b.htm.

38. Noam Scheiber, "The Brutal Ageism of Tech."

39. Kristen V. Brown, "Inside Silicon Valley's Cult of Youth," *SFGate*, May 4, 2014, http://www.sfgate.com/news/article/Inside-Silicon-Valley-s-cult-of-youth-5451375.php.

40. 考夫曼基金會近日的調查。引用自：Cheryl Connor, "Do Older or Younger Entrepreneurs Have a Greater

Advantage?," *Forbes*, September 9, 2012, http://www.forbes.com/sites/cherylsnappconner/2012/09/03/do-older-or-younger-entrepreneurs-have-the-greater-advantage/#715852b83377.

41. Bae Ji-sook, "Age Discrimination at Work to Be Banned," *Korea Times*, September 18, 2007, http://www.koreatimes.co.kr/www/news/nation/2007/09/113_10396.html.

42. Jane Han, "Despite Ban, Age Still Matters in Hiring," *Korea Times*, April 15, 2009, http://www.koreatimes.co.kr/www/news/biz/2015/08/123_43249.html.

43. Older Americans Act of 1965, 89th United States Congress, 1st Session, https://en.wikisource.org/wiki/Older_Americans_Act_of_1965#Sec._101._Declaration_of_Objectives_for_Older_Americans.

44. David Rochefort, *American Social Welfare Policy: Dynamics of Formulation and Change* (Boulder, CO: Westview Press, 1986), 91.

45. Everald Comptom, "Turnbull's Cabinet Must Include a Minister for Ageing," *ABC News Australia*, September 17, 2015, http://www.abc.net.au/news/2015-09-18/compton-turnbull's-cabinet-must-include-a-minister-for-ageing/6783774.

46. Carroll L. Estes, *The Aging Enterprise* (San Francisco, CA: Jossey-Bass, 1979), 17.

第11章

1. Michael J. Silverstein and Kate Sayre, *Women Want More: How to Capture Your Share of the World's Largest, Fastest-Growing Market* (New York: HarperCollins, 2009), excerpted online via the Boston Consulting Group,

https://www.bcgperspectives.com/content/articles/consumer_products_marketing_sales_women_want_more_excerpt/.

2. "US Women Control the Purse Strings," *Nielsen*, April 2, 2013, http://www.nielsen.com/us/en/insights/news/2013/u-s--women-control-the-purse-strings.html.

3. "Population by Age and Sex: 2012," *US Census Bureau*, http://www.census.gov/population/age/data/2012comp.html; refer to Table 1.

4. 依據CIA《世界概況》（*World Factbook*）二〇一四年的數據估算，俄國六十五歲以上人口，男性為五七八萬三九八三人，女性為一三一〇萬五八九六人。請見："Central Asia: Russia," *The World Factbook*, https://www.cia.gov/library/publications/the-world-factbook/geos/print/country/countrypdf_rs.pdf.

5. "Women and Caregiving: Facts and Figures," *Family Caregiver Alliance*, https://www.caregiver.org/women-and-caregiving-facts-and-figures.

6. 出處同上。

7. 負責照護的女性平均四十八歲以上，有工作；老老人（oldest-old）的照護者平均為五十八歲的無業女性。"Caregivers of Older Adults: A Focused Look at Those Caring for Someone Age 50+," *AARP Public Policy Institute and the National Alliance for Caregiving*, June 2015, p. 51, fig. 64, http://www.aarp.org/content/dam/aarp/ppi/2015/caregivers-of-older-adults-focused-look.pdf.

8. Yoshiaki Nohara, "A Woman's Job in Japan: Watch Kids, Care for Parents, Work Late," *Japan Times*, May 11, 2015, http://www.japantimes.co.jp/news/2015/05/11/national/social-issues/womans-job-japan-watch-kids-care-parents-work-late/#.VzXjNxUrKV4.

9. Frederique Hoffman and Ricardo Rodriguez, "Informal Carers: Who Takes Care of Them?," European Centre Policy Brief, April 2010, p. 4, fig. 3, http://www.euro.centre.org/data/1274190382_99603.pdf.
10. "Google Diversity," *Google*, http://www.google.com/diversity/index.html#chart.
11. Josh Harkinson, "Silicon Valley Firms Are Even Whiter Than You Thought," *Mother Jones*, May 29, 2014, http://www.motherjones.com/media/2014/05/google-diversity-labor-gender-race-gap-workers-silicon-valley.
12. Candida G. Brush et al., "Women Entrepreneurs 2014: Bridging the Gender Gap in Venture Capital," *Arthur M. Blank Center for Entrepreneurship, Babson College*, September 2014, http://www.babson.edu/Academics/centers/blank-center/global-research/diana/Documents/diana-project-executive-summary-2014.pdf.
13. David A. Bell and Shulamite Shen White, "Gender Diversity in Silicon Valley," *Fenwick and West LLP*, 2014, 13, http://www.fenwick.com/FenwickDocuments/Gender_Diversity_2014.pdf.
14. Rose Eveleth, "How Self-Tracking Apps Exclude Women," *The Atlantic*, December 14, 2014, http://www.theatlantic.com/technology/archive/2014/12/how-self-tracking-apps-exclude-women/383673/?single_page=true.
15. Arielle Duhaime-Ross, "Apple Promised an Expansive Health App, So Why Can't I Track Menstruation?," *The Verge*, September 24, 2014, http://www.theverge.com/2014/9/25/6844021/apple-promised-an-expansive-health-app-so-why-cant-i-track.
16. 出處同 14。
17. Lydia Dishman, "Where Are All the Women Creative Directors?," *Fast Company*, February 26, 2013, http://www.fastcompany.com/3006255/where-are-all-women-creative-directors.

18. 年齡實驗室在二〇一四年進行此一研究，二十九位實驗參與者取樣自大波士頓地區。
19. "Labor Force Participation of Seniors, 1948–2007," *Bureau of Labor Statistics*, July 29, 2008, http://www.bls.gov/opub/ted/2008/jul/wk4/art02.htm.
20. "Labor Force Projections to 2024: The Labor Force Is Growing, but Slowly," *Bureau of Labor Statistics*, December 2015, http://www.bls.gov/opub/mlr/2015/article/labor-force-projections-to-2024.htm.
21. 此一結論源自比較美國一九九〇至二〇一〇年間的人口普查資料。
22. Barry Bosworth and Kathleen Burke, "Changing Sources of Income among the Aged Population," Center for Retirement Research at Boston College Working Paper 2012-27 (2012).
23. 「女性照護者比男性更可能協助打理門面的工作——穿衣（三十六% vs. 二十四%）、洗澡（三十一% vs. 十七%）。」請見："Caregiving in the US," *National Alliance for Caregiving and AARP*, November 2009, http://assets.aarp.org/rgcenter/il/caregiving_09_es.pdf.
24. Susan L. Brown and I-Fen Lin, "The Gray Divorce Revolution: Rising Divorce among Middle-Aged and Older Adults, 1990–2010," National Center for Family & Marriage Research, Working Paper Series WP-13-03, March 2013, https://www.bgsu.edu/content/dam/BGSU/college-of-arts-and-sciences/NCFMR/documents/Lin/The-Gray-Divorce.pdf.
25. 出處同上，頁七五。
26. Wendy Wang and Kim Parker, "Record Share of Americans Have Never Married," *Pew Research Center*, September 24, 2014, http://www.pewsocialtrends.org/2014/09/24/record-share-of-americans-have-never-married/.

27. Lindy West, 'Tablet for Women' Is Like a Regular Tablet, But More Fucking Bullshitty," *Jezebel*, March 13, 2013, http://jezebel.com/5990404/tablet-for-women-is-like-a-regular-tablet-but-more-fucking-bullshitty?tag=sexism.

28. Susan Krashinsky, "Surge in Gender-Targeted Products Creates Marketing Headaches for Companies," 2012, *The Globe and Mail*, http://www.theglobeandmail.com/report-on-business/industry-news/marketing/surge-in-gender-targeted-products-creates-marketing-headaches-for-companies/article5358521/.

29. Kat Callahan, "The Honda Fit *She*'s Should Never Have Existed and It's Already Dead," Jalopnik, September 20, 2014, http://jalopnik.com/the-honda-fit-shes-should-never-have-existed-and-is-alr-1634318607.

30. Ruth Schwartz Cowan, *More Work for Mother: The Ironies of Household Technology from the Open Hearth to the Microwave* (New York: Basic Books, 1983), 12.

31. 出處同上，頁一九二。

32. 出處同上，頁一九〇至一九一。

33. Clayton M. Christensen and Michael Raynor, *The Innovator's Solution: Creating and Sustaining Successful Growth* (Boston, MA: Harvard Business Review Press, 2013), 74–78.

34. Clayton M. Christensen, Scott Cook, and Taddy Hall, "What Customers Want from Your Products," *Harvard Business School*, January 16, 2006, http://hbswk.hbs.edu/item/what-customers-want-from-your-products.

35. "Disposable Facial Tissues Story," *Kleenex*, http://www.cms.kimberly-clark.com/umbracoimages/UmbracoFileMedia/ProductEvol_FacialTissue_umbracoFile.pdf.

36. Luke Yoquinto and Joseph F. Coughlin, "The On-Demand Economy: Changing the Way We Live as We Age,"

Washington Post, December 14, 2015.

37. Charles Colby and Kelly Bell, "The On-Demand Economy Is Growing, and Not Just for the Young and Wealthy," *Harvard Business Review*, April 14, 2016, https://hbr.org/2016/04/the-on-demand-economy-is-growing-and-not-just-for-the-young-and-wealthy.

38. Jelisa Castrodale, "Why an Older Woman May Be Your Next Airbnb Host," *USA Today*, March 31, 2016, http://www.usatoday.com/story/travel/roadwarriorvoices/2016/03/31/airbnb-hosts-women-seniors/82462120/; and "Airbnb's Growing Community of 60+ Women Hosts," *Airbnb*, https://www.airbnbaction.com/wp-content/uploads/2016/03/Airbnb_60_Plus_Women_Report.pdf.

39. 「在十九世紀中葉至一九三〇年之間，老年人愈來愈可能住在自宅，也是所有年齡群組中最可能已經繳完房貸的人士……他們如果居住在城市，可以選擇將房子出租，靠著收寄宿者取得收入來源。」請見：Haber and Gratton, *Old Age and the Search For Security*, 80.

40. Elizabeth Olson, "Older Drivers Hit the Road for Uber and Lyft," *New York Times*, January 22, 2016, http://www.nytimes.com/2016/01/23/your-money/older-drivers-hit-the-road-for-uber-and-lyft.html?_r=0.

41. 「依據估算，六十歲以上貧窮或接近貧窮的兩千五百萬人之中，美國送餐到家協會僅服務三分之一左右的人士。」請見：Jeanne Sahadi, "Meals on Wheels Budget Cuts: 'Slowly Developing Crisis,'" *CNN*, May 6, 2013, http://money.cnn.com/2013/05/06/news/economy/meals-on-wheels-budget-cuts/.

42. Farhad Manjoo, "Grocery Deliveries in Sharing Economy," *New York Times*, May 21, 2014, http://www.nytimes.com/2014/05/22/technology/personaltech/online-grocery-start-up-takes-page-from-sharing-services.html?_r=0.

43. Owen Linzmayer, "Steve Jobs' Best Quotes Ever," *Wired*, March 29, 2016, http://archive.wired.com/gadgets/mac/commentary/cultofmac/2006/03/70512?currentPage=all.

44. 先驅使用者概念可參見：Joan Churchill, Eric von Hippel, and Mary Sonnack, "Lead User Project Handbook," Creative Commons license, https://evhippel.files.wordpress.com/2013/08/lead-user-project-handbook-full-version.pdf. 此一概念最初源自：Eric von Hippel, "Lead Users: A Source of Novel Product Concepts," Management Science 32, no. 7 (July 1986): 791–805.

45. Arun Sundararajan, *The Sharing Economy* (Cambridge, MA: MIT Press, 2016)；亦請見：Eric von Hippel, *Democratizing Innovation* (Cambridge, MA: MIT Press, 2005).

46. Eric von Hippel, "The Dominant Role of Users in the Scientific Instrument Innovation Process," *Research Policy* 5, no. 3 (July 1976): 212–239.

47. Churchill et al., "Lead User Project Handbook."

48. Cal Halvorsen, "Encore Entrepreneurs: Creating Jobs, Meeting Needs," Encore.org, 2011, http://encore.org/blogs/encore-entrepreneurs-creating-jobs-meeting-needs/.

49. Robert W. Fairlie et al., "The Kauffman Index: Startup Activity: National Trends," *Ewing Marion Kauffman Foundation*, 2015, http://www.kauffman.org/~/media/kau ffman_org/research%20reports%20and%20covers/2015/05/kauffman_index_startup_activity_national_trends_2015.pdf.

50. Kevin Rafferty, "Why Abe's 'Womenomics' Program Isn't Working," *Japan Times*, December 31, 2015, http://www.japantimes.co.jp/opinion/2015/12/31/commentary/japan-commentary/abes-womenomics-program-isnt-working/#.

VzY37RUrJE6.

51. Noam Scheiber, "The Brutal Ageism of Tech," *New Republic*, March 23, 2014, https://newrepublic.com/article/117088/silicons-valleys-brutal-ageism.

52. Joseph L. Bower and Clayton M. Christensen, "Disruptive Technologies: Catching the Wave," *Harvard Business Review*, January 1995, https://hbr.org/1995/01/disruptive-technologies-catching-the-wave.

53. Charles K. Hyde, *Riding the Roller Coaster: A History of the Chrysler Corporation* (Detroit, MI: Wayne State University Press, 2003), 211.

54. Clayton M. Christensen, Michael E. Raynor, and Rory McDonald, "What Is Disruptive Innovation?," *Harvard Business Review*, December 2015, https://hbr.org/2015/12/what-is-disruptive-innovation.

55. Leo Lewis, "Female Entrepreneurs Flock to Crowdfunding Site in Japan," *Financial Times*, January 7, 2016, https://next.ft.com/content/626d26dc-b531-11e5-8358-9a82b43f6b2f (subscription required).

第三章

1. Kathryn Deen, "Checking In," *The Villages Magazine*, March 2016, 2.

2. Jennifer Brooks, "For Florida's Happy Minnesotans, It Takes a Village," *Star Tribune*, May 5, 2014, http://www.startribune.com/for-florida-s-happy-minnesotans-it-takes-a-village/257818691/.

3. Raf Sanchez, "The Strange World of Florida's Golf Cart City, The Villages," *The Telegraph*, January 11, 2015, http://www.telegraph.co.uk/news/worldnews/northamerica/usa/11337620/The-strange-world-of-Floridas-golf-cart-city-

The-Villages.html.

4. Charles Hatcher, "How Safe Is It to Drive Golf Carts in The Villages?," *WUFT News*, February 29, 2016, http://www.wuft.org/news/2016/02/29/how-safe-is-it-to-drive-golf-carts-in-the-villages/.

5. "Largest Parade of Golf Carts," *Guinness World Records*, http://www.guinnessworldrecords.com/world-records/largest-parade-of-golf-carts/.

6. Kathryn Deen, "Ken Ezell: The Men Behind the Greens," *The Villages Magazine*, March 2016, 46.

7. "Maricopa County Added Over 222 People per Day in 2016, More Than Any Other County," *US Census Bureau*, March 23, 2017, https://www.census.gov/newsroom/press-releases/2017/cb17-44.html; Tribune News Services, "The Villages, Florida, Is Fastest Growing Metro Area in U.S.," *Chicago Tribune*, March 24, 2016, http://www.chicagotribune.com/news/local/breaking/ct-census-fastest-growing-metro-area-20160324-story.html.

8. "The President's Message—Phenomenon of the Villages," *The Villages Homeowners' Association*, http://www.thevha.net/?voice-articles=february-2012.

9. Emily Sweeney, "Jimmy Buffet to Open 'Margaritaville' Retirement Homes," *Boston Globe*, March 10, 2017, https://www.bostonglobe.com/lifestyle/names/2017/03/10/jimmy-buffett-open-margaritaville-retirement-homes/wKZmWJdCsd5vxWwost3tBO/story.html.

10. Rodney Harrell et al., "What Is Livable? Community Preferences of Older Adults," *AARP Public Policy Institute*, 8, http://www.aarp.org/content/dam/aarp/research/public_policy_institute/liv_com/2014/what-is-livable-report-AARP-ppi-liv-com.pdf.

11. 所有的「村莊」歷史事實請見：Andrew Blechman, *Leisureville: Adventures in a World Without Children* (New York: Grove/Atlantic, 2009).
12. "Executive Golf," *The Villages*, https://www.thevillages.com/golf/executive/executive.htm; "Championship Golf," *The Villages*, https://www.thevillages.com/golf/championship/championship.htm.
13. "Enjoy Our Country Club Lifestyle," *The Villages*, https://www.thevillages.com/images/CostofLiving.pdf.
14. David Riesman, "Some Observations on Changes in Leisure Attitudes," *Antioch Review* 12, no. 4 (1952): 417–436, referenced in Graebner, *A History of Retirement*, 228.
15. Marni Jameson, "Seniors' Sex Lives Are Up— and So Are STD Cases Around the Country," *Orlando Sentinel*, May 16, 2011, http://articles.orlandosentinel.com/2011-05-16/health/os-seniors-stds-national-20110516_1_std-cases-syphilis-and-chlamydia-older-adults.
16. Brendan Coffey, "Billionaire Morse Behind Curtain at Villages," *Bloomberg*, June 4, 2012, http://www.bloomberg.com/news/articles/2012-06-04/hidden-billionaire-morse-a-man-behind-curtain-at-villages.
17. Kathryn Deen, "25 Years of Hometown Banking," *The Villages Magazine*, July 2016.
18. Blechman, *Leisureville*.
19. Meghan McRoberts, "Bhaskar Barot: Grandfather's Cars Vandalized Over Having Granddaughter Visit," *WPTV News*, November 14, 2013, http://www.wptv.com/news/state/bhaskar-barot-grandfathers-cars-vandalized-over-having-granddaughter-visit; Ted White, "Vero Beach Couple Angry After Someone Spray-Paints 'No Kids' on Car, Minivan," *WPBF News*, November 14, 2013, http://www.wpbf.com/news/south-florida/treasure-coast-news/vero-

beach-couple-angry-after-someone-spraypaints-no-kids-on-car-minivan/22976138.

20. Blechman, *Leisureville*, 156.

21. 依據美國住房及城市發展部的資料：「一九六八年的『公平住房法』（Fair Housing Act）……保障所有居民不受種族、膚色、出生國、宗教、性別、殘障、家庭狀況（例如，家中成員包括與父母或法定監護人同住之十八歲以下孩子；懷孕女性與正在試圖取得十八歲以下孩子監護權的人士）等各式歧視……『公平住房法』在反家庭狀況歧視一項，特別豁免部分安養機構與社區。得到豁免的老年住宅機構或社區得以合法拒絕販售或出租房屋給有未成年孩童之家庭。」請見：“Senior Housing: What You Should Know... ,” *US Department of Housing and Urban Development*, http://portal.hud.gov/hudportal/HUD?src=/program_offices/fair_housing_equal_opp/seniors.

22. “Chapter 2: Immigration’s Impact on Past and Future U.S. Population Change,” *Pew Research Center*, September 28, 2015, http://www.pewhispanic.org/2015/09/28/chapter-2-immigrations-impact-on-past-and-future-u-s-population-change/; “2014 World Population Data Sheet,” Population Reference Bureau, August 2014, http://www.prb.org/Publications/Datasheets/2014/2014-world-population-data-sheet/data-sheet.aspx.

各大洲總生育率（total fertility rates, TFRs）的數據請參見：2014 World Population Data Sheet:

23. 美國與加拿大總生育率相當低：加拿大為一．六人，美國一．九人。美國生育率在近日的經濟不景氣中下降，西裔人士尤其明顯。移民是美加兩國的重要人口成長動力。

24. 歐洲過去數十年間的出生率銳減程度出乎意料。歐洲的七．四億人口預計在二〇五〇年將降至七．二六億。然而七．二六億已是移民幫忙減緩暴跌趨勢過後的結果。歐洲女性今日平均只生一．六個孩子，一九七

○年為二．三個。生育率低帶來前所未有的老化現象。歐洲十五歲以下者僅占十六%的人口，非洲則為四十一%，亞洲二十五%。歐洲六十五歲以上人口預計在二○五○年將上升至二十七%。

25. 澳洲與紐西蘭的高生育率與移民預計將持續帶來人口成長。澳洲的總生育率為一．九人，紐西蘭二．○人。澳洲的兩千四百萬人口預計將在二○五○年上升至三千六百萬人；紐西蘭人口將自四百三十萬人增加至五百五十萬人。

26. Robert A. Hummer and Mark D. Hayward, "Hispanic Older Adult Health & Longevity in the United States: Current Patterns & Concerns for the Future," *Daedalus* 144, no. 2 (2015): 20–30.

27. 「我們的預估數字顯示，年長成人人口比例增加的學區中，相較於學齡兒童以白人為主的地區，非白人兒童相對多的地區，較可能刪減稅收與支出。」請見：David N. Figlio and Deborah Fletcher, "Suburbanization, Demographic Change and the Consequences for School Finance," *Journal of Public Economics* 96, no. 11 (2012): 1144–1153.

28. Laurence J. Kotlikoff and Scott Burns, *The Clash of Generations: Saving Ourselves, Our Kids, and Our Economy* (Cambridge, MA: MIT Press, 2014), xxi.

29. James H. Schulz and Robert H. Binstock, *Aging Nation: The Economics and Politics of Growing Older in America* (Westport, CT: Praeger, 2006).

30. 出處同上。

31. Susan McWhinney-Morse, "Life at Beacon Hill Village," *Second Journey*, http://www.secondjourney.org/itin/12_Sum/12Sum_McWh-Morse.htm.

32. Barbara Basler, "Declaration of Independents," *AARP Online Bulletin*, February 13, 2006, http://www.lancasterdowntowners.org/wp-content/uploads/2011/01/BeaconHillVillageAARP.pdf.

33. "Is There a Village Near Me?," *Village to Village Network*, http://www.vtvnetwork.org/.

34. Andrew E. Scharlach et al., "Does the Village Model Help to Foster Age-Friendly Communities?," *Journal of Aging & Social Policy* 26, no. 1–2 (2014): 181–196.

35. Daniele Mariani, "Cities Face Challenge of an Age-Old Problem," *swissinfo.ch*, December 6, 2012, http://www.swissinfo.ch/eng/social-change_cities-face-challenge-of-an-age-old-problem/34118508; "WG mit Opa: 20 Stunden Arbeit für 20 Quadratmeter Zimmer," *Spiegel Online*, April 16, 2008, http://www.spiegel.de/unispiegel/studium/wg-mit-opa-20-stunden-arbeit-fuer-20-quadratmeter-zimmer-a-546934.html.

36. Simon Murphy, "Homeshare Scheme Brings Comfort to Young and Old," *Guardian*, January 6, 2012, https://www.theguardian.com/money/2012/jan/06/homeshare-scheme-tackle-housing-crisis.

37. Sigrid Lupieri, "Aging Gracefully: Germans Grow Gray Together," *CNN*, July 19, 2013, http://www.cnn.com/2013/06/19/world/europe/german-senior-citizens/.

第四章

1. 感謝 Roz Puleo。

2. 周邊感官敏銳度下降是老年人常見現象。請見：James W. Mold et al., "The Prevalence, Predictors, and Consequences of Peripheral Sensory Neuropathy in Older Patients," *Journal of the American Board of Family Practice* 17, no. 5

(2004): 309–318.

此一現象發生在腳跟時，相較於走路時的平衡，站立時的平衡尤其受到影響。請見：Shuqi Zhang and Li Li, "The Differential Effects of Foot Sole Sensory on Plantar Pressure Distribution Between Balance and Gait," *Gait & Posture* 37, no. 4 (2013): 532–535.

3. Scott W. Shaffer and Anne L. Harrison, "Aging of the Somatosensory System: A Translational Perspective," *Physical Therapy* 87, no. 2 (February 2007): 193–207, doi:10.2522/ptj.20060083.
4. M. M. Wickremaratchi and J. G. Llewelyn, "Effects of Ageing on Touch," *Postgraduate Medical Journal* 82, no. 967 (2006): 301–304.
5. 福克斯市長很親切，在二〇一三年一月於美國華盛頓特區華盛頓希爾頓飯店（Washington Hilton）舉辦的市長會議（Conference of Mayors）穿上艾格妮絲。
6. Andy Enright, "BMW 7 Series (2002–2009) Review," *RAC*, November 9, 2009, http://www.rac.co.uk/drive/car-reviews/bmw/7-series/208536/.
7. 出處同上。
8. Tony Quiroga, "2006 BMW 7-Series First Drive Review," *Car And Driver*, June 2005, http://www.caranddriver.com/reviews/2006-bmw-7-series-first-drive-review.
9. "BMW 745Li (2003)," *Car Talk*, http://www.cartalk.com/test-drive-library/bmw-745li-2003.
10. Andrew Del-Colle, "Carchaeology: 1986 Buick Riviera Introduces the Touchscreen," *Popular Mechanics*, May 7, 2013, http://www.popularmechanics.com/cars/a8981/carchaeology-1986-buick-riviera-introduces-the-

touchscreen-15437094/.
11. Diego Rosenberg, "1980s General Motors Touchscreen a View into the Future: Video," *GM Authority*, September 24, 2016, http://gmauthority.com/blog/2014/09/1980s-general-motors-touchscreen-precursor-to-infotainment-units-video/.
12. Jaclyne Badal, "When Design Goes Bad," *Wall Street Journal*, June 23, 2008, http://www.wsj.com/articles/SB121390461372989357.
13. Bryan Reimer et al., "A Methodology for Evaluating Multiple Aspects of Learnability: Testing an Early Prototype," in *Advances in Ergonomics Modeling and Usability Evaluation*, ed. Halimahtun Khalid, Alan Hedge, and Tareq Z. Ahram (Boca Raton, FL: CRC Press, 2010), 43–53.
14. John R. Quain, "For iDrive 4.0, BMW Brings Back a Few Buttons," *New York Times*, October 23, 2008, http://www.nytimes.com/2008/10/26/automobiles/26DRIVE.html.
15. Margalit Fox, "Sam Farber, Creator of Oxo Utensils, Dies at 88," *New York Times*, June 21, 2013, http://www.nytimes.com/2013/06/22/business/sam-farber-creator-of-oxo-utensils-dies-at-88.html?_r=0.
16. Dev Patnaik, *Wired to Care: How Companies Prosper When They Create Widespread Empathy* (Boston, MA: Pearson Education, 2009).
17. Fox, "Sam Farber."
18. 出處同 16，頁一六八。
19. 例如由派屈克・特勞頓（Patrick Troughton）在影集《超時空奇俠》（*Dr. Who*）中擔任博士的時期。請見：Dave Addey, "Fontspots: Eurostyle," *Typeset in the Future*, November 29, 2014, https://typesetinthefuture.com/2014/11/29/fontspots-eurostile/.

20. Bryan Reimer et al., "Assessing the Impact of Typeface Design in a Text-Rich Automotive User Interface," *Ergonomics* 57, no. 11 (2014): 1643–1658.

21. Jonathan Dobres et al., "Utilising Psychophysical Techniques to Investigate the Effects of Age, Typeface Design, Size and Display Polarity on Glance Legibility," *Ergonomics* 59, no. 10 (2016): 1377–1391, http://dx.doi.org/10.1080/00140139.2015.1137637.

第五章

1. Justin McCurry, "Let Elderly People 'Hurry Up and Die,' Says Japanese Minister," *Guardian*, January 22, 2013, https://www.theguardian. com/world/2013/jan/22/elderly-hurry-up-die-japanese.

2. Justin McCurry, "Gaffe-Prone Japanese PM Offends Country's 'Doddering' Pensioners," *Guardian*, November 27, 2008, https://www.theguardian.com/world/2008/nov/27/japan.

3. Agence France-Presse, "Gaffe-Prone Japan Deputy PM Turns Ire on Young Women," *The Daily Mail*, December 7, 2014, http://www.dailymail.co.uk/wires/afp/article-2864967/Gaffe-prone-Japan-deputy-PM-turns-ire-young-women.html.

4. "Population Ages 65 and Above (% of Total)," *The World Bank*, 2015, http://data.worldbank.org/indicator/SP.POP.65UP.TO.ZS?locations=JP-US-BG-FI-DE-GR-IT-PT-SE.

5. "Health Expenditure, Total (% of GDP)," *The World Bank*, 2014, http://data.worldbank.org/indicator/SH.XPD.TOTL.ZS.
6. 「日本的撫養比將自每位工作者負擔一．〇三人改善至〇．九六人，反而在二〇三二年成為全球撫養比最低的國家。」Clint Laurent, *Tomorrow's World: A Look at the Demographic and Socio-economic Structure of the World in 2032* (Hoboken, NJ: Wiley, 2013), 81.
7. Ezekiel Emanuel, "Why I Hope to Die at 75," *The Atlantic*, October 2014, https://www.theatlantic.com/magazine/archive/2014/10/why-i-hope-to-die-at-75/379329/.
8. Jay S. Olshansky, "The Demographic Transformation of America," *Daedalus* 144, no. 2 (2015): 13–19.
9. Walter A. Rocca et al., "Trends in the Incidence and Prevalence of Alzheimer's Disease, Dementia, and Cognitive Impairment in the United States," *Alzheimer's & Dementia* 7, no. 1 (2011): 80–93; Claudia L. Satizabal et al., "Incidence of Dementia over Three Decades in the Framingham Heart Study," *New England Journal of Medicine* 374, no. 6 (2016): 523–532, doi:10.1056/NEJMoa1504327.
10. T. A. Salthouse, "Aging and Measures of Processing Speed," *Biological Psychology* 54 (2000): 35–54.
11. Benjamin F. Jones and Bruce A. Weinberg, "Age Dynamics in Scientific Creativity," *Proceedings of the National Academy of Sciences* 108, no. 47 (2011): 18910–18914.
12. Benjamin F. Jones, "Age and Great Invention," *The Review of Economics and Statistics* 92, no. 1 (2010): 1–14.
13. Laura Davidow Hirshbein, "William Osler and the Fixed Period: Conflicting Medical and Popular Ideas About Old Age," *Archives of Internal Medicine* 161, no. 17 (2001): 2074–2078.

14. Paul A. Samuelson, "Consumption Theory in Terms of Revealed Preference," *Economica* 15, no. 60 (1948): 243–253.
15. Ezekiel J. Emanuel et al., "Managed Care, Hospice Use, Site of Death, and Medical Expenditures in the Last Year of Life," *Archives of Internal Medicine* 162, no. 15 (2002): 1722–1728.
16. Monica Melby-Lervåg and Charles Hulme,"Is Working Memory Training Effective? A Meta-analytic Review," *Developmental Psychology* 49, no. 2 (2013): 270.
17. Shusuke Murai, "Government Earmarks Funds to Deal with Caregiver Shortage," *Japan Times*, January 21, 2015, http://www.japantimes.co.jp/news/2015/01/21/national/facing-severe-caregiver-shortage-government-dedicates-funds-to-promoting-profession/#.V7N03ZMrJE4.
18. "Japan's Robotics Industry Bullish on Elderly Care Market, TrendForce Reports," *TrendForce*, May 19, 2015, http://press.trendforce.com/press/201505191923.html#fYkeJQyQBHK6c363.99.
19. Trevor Mogg, "Meet RoBear, A Japanese Robotic Nurse with a Face of a Bear," *Digital Trends*, February 26, 2015, http://www.digitaltrends.com/cool-tech/riken-robear/.
20. Amalavoyal V. Chari et al., "The Opportunity Costs of Informal Elder-Care in the United States: New Estimates from the American Time Use Survey," *Health Services Research* 50, no. 3 (2015): 871–882.
21. David J. Levy, "Presenteeism: A Method for Assessing the Extent of Family Caregivers in the Workplace and their Financial Impact" (Coconut Creek, FL: American Association for Caregiver Education, 2007).
22. Chari et al., "The Opportunity Costs."
23. Sherry Turkle, *Alone Together: Why We Expect More from Technology and Less from Each Other* (New York: Basic

Books, 2012), 121.

24. 出處同上，頁一一三。

25. Stephen F. Jencks, Mark V. Williams, and Eric A. Coleman, "Rehospitalizations Among Patients in the Medicare Fee-for-Service Program," *New England Journal of Medicine* 360, no. 14 (2009): 1418–1428.

26. 包括 Andreessen Horowitz 公司（亦為 Meebo 公司投資者）、Thrive Capital、Syno Capital、8VC、美國參議員鮑伯・凱瑞（Bob Kerrey）。

27. Harry McCracken, "Doppler Labs and the Quest to Build a Computer for Your Ears," *Fast Company*, September 21, 2016, https://www.fastcoexist.com/3062996/world-changing-ideas/doppler-labs-and-the-quest-to-build-a-computer-for-your-ears.

28. Sarah Buhr, "Doppler Labs Is Working with Senator Elizabeth Warren to Deregulate the Hearing Aid Industry," *TechCrunch*, March 28, 2017, https://techcrunch.com/2017/03/28/doppler-labs-is-working-with-senator-elizabeth-warren-to-deregulate-the-hearing-aid-industry/.

29. Warning Letter for 23andMe, Inc., "Inspections, Compliance, Enforcement, and Criminal Investigations," *US Food and Drug Administration*, November 22, 2013, http://www.ccccdxffffg.gov/ICECI/EnforcementActions/WarningLetters/2013/ucm376296.htm.

30. Christina Farr, "Dear Silicon Valley: There Are No Shortcuts in Health Care," *Fast Company*, February 12, 2016, http://www.fastcompany.com/3056658/startup-report/dear-silicon-valley-there-are-no-shortcuts-in-health-care; and "23andMe Launches New Customer Experience—Reports Include Carrier Status That Meet FDA Standards,

Wellness, Traits, and Ancestry," *23andMe*, October 21, 2015, http://mediacenter.23andme.com/blog/new-23andme/.

31. Christina Farr, "Alphabet-Backed DNA Testing Company 23AndMe Is Back in Business," *CNBC*, April 6, 2017, http://www.cnbc.com/2017/04/06/23andme-gets-fda-approval-for-some-consumer-tests.html.
32. Andrew Pollack, "Elizabeth Homes of Theranos Is Barred from Running Lab for 2 Years," *New York Times*, July 8, 2016, http://www.nytimes.com/2016/07/09/business/theranos-elizabeth-holmes-ban.html; and "A Theranos Timeline," *New York Times*, July 8, 2016, http://www.nytimes.com/2016/07/09/business/theranos-elizabeth-holmes-timeline.html.
33. Madison Malone Kircher, "Theranos Closes Labs, Lays Off 40 Percent of Employees," *Select All (New York Magazine)*, October 6, 2016, http://nymag.com/selectall/2016/10/elizabeth-holmes-closes-theranos-blood-testing-labs.html.
34. Claire Sudath and Eric Newcomer, "Zenefits Was the Perfect Startup. Then It Self-Disrupted," *Bloomberg*, May 9, 2016, http://www.bloomberg.com/features/2016-zenefits/.
35. 「麻州大學紀念醫學中心因『警報疲勞』相關原因四年內兩名病患過世後，院方加強防止護士關掉監控警報。」請見：Liz Kowalczyk, " 'Alarm Fatigue' a Factor in 2d Death," *Boston.com*, September 21, 2011, http://archive.boston.com/lifestyle/health/articles/2011/09/21/umass_hospital_has_second_death_involving_alarm_fatigue/?camp=pm.
36. Frank Moss, "Our High-Tech Health-Care Future," *New York Times*, November 9, 2011, http://www.nytimes.com/2011/11/10/opinion/our-high-tech-health-care-future.html.

37. 「……直接接觸消費者的檢測結果可能被病患用於自我管理。病患要是未能充分理解檢測結果，或是拿到不正確的檢測結果，後果值得關切。」請見：Warning Letter for 23andMe, Inc., "Inspections, Compliance."

38. Farr, 2017.

39. 「……霍爾姆斯（Holmes）創辦的高科技公司共同起草的亞利桑那州法律生效後，病患無需透過醫師即可要求進行血液測試。霍爾姆斯往最終的目標前進一大步：讓消費者透過要價不高、相對不麻煩的測試，便能自行監控自身健康。」請見：Marco della Cava, "Now No Doctor's Note Needed for Blood Test in Arizona," *USA Today*, July 2, 2015, http://www.usatoday.com/story/tech/2015/07/02/new-arizona-law-and-fda-approval-gives-theranos-something-to-celebrate/29634373/.

40. Christopher Weaver, "Agony, Alarm and Anger for People Hurt by Theranos's Botched Blood Tests," *Wall Street Journal*, October 20, 2016, http://www.wsj.com/articles/the-patients-hurt-by-theranos-1476973026.

41. James L. Madara, "Digital Dystopia," speech given at AMA Annual Meeting, Chicago Illinois, June 11, 2016, http://www.ama-assn.org/ama/pub/news/speeches/2016-06-11-madara-annual-address.page.

42. Cinnamon S. Bloss et al., "A Prospective Randomized Trial Examining Health Care Utilization in Individuals Using Multiple Smartphone-Enabled Biosensors," *PeerJ* 4 (2016): e1554, doi:10.7717/peerj.1554.

43. Kashmir Hill, "Here's What It Looks Like When a Smart Toilet Gets Hacked," *Forbes*, August 15, 2013, http://www.forbes.com/sites/kashmirhill/2013/08/15/heres-what-it-looks-like-when-a-smart-toilet-gets-hacked-video/#2e788a6e2b15.

44. M. Donna, M. D. Zulman, and C. A. Stanford, "Evolutionary Pressures on the Electronic Health Record: Caring for

Complexity," *Journal of the American Medical Association* 316, no. 9 (2016): 923–924, doi:10.1001/jama.2016.9538.

45. Larry Hardesty, "Signal Intelligence," *MIT Technology Review*, October 20, 2015, https://www.technologyreview.com/s/542131/signal-intelligence/.

46. Haitham Hassanieh et al., "Nearly Optimal Sparse Fourier Transform," in *Proceedings of the Forty-Fourth Annual ACM Symposium on Theory of Computing*, New York, May 19–22, 2012, 563–578.

47. James W. Cooley and John W. Tukey, "An Algorithm for the Machine Calculation of Complex Fourier Series," *Mathematics of Computation* 19, no. 90 (1965): 297–301.

48. Chaiwoo Lee et al., "Integration of Medication Monitoring and Communication Technologies in Designing a Usability-Enhanced Home Solution for Older Adults," in *Proceedings of the 2011 Conference on ICT Convergence (ICTC)*, September 28–30, 2011, 390–395.

49. "The True Link Report on Elder Financial Abuse 2015," *True Link Financial*, January 2015, https://truelink-wordpress-assets.s3.amazonaws.com/wp-content/uploads/True-Link-Report-On-Elder-Financial-Abuse-012815.pdf.

50. Atul Gawande, *Being Mortal: Medicine and What Matters in the End* (New York: Henry Holt, 2014), 105.

51. 出處同上，頁一一〇。

52. Nina Jøranson et al., "Effects on Symptoms of Agitation and Depression in Persons with Dementia Participating in Robot-Assisted Activity: A Cluster-Randomized Controlled Trial," *Journal of the American Medical Directors Association* 16, no. 10 (2015): 867–873.

53. UN Human Rights Council, *Report of the United Nations High Commissioner for Human Rights on the Situation*

of Human Rights in Mali, 2012, http://www.ohchr.org/Documents/HRBodies/HRCouncil/RegularSession/Session22/A-HRC-22-33_en.pdf.

第六章

1. Christopher J. L. Murray et al., "Global, Regional, and National Disability-Adjusted Life Years (DALYs) for 306 Diseases and Injuries and Healthy Life Expectancy (HALE) for 188 Countries, 1990–2013: Quantifying the Epidemiological Transition," *The Lancet* 386, no. 10009 (2015): 2145–2191.
2. "Our Story," *Imagine Solutions*, http://www.imaginesolutionsconference.com/our-story/.
3. Susan Charles and Laura L. Carstensen, "Social and Emotional Aging," *Annual Review of Psychology* 61 (2010): 383.
4. Jon Hendricks and Stephen J. Cutler, "Volunteerism and Socioemotional Selectivity in Later Life," *Journals of Gerontology Series B: Psychological Sciences and Social Sciences* 59, no. 5 (2004): S251–S257; and Frieder R. Lang and Laura L. Carstensen, "Time Counts: Future Time Perspective, Goals, and Social Relationships," *Psychology and Aging* 17, no. 1 (2002): 125.
5. Laura Carstensen and Andrew E. Reed, in *Current Research and Emerging Directions in Emotion-Cognition Interactions*, ed. Mara Mather, Lihong Wang, and Florin Dolcos (Lausanne, Switzerland: Frontiers Media SA, 2015), http://www.doabooks.org/doab?func=fulltext&rid=18193.
6. 年齡相關的幸福研究，請見：Susan Charles and Laura L. Carstensen, "Social and Emotional Aging," *Annual Review of Psychology* 61 (2010): 383.

7. 出處同上。

8. Atul Gawande, *Being Mortal: Medicine and What Matters in the End* (New York: Metropolitan Books, 2014). 98.

9. Carstensen and Reed , in Mather et al., *Current Research and Emerging Directions*.

10. Gawande, *Being Mortal*, 97–98.

11. Midgley, *From the Periodic Table to Production*, 165.

12. Helene H. Fung et al., “Age-Related Positivity Enhancement Is Not Universal: Older Chinese Look Away from Positive Stimuli,” *Psychology and Aging* 23, no. 2 (2008): 440.

13. Loraine A. West et al., “65+ in the United States: 2010” (Washington, DC: US Government Printing Office, 2014).

14. 「例如二〇一四年時，二十五歲以下求職超過二十七週以上未果者達二十二．一%，五十五歲以上則為四十四．六%。」請見：Karen Kosanovich and Eleni Theodossiou Sherman, “Spotlight on Statistics,” *Bureau of Labor Statistics*, 2015, http://www.bls.gov/spotlight/2015/long-term-unemployment/.

15. “Working Longer: The Disappearing Divide Between Work Life and Retirement,” *The Associated Press-NORC Center for Public Affairs Research*, 2016, http://apnorc.org/projects/Pages/HTML%20Reports/working-longer-the-disappearing-divide-between-work-life-and-retirement-issue-brief.aspx.

16. Howard Schneider, “Many Who Have Left U.S. Labor Force Say They Would Like to Return,” *Yahoo! News*, 2014, https://www.yahoo.com/news/many-left-u-labor-force-return-050511935.html.

17. Joseph Coughlin and Luke Yoquinto, “When Retirement Becomes a Crisis,” *Slate*, February 2, 2016, http://www.slate.com/articles/business/moneybox/2016/02/baby_boomers_retirements_could_cripple_professions_like_air_traffic_

controller.html.

18. Ezra Klein, Matthew Yglesias, and Sarah Kliff, “Obamacare Update and Aging America,” *Vox*, podcast audio, August 24, 2016, http://www.vox.com/pages/podcasts.

19. Robert S. Wilson et al., “Cognitive Decline in Prodromal Alzheimer Disease and Mild Cognitive Impairment,” *Archives of Neurology* 68, no. 3 (2011): 351–356. 此一研究可能代表的意涵，請見：Sarah Raposo and Laura L. Carstensen, “Developing a Research Agenda to Combat Ageism,” Generations 39, no. 3 (2015): 79–85.

20. Bosworth and Burke, “Changing Sources of Income.”

21. 生產線停工的大型失誤則是少了許多：Axel H. Börsch-Supan and Matthias Weiss, “Productivity and the Age Composition of Work Teams: Evidence from the Assembly Line” (December 15, 2008). MEA Discussion Paper No. 148-07, https://ssrn.com/abstract=1335390 or http://dx.doi.org/10.2139/ssrn.1335390.

22. 出處同上。引自：Greg Ip, “How Demographics Rule the Global Economy,” *Wall Street Journal*, November 22, 2015, http://www.wsj.com/articles/how-demographics-rule-the-global-economy-1448203724.

23. Jens Weidmann, “Demographic Challenges in Germany,” *Deutsche Bundesbank*, November 27, 2014 (speech, Frankfurt am Main), https://www.bundesbank.de/Redaktion/EN/Reden/2014/2014_11_27_weidmann.html.

24. Christoph Loch et al., “How BMW Is Defusing the Demographic Time Bomb,” *Harvard Business Review* 88, no. 3 (2010): 99–102.

25. J. W. Kuenen et al., “Global Aging: How Companies Can Adapt to the New Reality,” *The Boston Consulting Group*, 2011, https://www.bcg.com/documents/file93352.pdf.

26. 「在日本首都中區某商辦建築工地，六十七歲的齋藤賢一和小自己一半年齡的人一樣，輕而易舉疊起重四十四磅（約二十公斤）的木板。他的祕密武器是腰部與大腿包裹可彎式外骨骼，皮膚上貼著感測器。感測器可以偵測齋藤先生的肌肉開始動作的時刻，校準機器，協助他做動作，有效替他減少十八磅（約八公斤）重量。戴著安全帽的齋藤先生表示：『我現在可以扛的重量和十年前一樣。』」Jacob M. Schlesinger and Alexander Martin, "Graying Japan Tries to Embrace the Golden Years," *Wall Street Journal*, November 29, 2015, http://www.wsj.com/articles/graying-japan-tries-to-embrace-the-golden-years-1448808028.

27. Signe Brewster, "This $40,000 Robotic Exoskeleton Lets the Paralyzed Walk," *MIT Technology Review*, February 1, 2016, https://www.technologyreview.com/s/546276/this-40000-robotic-exoskeleton-lets-the-paralyzed-walk/.

28. BMW在南卡羅萊納州斯帕坦堡（Spartanburg）的工廠，採用加州列治文（Richmond）埃克索仿生公司（Ekso Bionics）公司研發的「埃克索背心」（Ekso Vest）。請見：Rudolph Bell, "Greer Plant a Showcase of BMW's Latest Technologies," *Greenville News*, June 15, 2016, http://www.greenvilleonline.com/story/money/business/2016/06/15/journalists-tour-bmw-plant-ahead-mexican-groundbreaking/85842558/.

29. "Annual Study of Intangible Asset Market Value from Ocean Tomo, LLC," *Ocean Tomo Intellectual Capital Equity*, March 4, 2015, http://www.oceantomo.com/2015/03/04/2015-intangible-asset-market-value-study/.

30. "Report to the Ranking Member, Committee on the Budget, U.S. Senate," *US Government Accountability Office*, January 2014, http://www.gao.gov/products/GAO-14-215.

31. Barrett J. Brunsman, "Exiting P&Gers Targeted by Wealth Managers, Consultants," *Cincinnati Business Courier*, April 24, 2015, http://www.bizjournals.com/cincinnati/news/2015/04/24/wealth-managers-consultants-target-

exiting-p-gers.html; and Alexander Coolidge, "As P&G Slims Down, YourEncore Ramps Up," Cincinnati.com, December 27, 2015, http://www.cincinnati.com/story/money/2015/12/27/pg-slims-down-yourencore-ramps-up/77780186/.

32. Lewis Carroll, *Through the Looking-Glass* (New York: Bantam Classics, 2006, orig. pub. 1865), 135.
33. "Number of Jobs Held, Labor Market Activity, and Earnings Growth Among the Youngest Baby Boomers: Results from a Longitudinal Survey," *Bureau of Labor Statistics*, March 31, 2015, http://www.bls.gov/news.release/pdf/nlsoy.pdf.
34. 作者在ＭＩＴ和桑賈伊・薩爾瑪的訪談。
35. Jacob Bunge, "Farmers Reap New Tools from Their Own High-Tech Tinkering," *Wall Street Journal, May* 2, 2016, http://www.wsj.com/articles/farmers-reap-new-tools-from-high-tech-tinkering-1461004688.
36. Michiko Toyama, "Postcard: Tokyo," *Time* 172, no. 1 (2008): 4.
37. "America's Retirement Score: In Fair Shape—But Fixable," *Fidelity Investments*, 2016, https://www.fidelity.com/bin-public/060_www_fidelity_com/documents/18608-02-ExecSum.pdf.
38. Jen Mishory, "Millennials, Savings, & Retirement Security," *Young Invincibles*, February 2016, http://younginvincibles.org/wp-content/uploads/2016/02/WorkAndSaveMemo_2016.pdf.
39. Khushbu Shah, "Millennials Spend More Money Dining Out Than Non-Millennials," *Eater*, June 5, 2015, http://www.eater.com/2015/6/5/8737197/millennials-spend-more-money-dining-out-than-non-millennials.

第七章

1. Abraham Maslow, "A Theory of Human Motivation," *Psychological Review* 50, no. 4 (1943): 370.
2. Tom Evans, "All We Could Be: How an Advertising Campaign Helped Remake the Army," *On Point: The Journal of Army History* 12, no. 1 (2015), https://armyhistory.org/all-we-could-be-how-an-advertising-campaign-helped-remake-the-army/
3. Francis Heylighen, "A Cognitive-Systemic Reconstruction of Maslow's Theory of Self-Actualization," *Behavioral Science* 37, no. 1 (1992): 39–58.
4. 「此外，在首次的年輕人研究中，一共篩選三千位大學生，但僅得出一個可立即派上用場的研究對象，以及十至二十多位未來可能的研究對象（「好好成長的話」）。我得說，我在年長研究對象身上看到的那種自我實現，或許不可能發生在我們的社會正在發展的年輕人身上。」請見：Maslow, "A Theory of Human Motivation," 370.
5. Abraham Maslow, Robert Frager, and Ruth Cox, *Motivation and Personality*, ed. James Fadiman and Cynthia McReynolds, vol. 2 (New York: Harper & Row, 1970).
6. Jodi Luber, "Grandma's Sweet and Sour Meatballs," *The Jewish Kitchen with Jodi Luber*, http://jewishlivingmedia.com/thejewishkitchen/recipe/grandmas-sweet-sour-meatballs/.
7. Lisa Fernandez, "More Retirees Are Self-Publishing Their Memoirs as a Family Legacy," *The Mercury News*, August 13, 2016, http://www.mercurynews.com/2011/10/04/more-retirees-are-self-publishing-their-memoirs-as-a-family-legacy/.

8. Diane C. Lade, "Senior Wordsmiths Find Voice in Self-publishing," *The Portland Press Herald*, January 6, 2013, http://www.press-herald.com/2013/01/06/senior-wordsmiths-find-voice-in-self-publishing_2013-01-06.

9. Jon Hendricks and Stephen J. Cutler, "Volunteerism and Socioemotional Selectivity in Later Life," *The Journals of Gerontology Series B: Psychological Sciences and Social Sciences* 59, no. 5 (2004): S251–S257.

10. Will Steffen et al., Global Change and the Earth System: *A Planet Under Pressure*. Global Change—The IGBP Series (New York: Springer, 2004).

11. Data derived by comparing "Confidence in Institutions," *Gallup*, June 1–5, 2016, http://www.gallup.com/poll/1597/confidence-institutions.aspx; with Jeff Jones and Lydia Saad, "Gallup Poll Social Series: Consumption—Final Topline," *Gallup*, July 8–11, 2010, http://www.gallup.com/file/poll/141515/Confidence_Institutions_July_22_2010.pdf.

12. Robert D. Putnam, *Bowling Alone* (New York: Simon & Schuster, 2000).

13. 多代同堂情形減少的資料請見：Mason M. Bradbury, Nils Peterson, and Jianguo Liu, "Long-Term Dynamics of Household Size and Their Environmental Implications," *Population and Environment* 36, no. 1 (2014): 73–84. 各國準備好迎接老化人口的程度，不論是透過政府管道或家庭來支持老年人口，請見：Richard Jackson, Neil Howe, and Keisuke Nakashima, *The Global Aging Preparedness Index* (Washington, DC: Center for Strategic and International Studies, 2010).

國家圖書館出版品預行編目（CIP）資料

銀光經濟 / 約瑟夫・F・柯佛林(Joseph F. Coughlin)
著 ;許恬寧譯. -- 第一版. -- 臺北市 : 遠見天下文化,
2018.10
　面 ;　公分. -- (財經企管)
譯自 : The longevity economy : unlocking the
world's fastest-growing, most misunderstood market
ISBN 978-986-479-496-6(平裝)

1.經濟社會學 2.高齡化社會

550.16　　　　　　　　　　　　107009587

財經企管 BCB 648

銀光經濟 55個案例，開拓銀髮產業新藍海

The Longevity Economy

Unlocking the World's Fastest-Growing, Most Misunderstood Market

作者 — 約瑟夫．F．柯佛林（Joseph F. Coughlin）
譯者 — 許恬寧

總編輯 — 吳佩穎
副總監 — 楊郁慧
美術設計 — 陳文德（特約）
內頁排版 — 蔚藍鯨（特約）

出版者 — 遠見天下文化出版股份有限公司
創辦人 — 高希均、王力行
遠見．天下文化．事業群　董事長 — 高希均
事業群發行人／CEO — 王力行
天下文化社長 — 林天來
天下文化總經理 — 林芳燕
國際事務開發部兼版權中心總監 — 潘欣
法律顧問 — 理律法律事務所陳長文律師
著作權顧問 — 魏啓翔律師
社址 — 臺北市104松江路93巷1號
讀者服務專線 — 02-2662-0012｜傳眞 — 02-2662-0007；02-2662-0009
電子郵件信箱 — cwpc@cwgv.com.tw
直接郵撥帳號 — 1326703-6　遠見天下文化出版股份有限公司

製版廠 — 中原造像股份有限公司
印刷廠 — 中原造像股份有限公司
裝訂廠 — 中原造像股份有限公司
登記證 — 局版台業字第2517號
總經銷 — 大和書報圖書股份有限公司｜電話 — 02-8990-2588
出版日期 — 2020 年 11 月 10 日第一版第四次印行

定價 — NT 450 元
書號 — BCB 648
ISBN — 978-986-479-496-6
天下文化官網 — bookzone.cwgv.com.tw

天下文化

BELIEVE IN READING